책이 전해주는 이야기

책이 전해주는 이야기

조영자 지음

새미

머리말

　역사의 수레바퀴는 아날로그 시대에서 디지털 혁명과 3차 산업혁명을 거쳐 우주 지배 경쟁 시대로 향하고 있다. 필자는 꼬부랑 논밭 길 너머 들려오는 워낭소리와 소달구지를 보며 자랐다. 지난 반세기 동안 우리나라는 세계 최빈국에서 정보통신 기술의 융합으로 선진국 대열에 올랐다. 지금은 지능정보통신 기술이 사회 전반에 융합되어 차세대 4차 산업혁명 시대로 진입하는 길목에 있다.

　손바닥 안 휴대용 전화기에 지구촌의 정치 경제와 문화·예술 그리고 지구촌의 모든현상을 볼 수 있다. 지난 4반세기 동안 생활의 이기利器가 편리해진 만큼 우리는 잃어버린 것도 많다. 문명의 급속한 발전은 현대인에게 정신적 스트레스와 불안을 키웠고 자원고갈과 기후변화를 초래했다. 후손들에게 대대로 물려주어야 할 삶의 터전은 환경오염으로 중병을 앓고 있다. 전 인류가 함께 노력하지 않으면 회복 불가능한 지경에 이르게 된다.
　문명의 이기 속에서 우리의 감성과 정신세계는 메말라 가고 있다. 여기서 필자는 책을 읽자고 제안한다. 스피드 시대에 동중정動中靜의 마음의 여유와 이웃과 자연을 생각하는 정신적 건강을 회복하기 위해 자투리 시간에 고전을 읽자고 작은 깃발을 흔들고 있다. 「책 읽기 운동」의 한 방편으로 감명 깊게 읽었던 책 중에서 40여 권을 골라서 간략하게 소개했다. 필자는 80세가 넘었지만, 아직도 기억 속에 남아있는 아름다운 문장들과 교훈 그리고 금언과 철학적인 말을 인용하여 졸저를 엮었다. 이 졸저는 필자의 창작품이 아니다. 90% 이상 명저에서 인용했다.

젊은이들이 책을 통해 동서고금의 현인과 철인을 만나게 하는 것이 필자의 목적이다. 위대한 인물들의 경험담은 시대를 뛰어넘는 통찰력을 지녔기에 삶의 참고서로 또는 나침반 역할을 할 수 있으리라 믿는다. '고전을 읽자'라는 할머니의 속삭임이 손주 세대의 가슴에 잔잔한 파문을 일으켰으면 좋겠다. 시력과 집중력이 약해져서 이 졸저가 손주들에게 들려주는 마지막 이야기가 될지도 모르겠다.

결혼생활 60년 가까운 세월을 돌아보며 보호자요 스승인 남편과 자식들의 한결같은 보살핌과 효도에 고마움을 전하고 싶다.

끝으로 책을 읽지 않는 시대, 코로나로 경제여건이 어려운 시기에 출판을 쾌히 승낙해주신 정구형 대표님께 심심한 사의를 표하며 졸고를 예쁜 책으로 만들어주신 국학자료원 편집부에게도 감사하다는 말씀을 남기고 싶다.

2023년 2월
여의나루 淸心齋에서 조영자

차례

머리말

1부 ___ 독서는 삶의 나침반

2부 ___ 지혜의 보고(寶庫) 고전문학

3부 ___ 디지털시대와 아날로그 세대

4부 ___ 초라해진 서재(書齋)와 화려한 소비문화

5부 ___ 생활 속의 단상(斷想)

1부

———

독서는 삶의 나침반

예로부터 독서의 중요성을 강조한 명언은 많다. 미국 소설가 헤밍웨이는 책만큼 충성스러운 친구는 없다고 했다. 영국의 철학자 베이컨은 독서를 통하여 고인과 때를 같이하고, 그 사람을 만나는 것이라 했다. 프랑스의 계몽주의 사상가 루소는 책을 읽는다는 것은 오랜 세월 동안 축적된 인류의 경험을 배우는 것이라 했고, 중국의 석학 임어당은 책을 읽지 않는 사람은 시간적·공간적으로 자기만의 세계에 갇혀있다고 했다.

　훌륭한 저자의 책은 인간의 정신세계에 풍성한 자양분을 제공한다. 그래서 독서는 교육비가 들지 않는 위대한 스승이라고 말하고 싶다. 좋은 책을 만난다는 것은 훌륭한 스승을 만나는 거와 같은 행운이요 축복이다. 책이 없었던 시대에는 훌륭한 스승을 만나기 위하여 대륙과 바다를 건너 오갔다.

어디인들 멀랴?
가장 높이 나는 새가 가장 멀리 본다

◆ 『갈매기의 꿈』(리처드 바크 · 공경희 옮김)

  필자는 미국의 작가 리처드 바크Richard Bach(1936~)의 우화소설 『갈매기의 꿈』(1970)을 읽고 느낀 바가 많았다. 저자는 공군 비행기 조종사였다. 직업이 비행사였는데 갈매기를 의인화하여 우화소설을 섰다니 더욱 실감이 갔다.

  이 책의 저자는 어디인들 멀랴? 흔들리지 않는 포부를 가슴에 품고 도전에 도전을 거듭하는 사이에 목표하는 지점에 다가가는 것이라 했다. 필자는 본문이 3부로 엮어진 옛날 번역본을 읽었다. 2018년에 나온 신판은 4장을 덧붙이고, 갈매기가 자유롭게 비상하는 다양한 사진들이 여러 장 삽입되어 있다.

  이 책에 나오는 주인공 조나단Jonathan Seagull 갈매기는 일반 갈매기와 달리 홀로 해안에서 멀리 떨어진 곳에서 비행에 도전한다. 갈매기는 몸의 구조상 비상하기 어려운 저속비행과 공중회전하는 곡예비행 그리고 수직 낙하 등의 기술 터득에 여념이 없다. 수천 피터 높이에서 급하강하다가 중심을 잡지 못하고 바닷속으로 처박히기도 여러 번 하였다. 매처럼 날쌔게 날려면 날개가 짧아야 하는데 갈매기는 날개가 길다. 몸의 구조상 꿈의 실현은 어려웠다.

> 보통 갈매기는 해안 2km 가까이 선박 주위에 맴돌다가 낚싯배가 바다에 밑밥을 뿌리면 고기와 빵조각을 구하기 위하여 떼로 몰려든다.
>
> (p.37)

> 그런데 조나단 갈매기는 죽을 고비를 몇 번 넘기며 비행 터득에 도전하는 것이다. 공중회전(loop), 완횡전(slow roll), 방위점 횡전(point roll), 배면회전(inverted spin), 거꾸로 낙하(gull bunt), 바람개비 돌기(pinwheel)를 알아냈다. 조나단은 갈매기 역사상 최초의 곡예비행을 해냈다.
>
> (p.28)

> 조나단 갈매기가 생명의 위험을 무릅쓰고 비행 터득에 도전하는 동안 무리로부터 비웃음과 조롱, 멸시와 따돌림, 그리고 부족회의 소집에서 '무책임한 행위며 치욕의 죄를 저질렀다'고 추방당했다. 심지어 자신의 부모들까지도 부족의 전통과 위엄을 깨고 무책임한 행동을 한다고 나무랐다. 이때 조나단은 지난날 우리는 물고기 머리나 쫓아다녔지만, 이제는 배우고 발견하고 자유로울 수 있게 되었다고 언성을 높이며 한 번만 기회를 달라고 했지만, 갈매기들은 일제히 귀를 닫고 등을 돌렸다. 조나단은 부족을 뒤로하고 머나먼 절벽 넘어까지 새로운 곳으로 날아갔다.
>
> (p.39)

가장 높이 나는 새가 가장 멀리 본다!

조나단 갈매기는 다른 세상 별천지에서 훌륭한 스승 챙을 만나 전문적인 비행 기술을 배우고 터득했다. 끊임없는 노력과 열망으로 목표를 달성했다. 그곳에서 뛰어난 실력을 인정받았지만, 수구초심首丘初心 고향을 그리워하는 마음에는 변함이 없었다.

> 조나단 갈매기는 타고난 선생이었다. 진실을 터득할 기회를 구하는 갈매기에게 그가 아는 지식을 알려주는 것이 사랑을 실천하는 방식이라고 믿었다. 동시에 '자신의 한계를 깨려고 애쓰는 갈매기가 있을까'란 생각을 자주 했었다. 조나단은 비행 기술을 전수해 주기 위하여 그의 제자 몇 명과 함께 본래 자기 무리로 돌아간다. 조나단의 제자들은 장거리 여행 전파여행을 통해 자유와 비행에 대한 스승의 가르침을 전파했다.
>
> (p.117)

평생 그리던 고향 부족회의 장소로 돌아왔을 때 예상대로 아무도 반기지 않았다. 돌아온 탕아 성경 누가복음 15장의 내용처럼 여겼을까. 시간과 더불어 조나단과 그의 제자들의 비행 실력을 알자 고향 갈매기들은 차츰 관심을 보이기 시작했다.

조나단의 교육방식은 "너의 몸 전체는 너희의 생각 자체가 볼 수 있는 형태일 뿐이다. 생각의 사슬도 끊고 육체의 사슬도 끊어라." "눈에 보이는 것을 믿지 마라. 눈에 보이는 것은 한계가 있을 뿐이다. 이해력으로 보고, 의미 있는 것을 찾아내어라." 조나단 갈매기는 피나는 수련으로 터득한 비행 기술을 제자들에게 전수하고 빛이 되어 사라진다. 시간이 흐를수록 고향에선 조나단을 숭배하고 신격화한다.

비록 짧은 우화소설이지만 칠전팔기七顚八起한 조나단 갈매기의 자아실현에 가슴이 찡할 정도로 감명을 받았다. 끝없는 시행착오와 좌절, 동료들의 무시와 따돌림, 심지어 자신의 부모까지도 엉뚱한 짓 한다며 꾸짖었다. 고독과 외로움을 딛고 목적을 달성했다. 피눈물 나는 노력으로 꿈을 실현한 것이었다.

대학입시를 앞두고 전공과목을 선택해야 할 때 자신의 꿈과 취향 그리고 소질과 적성을 고려하기보다는 주위 사람들이 우러러보는 인기

위주의 방향으로 기울기 쉽다. 자신의 열정을 쏟아부을 수 있는 방향으로 밀고 나가야 날로 발전할 수 있을 것이다. 스승과 부모의 조언이 중요하나 최종적인 선택은 본인이어야 하리라. 자기 비전에 확고한 신념과 열정을 가지고 후회 없이 선택하고 소신껏 도전해 보는 것이 중요하다고 손주들에게 말해주었다. 여름방학이 오고 있을 때 손주들에게 『갈매기의 꿈』을 읽어보라고 추천했다.

승리는 반드시
가혹한 시련 끝에 온다

◆ 『연금술사(鍊金術師)』(Paulo Coelho · 최정수 옮김)

『연금술사(Alchemist)』는 브라질 소설가 파울로 코엘료Paulo Coelho(1947~1988)가 쓴 278 페이지의 소설이다. 20세기의 중요한 영적 구도서로 평가되었으며, 세계적인 베스트셀러 소설이었다. 저자는 이 책을 쓰기 전 1986년 스페인의 성지순례로 유명한 산티아고의 길을 걷는 성지순례자의 여행을 하였다.

'연금술사'란 구리나 납을 금으로 바꾸어 내는 작업을 하는 사람을 말한다. 이 책에서 '자아의 신화'란 소망해오던 꿈을 실현하는 것을 말한다. 그것이 우리 각자에게 예정된 진정한 보물을 찾아내는 일이고, 영혼의 연금술임을 의미한다. 꿈의 실현을 위해 마음을 다해 원한다면 반드시 '자아의 신화'를 이룩할 수 있다는 게 핵심 내용이다.

> 당신이 무언가를 간절히 원할 때 온 우주는 당신의 소망이 실현되도록 도와준다.
>
> (p.48)

필자는 이 문구가 위대한 명언이라고 생각한다.

본문 중에, 어떤 상인이 아들에게 '행복의 비밀'을 알아 오라고 세상에서 가장 뛰어난 현자賢者에게 보냈다. 젊은이는 40일 동안 사막을 걸어서 산꼭대기에 있는 현자의 성에 이르렀다. 현자 왈, "행복의 비밀은 이 세상 모든 아름다움을 보는 것, 그리고 동시에 자기의 양들을 잊지 말아야 한다.(p.62)"고 했다. 쉬운 말 같지만, 은유법으로 말했다. 본문 중에 그대의 마음이 있는 곳에, 그대의 보물이 있다는 사실을 잊지 말라는 말과도 통한다.

필자가 크게 감명 받은 내용은 "어리석게도 사람에게는 꿈꾸는 것을 실현할 능력이 있음을 알지 못한다. 자아의 신화 즉 꿈과 계획 그리고 희망과 열망을 이룩하는 것보다는, 남들이 그 꿈을 어떻게 생각하는지가 더 중요한 문제가 되어버렸다.(p.49)"고 안타까워했다. 그리고 "무언가를 찾아 떠나는 도전은 언제나 초심자의 행운으로 시작되고, 승리는 반드시 가혹한 시련 끝에 온다.(p.215)"는 가르침이었다.

소설의 줄거리는 주인공 양치기 소년 산티아고가 이집트 피라미드에서 보물을 발견하는 꿈을 연거푸 꾸었는데 예언적이라 믿었다. 산티아고는 어디로 갈 수 있는 바람의 자유가 부러웠다. 생각 끝에 산티아고는 꿈을 실현하기 위하여, 가지고 있던 60마리의 양을 팔아서 여비를 장만한 후 먼 여행길에 오른다.

보물을 찾아가는 과정이 고독하고 힘들었다. 중도에서 도둑을 만나 거지가 되기도 하고, 사막에서 죽음의 문 앞에 이르기도 하는 등 갖가지 큰 어려움을 겪었다. 마침내 연금술사를 만났다. 산티아고는 자신의 보물을 찾게 되는데 보물이 있는 장소는 다른 곳에 있었던 것이 아니라 바로 자신이 머물렀던 장소였음을 연금술사로부터 알아냈다. 소설 속에는 좌우명으로 삼고 싶은 말이 참으로 많았다.

에메랄드 하나를 캐기 위해 채굴꾼 5년간 헛수고!

에메랄드 하나를 캐기 위해 채굴꾼이 5년 동안 강가에서 99만 9999 개의 돌을 깨뜨렸다. 마침내 포기하기로 마음먹었다. 그런데 그 순간 은 에메랄드를 캐기 위해 돌 하나만, 단지 돌 하나만 더 깨뜨리면 되는 순간이기도 했다. 그런데 채굴꾼은 더 참을 수 없어서 돌 하나를 집어 강 골짜기를 향해 힘껏 집어 던져버렸다. 그런데 그 돌은 세상에서 가 장 아름다운 에메랄드를 보이며 깨어졌다고 했다.(p.50)

필자는 열심히 집중해 읽다가 이 대목이 이르러서는 너무나 허망했다. 아무리 소설이지만, 이럴 수가? 눈시울이 젖었다. 핵심적인 메시지는 사 람들이 포기하고 마는 것은 바로 이 순간이다. 사막의 언어로 말하면 사 람들은 오아시스의 야자나무들이 지평선에 보일 때 목말라 죽는다는 것 이라고 했다. 무언가를 찾아 나서는 도전은 언제나 '초심자의 행운'으로 시작되고, 반드시 '가혹한 시험'으로 끝을 맺는다. '가장 어두운 시간은 바로 해뜨기 직전이다.(p.215)'

이런 구절도 있다. "눈앞에 아주 엄청난 보물이 놓여있어도, 사람들은 절대로 그것을 알아보지 못하네. 왜인 줄 아는가? 사람들이 보물의 존재 를 믿지 않기 때문이지.(p.218)" 이것이 아주 간단한 세상의 법칙이라 했 다. 필자는 깊이 생각해 볼 명제들이라고 생각한다.

사막! 자신이 아주 미미한 존재란 걸 생각하게 한다.

이 책에는 사막을 묘사한 내용이 많다.

대상(隊商)·caravan의 인솔자! '사막이란 변덕스러운 여인네 같아서,

때로는 사람을 미치게 한다. …사막에서의 불복종은 곧 죽음을 의미한
다.'

(p.123)

사막을 가로지르는 짐승들과 사람들의 행진! 사막에는 끝없는 바람
소리와 침묵, 짐승들의 발굽 소리만 들릴 뿐이다. …사막은 너무나 거대
하고 지평선은 너무 멀리 보인다. 사람들은 자신이 아주 미미한 존재란
걸 느끼게 된다.

(p.126)

아무리 먼 길을 걸어왔다 해도, 절대로 쉬어서는 안된다. 사막을 사랑
해야 하지만 완전히 믿어서는 안 된다. 사막은 모든 인간을 시험하기 때
문이다. 내딛는 걸음마다 시험에 빠뜨리고, 방심하는 자에게는 죽음을
안겨주기 때문이다.

(p.183)

사막에서 변할 수 있는 것은 오직 바람이 세차게 불어 모습을 바꾸는
모래언덕뿐이다.

(p.186)

낙타 몰이꾼은 오아시스의 위치를 가리키는 별자리를 향해 나아갔
다. 이른 아침에 하늘에서 그 별자리가 빛나면 사람들은 여자들과 물
과 야자수들과 종려나무가 있는 곳에 도착하게 되리라는 것을 알아차
렸다.

인간 마음의 아이러니(Irony)

저자 코엘료는 "꿈을 이루는 것을 방해하는 것은 오직 하나, 실패할지

모른다는 두려움일세. 그리고 인간의 마음은 정작 가장 큰 꿈들이 이루어지는 걸 아주 두려워한다. (p.212) 자기는 그걸 이룰 자격이 없거나 아예 이룰 수 없으리라고 생각하기 때문에 그렇지."했다. 소설이지만 이토록 인간의 마음을 투명하게 투시하는 힘을 가졌을까 감탄했다. 방학이 오면 필자는 이 책을 읽어보라고 손주들에게 거듭 추천했다.

지옥의 전쟁
그리고 반성의 기록

◆ 『징비록(懲毖錄)』(류성룡 지음 · 김흥식 옮김)

　『징비록』은 임진왜란壬辰倭亂(1592.5.23~1598.12) 7년 동안 선조宣祖(1552~1608)를 보필한 명재상 서애 류성룡西厓 柳成龍(1542~1607)이 국난을 헤쳐나갔던 과정을 수기手記한 책이다. 류성룡은 경상도 의성 출생으로 16세 때 소과 향시에 급제하고 21세 때 퇴계 이황의 문하로 들어가 학문을 닦았다. 25세 때 대과인 문과에 급제하고 관직에 발을 들여놓았다.

　임진왜란 때에는 좌의정과 병조판서를 겸하며, 군무를 총괄했다. 선조가 난을 피해 한양을 떠나자 호종했다. 개성에서 영의정에 임명되었으나 평양에 도착해서 나라를 그르쳤다는 반대파의 탄핵으로 파직당했다. 서울 수복 뒤 영의정에 복직하여 군비를 강화하고 인재를 양성했다. 정유재란(1597.8.27~1598.12.16) 다음 해 북인들의 탄핵으로 관직에서 물러나 고향으로 돌아가 저술에 몰두했다. 그 후 조정의 부름을 여러 번 받았으나 일절 응하지 않았다. 주요저서로『서애집』,『영모록』,『징비록』등이 있다.

필자는『징비록』2014년에 개정증보판 김흥식 선생이 옮긴 책을 가지고 있다. 이 책은 320페이지에 달하는데, 여기에는 징비록 1권과 2권 그리고 녹후잡기와 류성룡 종군의 기록이 포함돼 있다. 이 책에는 전쟁기념관에 소장된 임진왜란 때의 각종 무기, 여러 지역의 성벽과 성곽, 누대, 사당, 관련 지도, 조선통신사 노정도, 심지어 삼국시대부터 사용해온 것으로, 해자나 강을 건널 때 사용하던 부교 접첩교 그림 등등의 사진이 수록돼 있다. 그리고 왜적 3갈래 침략경로, 한양에서 평양에 이르는 선조의 피난길, 평양성 배치도, 평양 대동강 강가에 위치한 연광정, 부벽루, 울밀대 전경사진 등도 있다.

기록에 의하면 '징비懲毖'란 시경詩經의 "미리 징계하여 후환을 경계한다"란 구절에서 따왔다. 류성룡의 징비록 첫 장에 수많은 인명을 앗아갔고 비옥한 강토를 피폐하게 만든 참혹했던 전화를 회고하면서, 다시는 같은 전란을 겪지 않도록 지난날 있었던 조정의 실책을 반성 앞날을 대비하여 쓰라린 반성의 기록으로 저술하게 되었다고 했다. 이 책은 류성룡 재상이 벼슬에서 물러나 고향에서 조용히 지낼 때 저술(1604 · 선조 37년)했다.

『징비록』이 처음 출간된 것은 1633년 그의 아들 류진柳袗에 의해 출간된 『서애집』속에 수록되었다. 1647년에 외손자 조수익이 경상도 관찰사로 재임 중 16권으로 구성된 『징비록』을 간행했다. 1936년에 조선사편수회에서 류성룡 저자 자필의 필사본을 『초본 징비록』이라 하여 300부를 사진으로 찍어서 복제 인쇄하여 출간했다. 이 책은 1969년에 국보제 132호로 지정되었다. 1695년 일본 교토에서 간행되었다.

(p.13) 본론으로 들어가기 전에 초등학교와 중고등학교 때 익히 배웠던 임진왜란 3대 대첩大捷인 한산도 대첩(이순신 장군, 1592.7), 행주대첩(권율 장군, 1593.2), 진주성 대첩(김시민 장군, 1592.10)은 지면 관계로 생략하기로 한다.

일본은 사신 야스히로를 보내 조선 침략 야욕을 드러냈다. (p.23) 역사에서 배웠듯이 1591년 봄, 일본에 갔던 황윤길과 김성일을 통해 받은 답장에는 '군사를 거느리고 명나라를 치고자 한다'란 내용이 있었다.(p.35) (중략) 저의집 그이는 선조에 대하여 말할 때는 언제나 화가 난 표정이다. 선조는 일본군이 한양에 접근하자 백성과 나라를 버리고 의주義州까지 도망갔었다. 명나라로 망명하려고 발버둥 치며 명나라에 매달렸다. 부끄럽지 않니? 했다. 필자는 고개를 끄덕였다.

명나라로 망명하려고 발버둥 치며 명에 매달렸다!

『조선일보』(2022.5.22. 박종인의 땅의 역사) 인문 기행에 게재된 기록이다. 문경새재 2관문 '조곡관鳥谷關'* 사진과 임진왜란에 대하여 조명한 박종인의 글과 임진왜란 발발 직후 선조의 명나라 망명이 무산된 진상이 실렸다. 내용 중에,

> 선조는 인복이 많았지만, 인덕이 부족했다. 이황과 이이, 류성룡, 이원익, 이항 이덕형, 이산해, 정철, 윤두수, 이순신, 권율, 정탁 같은 쟁쟁한 문무 관료들이 선조를 보좌했는데…. 비 오는 밤에 수도 한성을 탈출한 지도자가 선조였고, 그 지도자에게 백성은 경복궁을 불태워 분노를 폭발시켰다.
> 1592년 4월 임진왜란 발발 20일 만에 한성함락 직전 선조 북쪽 도주, "왜놈에 죽느니 天子 나라에서 죽겠다" 했을 때 "압록강 건너면 나라를 포기하는 것"이라며 류성룡은 반대했다. 선조는 광해군을 세자로 책봉(4.28)하고, 광해군에게 국내문제를 맡기고 자기는 망명하겠다는 의지였다. 선조는 망명 미련 못 버리고 明에 "부모가 자식 거두듯 받아달라"

─────────

* 국경이나 요지의 통로에 두어 드나드는 사람과 짐 등을 조사하던 곳

공식 요청했다. 明 정부는 실질적 거부 "100명 인원 제한해 압록강 북쪽 국경 지대에 폐기된 관아 건물에 수용." 선조, 그제야 망명을 단념했다고 했다. '북경이 무너지면 남경까지 가겠다'고 했던 선조는 망명을 단념할 수밖에 없었다.

—『조선일보』, 2022.5.22. 박종인의 인문기행 중에서

류성룡의 종군(從軍)기록

류성룡의 종군기록 중(p.51, 53)에 있는 내용이다. "계사년 10월, 어가가 환도하니 불타고 남은 것들만이 성안에 가득하고 거기에 더해 전염병과 기근으로 죽은 자들이 길에 겹쳐있으며, 동대문 밖에 쌓인 시체는 성의 높이에 맞먹을 정도였다." (p. 51) 이 책 본문 중에 있는 비참한 전쟁사를 필자는 옮기지 않기로 했다. 독자님의 이해와 허락을 구한다.

임진년 4월 30일. 임금의 이기기 한양성을 빠져나가자 흥분한 백성들이 장례원(掌隷院)과 형조에 불을 붙였다. 두 곳은 공노비와 사노비의 문서가 있던 곳이다. 또 내탕고(內帑庫)에 들어가 금과 비단을 노략질했고 경복궁, 창덕궁, 창경궁을 불살라 하나도 남기지 않았다. …그뿐 아니라 왕자 임해군의 저택과 병조판서 홍여순의 집까지 불을 질렀는데, 이는 적이 들어오기 전에 우리 백성들이 저지른 일이다.

(p. 253)

이순신 장군의 기발한 기지(奇智)

이순신 장군의 기발한 지혜와 기지를 읽을 수 있는 이야기다.

당시 고금도(古今島)에 8천 명이 넘는 병사가 이순신 장군 휘하에 있었다. 군량이 부족했다. 그는 해로 통행첩을 만들어 배 가운데 통행첩이 없는 배는 간첩선으로 간주하여 통행을 금지했다. 당시 피난을 떠나는 배는 모두 양식을 싣고 다녔다. 그 정도의 쌀을 바치는 것은 어렵지 않았다. 이순신은 10여 일 만에 1만여 석의 군량미를 얻을 수 있었다. 백성들이 가지고 있던 구리와 쇠를 모아 대포를 만들고, 나무를 베어 배를 건조했다.

명나라의 수병도독 진린(陳璘)이 고금도로 내려와 이순신과 합세하게 되었다. 진린은 성격이 포악하고 남과 어울리지 못하는 사람이었다. 그가 출발할 때 임금께서는 청파들판 까지 나와 몸소 전송하셨다. 진린이 내려온다는 소식을 들은 이순신은 병사들을 동원해 사냥하여 사슴, 멧돼지, 생선을 잡아 큰 잔치를 준비해 두었다. 진린의 배가 바다로 들어오자 이순신은 군사를 배치한 후 멀리까지 나가 그를 맞이했다. 그들 일행을 성대하게 맞아들여 장수와 병사들까지 아주 흡족하였다. "이순신은 참으로 뛰어난 장수요." 얼마 후 적선이 가까운 섬을 공격해 왔다. 군사를 보내어 적선을 물리치고, 적의 머리 40개를 벤 이순신은 이를 진린에게 보내어 그의 공으로 돌렸다. 진린은 뜻밖의 대우를 받자 너무나 기뻐했다. 이때부터 그는 무슨 일이든 이순신과 협의해 처리했을 뿐만 아니라 나들이를 나갈 때도 이순신과 가마를 나란히 하면서 절대 앞서나가지 않았다. 이 섬 안에 질서가 유지되고 백성들 또한 걱정 없이 지내게 되었다.

(p. 212)

우리 국민의 가슴에 새겨진 이순신 장군의 명언

이순신 장군이 명량해전(1597.9.16.) 때 12척의 배로 왜군 133척을 대파했을 때 "죽을 각오를 하면 살 것이요, 살려고 하면 죽는다. 필사즉생 필생즉사必死則生 必生則死"라고 했다. 어린 나이에 학교 국사 시간에 "신에게는 아직 12척의 배가 남아 있습니다."라고 한 내용을 배웠을 때 참으로 가난한 우리나라란 생각과 이순신 장군이 너무나 외롭고 불쌍하게 여겨졌던 기억이 떠오른다.

임진왜란 마지막 해전인 노량해전에서 왜적의 유탄을 맞아 최후의 숨을 거두며 충무공이 남긴 말이다. "싸움이 급하니 나의 죽음을 적에게 알리지 말라, 전방급신물언아사戰方急愼勿言我死"(1598.12.16)란 마지막 말을 남겼다. 위의 두 마디를 되새겨볼수록 형용할 수 없는 그의 애국심을 느낄 수 있다.

정치지도자의 용인술

정치외교학을 전공한 그이는 국정 운영자를 평할 때 정치지도자의 용인술用人術을 중요한 덕목으로 친다. 정무와 군무를 총괄했던 류성룡은 국가 통솔자의 중요한 덕목 중 하나가 인재 등용이라 했으며 최고 책임자의 용인술을 보고 지도자의 그릇 크기를 안다고 하였다. 나라가 위기에 처했을 때, 류성룡은 임금에게 「청광취인재계(請廣取人才啓)」(1594)란 건의서를 올렸다. 나라가 위급한 시기니 신분이 천하고 낮아도 얼마의 재능만 있으면 고루 등용하자고 했다. 건의서 내용에 병법兵法에 밝은 사람, 학식 있고 시무時務를 아는 사람, 담이 크고 언변이 뛰어난 사람, 집안 효제孝悌에 뛰어난 사람, 문장에 뛰어나 사신의 임무를 수행할 수 있는 사람, 용감하고, 활을 잘 쏘는 사람, 농사일에 밝고, 농업기술이 있는 사람, 염업, 광산업, 무역업에 밝은 사람, 수학과 회계에 밝은 사람, 병기兵技를 잘 만드는 사람을 등용하여 활용해야 한다고 했다.

필자가 그이에게 '우리나라 역대 대통령 중에서 용인술에 가장 탁월한 지도자?' 했더니, 그이는 박정희 전 대통령을 꼽았다. 각 분야에 최적임자를 발굴하여 적소에 배치했기에 한국 경제발전의 토대를 이룩했다고 했다.

본제로 돌아오면, 류성룡은 권율(1537~1599) 장군과 이순신(1545~1598) 장군을 천거하고 발탁했다. 류성룡의 이순신 천거는 1년 2개월 후에 일어난 임진왜란에 대비한 신神의 한 수였다고 후손은 평한다. 조선 500년 역사에 화합과 조정의 명수인 류성룡 재상이 있었다고. 이순신 장군이 임진왜란 때 쓴 『난중일기(亂中日記)』는 1962년에 대한민국 국보 76으로 지정되었고 2013년에 유네스코 세계기록유산으로 등재되었다.

『징비록』은 일본에서 베스트 셀러였다! 『징비록』은 1695년 일본 교토에서 간행(p. 13)되었다. 놀라운 일은 일본에서 더 인정을 받았다. 이순신 장군도 '조선 구국의 영웅' '세계 제일의 해장海將'으로, 류성룡은 조선의 명재상으로 평가되었다. 이에 1712년 조선조정에서 『징비록』의 일본 수출 엄금을 명하기도 했다. 지면 관계로 임진왜란의 내용과 참상 묘사는 대부분 생략했다. 『징비록』은 우리 국민의 가슴에 깊이 새겨야 할 유훈遺訓이다.

한국 여성의 자존심
신사임당

◆ 『사임당(士任堂)의 생애와 예술』(이은상 지음)

『사임당의 생애와 예술』(1962)은, 1978년에 보유 수정 5판 약 410페이지 분량이다. 이 책은 시조 시인 노산 이은상이 지었다. 신 사임당은 조선 중기 때 시서화詩書畵에 능한 화가요 시인이며 유학자였다. 사임당은 당호이다. 본문에는 사임당(1504~1551)의 초상부터 사임당의 노래, 풀벌레 그림, 산수화, 화조花鳥와 글씨 그리고 맏딸 매창梅窓의 그림, 넷째 아들 옥산玉山의 그림 글씨 작품 사진도 많이 담겨있다. 아버지는 신명화申命和 어머니는 용인 이씨였다. 사임당은 아들이 없는 집 다섯 따님 중 둘째 딸로 태어났다. 그는 아버지로부터 성리학을 교육받았다. 사임당은 현인 율곡이이栗谷李珥(1536~1584) 선생의 어머니이시다.

우리 역사상에서 가장 모범적이요 대표적인 부인 한 분을 말하라 하면 두말없이 율곡 선생의 어머님 사임당 신씨 부인을 내세울 것이요 또 거기엔 어느 누구도 아무런 이의를 말하지 않을 것이다. 어진 어머니, 학문이 높고 시문에 능하던 부인, 글씨 잘 쓰던 부인, 그림 잘 그리던 여류화가로, 그러나 모든 여성들은 다만 한두 가지에 능할 뿐이어서 각각 그

방면에서만 이름을 끼쳤지마는 한 분 뛰어난 인격자이면서 덕이 높은 부인이요, 어진 어머니이면서 어버이에게 지극한 효녀이며 학문의 깊이고 시문에 능하면서 글씨를 잘 쓰고 그림을 잘 그리고 자수에까지 능했던 그야말로 교육가요 인격자요 효녀요 현부인이요 학문가요 시인이요 서가요 화가인 종합적인 모범부인이야말로 이 사임당 신씨 부인인 것이다.

—『사임당의 생애와 예술』서문 중에서

사임당은 자녀로 4남 3녀 7명을 두었다. 사임당의 친정아버지 신명화 씨가 아들 없이 돌아가자 사임당은 시가인 경기도 파주와 친정 강릉을 오가며 친정어머니를 극진히 모셨다. 친정어머니를 그리는 시가 그것이다.

사임당은 19세 때 22세 된 부군 이원수李元秀(1501~1561) 공과 결혼했다. 이 원수 공은 6세 때 아버지를 잃고 독자로 자랐기에 유학과 학문을 깊이 있게 배우지 못했다. 사임당과 결혼한 후 부인에게 듣고 배워 깨달음이 많았다. (부록 p. 272) 이원수 공은 과거에 여러 번 낙방했다가 50세에 수운판관水運判官 종 5품 벼슬이 되었을 때 사임당은 48세로 별세했다.

『사임당의 생애와 예술』의 약전略傳에 있는 말이다. 「동계만록(東溪漫錄)」에 의하면 사임당과 남편 이원수와 이런 문답을 주고받았다. 사임당이 살아있을 때 남편에게; "내가 죽은 뒤에 당신은 다시 장가들지 마시오. 우리가 이미 자녀 간에 7남매나 두었는데 또 무슨 자식을 더 구해서 예기禮記에 가르친 훈계를 어길 수 있겠소."했다. (약전 p.87) 그러나 사임당이 시어머니 홍씨와 함께 살 때 남편이 첩을 두고 외도가 심했다. 사임당은 그때 더욱 친정을 그리워하며 건강은 악화되었다. 사임당은 심장병을 앓았다.

사임당이 별세하자 사임당보다 20살 아래인 주막집 여인 권씨를 서모庶母 자격으로 집에 들였다. 집안에는 이이와 심한 갈등을 일으켰다. 세간에는 남편의 아내에 대한 열등감 때문이란 말이 회자 되기도 했었다.

율곡은 9번 장원급제한 구도장원공(九度壯元公)

문신이자 성리학자였던 율곡은 9번 장원급제한 '구도장원공'이란 별 칭도 있다. 관직은 대사헌과 병조판서 그리고 이조판서에 이르렀다. 그 의 정치활동과 학문연구 업적은 지대하다. 우리 국민은 율곡이 선조께 「시무육조(時務六條)」(1583) 개혁안을 지어 바쳤다는 역사적 사실을 기억한다. 그중 하나로 율곡은 임진왜란이 일어나기 전에 10만 명의 군 사를 양성해야 한다는 '10만 양병설'을 주장했다.

율곡이 16세 때 어머니가 심장병으로 돌아가시자 어머니의 행적을 기리기 위해 『어머니의 행장』, 『선비행장(先妣行狀)』을 지었다. 율곡 은 19세 때 금강산에 들어가 불교에 투신하려 했다. 어머니의 별세에 마음 상하고, 또 계모와 형 죽곡竹谷의 알력이 심한 데서 속세를 떠나고 싶어 했던 것이 직접 동기였다고 했다. (부록 p.301) 어머니 별세후 10년 에 아버지가 별세하여 어머니 무덤에 합장했다.

오래전에 우리 가족은 강릉 신사임당의 생가 오죽헌鳥竹軒, 경포대 일 대를 2박 3일간 여행했었다. 그때 경포대에서 신사임당의 시와 이은상 의 시 「동해의 아침 해」를 읊었다. 「동해의 아침 해」는 옛날 국어 교과 서에서 배웠다. 필자는 젊었을 때 20여 년간 문인화를 그렸다. 그때 사임 당의 초충도와 포도, 매화도 등을 보며 그림 구도를 잡아보기도 했었다.

필자가 애송하는 사임당의 시

사임당은 결혼한 후 경기도 파주의 시댁과 강원도 강릉의 친정집을 오 가며 어머니와 고향을 그리워하는 시를 남겼다. 필자는 남편의 친구 부 부 모임이나 친척들 모임 때 사임당의 「어머님 그리워思親」과 대관령을 넘으며 친정을 돌아보며 「유 대관령 망 친정(踰 大關嶺 望 親庭)」이란 시를 연달아 읊곤 한다.

> 늙으신 어머님을 고향에 두고 외로이 서울 길로 가는 이 마음
> 돌아보니 북촌은 아득도 한데 흰 구름 만 저문 산을 날아내리네.
>
> (「유 대관령 망 친정」 38세 작)

> 산 첩첩 내 고향 천리 연마는 자나 깨나 꿈속에도 돌아가고파
> 한송정 가에는 외로이 뜬달, 경포대 앞에는 한 줄기 바람
> 갈매기는 모래톱에 헤락 모이락, 고깃배들 바다 위로 오고 가리니
> 언제나 강릉길 다시 밟아가 색동옷 입고 앉아 바느질 할꼬.
> 낙구. '밤마다 달을 대해 비옵는 말씀, 사신제 다시 한번 보이압고저.'
>
> (「어머님 그리워」)

사임당은 2007년에 대한민국 5만 원 지폐의 도안 인물로, 5천 원 지폐 도안에는 그의 셋째 아들 율곡 선생이다. 근래 현대 여성의 리더십 교육에 사임당을 현모양처의 아이콘으로 또는 여성의 자아실현을 위한 표본으로 교육프로그램 컨텐츠로 재조명된다니 반가운 소식이다. 자라나는 손녀들과 젊은 여성들을 위하여 한국 여성의 자존심이요 한국의 위대한 어머니이신 신사임당을 재조명해 보았다.

세계 최초로
수필형식을 완성한 작품!

◆ 『몽테뉴 수상록(隨想錄)』(미셸 드 몽테뉴 · 손우성 옮김)

　미셸 드 몽테뉴Michel de Montaigne(1533~1592)는 프랑스 페리고르 지방의 몽테뉴 성에서 태어났다. 16세대 법학을 전공해 24세에 고등법원의 재판관이 되었다. 『수상록』(1580)은 최초로 에세이essay란 수필형식을 완성한 작품이다. 270페이지가량이다. 그의 글은 인간 정신에 대한 회의주의적 성찰과 라틴 고전에 관한 해박한 교양을 반영한다. 그는 르네상스 시기의 가장 영향력 있는 작가로 평가받으며, 셰익스피어, 에머슨, 니체, 루소 등 작가들에게 영감을 주었다고 했다.

　중국의 석학 임어당은 "마음에 맞는 저자를 발견한다는 것은 지적발전을 하는 데 있어서 큰 사건이라고 생각한다. 이때 영혼의 친화 현상이 일어난다. 우리는 고금의 작가들 가운데 영혼이 자기의 영혼과 가까운 분을 찾아내야 한다. 이를테면 소동파는 도연명을, 조지 엘리엇은 루소를 처음 읽었을 때 하도 감격하여 마치 전기가 오는 것 같았다고 하였다. 우리가 책에서 소득을 얻으려면 심취할 수 있는 작가를 발견해야 한다." 참으로 공감이 가는 말이다.

인간 정신에 대한 회의주의적 성찰과 해박한 교양

몽테뉴는 내가 하는 연구의 제목은 '인간이다.' 사물을 알아보려는 호기심은 인간에게 주어진 천벌이라고 성경에도 있다. 그러나 나 개인의 문제로 돌아와서, 내가 나 자신을 평가하는 것만큼 어느 누구도 자기를 못나게 보든지, 또는 어느 누구도 나를 더 못나게 평가하기는 어렵다고 했다. (p.27) 이토록 자기 성찰에 집중하고 있다.

몽테뉴의 『수상록』은 인간의 조건에서부터 명성, 자만심, 욕망, 결혼, 질병, 정치, 취미, 여행, 죽음에 이르기까지 인간 정신에 대한 회의주의적 성찰과 해박한 교양 그리고 경험담을 담고 있다. 플라톤, 아리스토텔레스, 호라티우스, 세네카 등의 고전문헌에서 많은 인용을 했다. 글을 쓰는 사람에겐 일석이조—石二鳥의 배움이 있다. 필자는 젊었을 때 몽테뉴의 글을 읽고 영혼의 친화력을 느껴 독서를 일생의 취미로 즐기고 있다.

정치와 권세에 대하여 (p.192~194)

몽테뉴가 정치에 관하여 논할 때 "아무도 남에게 자기 돈을 나누어주지 않지만, 정치인은 누구나 다 남에게 자기 시간과 생명을 나누어준다. 우리는 이런 것만큼 낭비하는 것이 없는데…"라고 했다. (p.194) 필자는 이 말을 곰곰이 생각해 보았다. 선거철만 되면, 민생해결을 위해 기업 현장을 찾고, 국민을 위해 모든 것을 받이겠다며 외치는 목쉰 소리를 얼마나 많이 들어왔는가? 그 열띤 맹세는 선거가 끝나고 나면 흐지부지, 때로는 공약空約이 되기도 하는 예를 우리는 경험했다.

몽테뉴는 "또 사람들은 자기를 세貰로 내준다. 그들의 소질은 자기들 것이 아니라 그들이 섬기는 자를 위해서다. 심령의 자유는 아껴두어야 하고 정당한 경우 이외에는 저당 잡혀선 안된다. 그런데 걸핏하면 남의 일에 열중해서 얽매이는 사람들을 보라" 했다. 필자는 위의 대목을 읽고 크게 공감하고 웃었다. 영혼의 친화력이란 이럴 때 하는 말일까? 필자는 몽테뉴가 일반인이 생각하는 바와는 다른, 역발상逆發想적인 생각을 한다고 여겨질 때도 있다. 그러나 깊이 생각해 보면 맞는 말이었다. 본문에서 인용한다.

대단한 권세를 갖는다는 것은…

대단한 권세를 갖는다는 것은 가련한 일이다. 그대의 운수가 사회와 친구를 그대에게서 멀리 떼어놓고, 그대를 너무나 외따로 세워놓는다. 장애와 저항이 없는 삶! 비굴하고도 쉽게 모든 것을 자기 앞에 굽히게 하는 안일감安逸感은 모든 쾌락의 적이다. 그러한 삶은 잠자는 것이지, 사는 게 아니다. 전능의 힘을 가진 인간, 오히려 장애와 저항을 달라고 구걸해야 할 것이다. 그의 존재와 행복이 궁지에 빠진 것이다.

또한 "세상에서 제일 거칠고 어려운 직업은 임금답게 임금 노릇을 하는 일이다. 그들 직책의 무서운 무게를 고려해서 대게 세상 사람들이 하는 것보다 더 그들의 잘못을 용서해주고 싶다. 그렇게도 큰 권력을 가지면 절도를 지킨다는 것은 어려운 일이기에 그 직책의 무거운 무게를 고려해서 잘못을 용서해주고 싶다." "절제의 덕은 인내의 덕보다 갖기 힘들다." (p.35, 188)

'절제의 덕은 인내의 덕보다 갖기 힘들다.'라고 한 말은 권력을 가진 정치인을 정밀묘사한 말이다. 아. 사물과 인간을 투철하게 바라볼 수 있는 눈과 정신력, 판단력과 추리력에 감탄했다.

인간과 동물 자연의 은총 비교 (p.63)

"대자연이 어머니다운 애정으로 동물들을 이끌어 지도하기 때문에 짐승들이 우리보다 훨씬 더 큰 편익을 누리며, 동물들이 받은 자연의 은총은 인간이 받은 은총보다 훨씬 더 나은 것임을 인정하지 않을 수 없다."(p.63) 고했다. '그래?' '뭐가?'하는 의문이 일었다. 필자는 읽어내려가다가 껄껄 웃었다. 얼마나 족집게 같은 지적인가! 인용한다.

> 인간은 헐벗은 대지 위에 벌거숭이로 내쫓긴 단 하나의 동물로서, 남이 내버린 물건을 뒤집어쓰고 신체를 보호할 수 있을 뿐이다. 동물 중에서 가장 재난당하기 쉽게 취약하며, 동시에 오만한 것은 인간이다. 반면에 다른 피조물들은 조개껍질, 콩깍지, 덧껍질, 털, 모사(毛絲), 가시, 가죽, 잔털, 날개깃, 창갑, 양털가죽, 돼지털, 등 그들의 생명 보존에 필요한 대로 대자연이 준 옷을 입고, 발톱, 이빨, 뿔 등으로 무장하여 자기 몸을 방어하며 공격한다. …대자연이 그들에게 헤엄치기, 다름질 치기, 날기, 노래하기 등 적절한 기술을 가르쳐주는데, 사람들은 반대로 배우는 것 외에는 길가기, 말하기, 밥 먹기조차도 알지 못한다.
>
> (p.63)

여기까지 읽고 필자는 무릎을 치며 웃었다. 진짜 그렇구나! 엄동설한 길길이 쌓인 눈 속에 뿌리를 묻고 대지에 늠름하게 버티고 선 나무를 보며 몽테뉴와 같은 생각을 해왔었다. 여러 면에서 생각의 공감대가 컸기 때문에 글 속에 깊이 빠져들었다.

결혼과 사랑에 대하여 (p.158)

몽테뉴는 인간의 성적性的 행위는 사람들에게 무슨 짓을 했기에 그렇게도 자연스럽고, 필요하고 정당한 일을 사람들이 부끄러워하지 않고는 감히 말을 못하며, 근직하고 점잖은 말에서는 빼놓는단 말인가? 우리는 '죽인다,' '도둑질한다,' '배반한다,'라는 말은 과감하게 한다. 그런데 그 일만은 입속에서 우물거리기만 할 뿐 입 밖에 내놓지 못한단 말인가? 역시 가장 쓰이지 않고, 글로 적어놓지도 않고, 가장 침묵이 잘지켜진 말들이 가장 잘 알려지고 가장 일반적으로 이해된다는 좋은 일이다. 어느 나이에도, 어느 풍습에서도 빵과 마찬가지로 그것을 알지 못하는 자는 없다. 그 말들은 표현되지 않고, 소리도 없고, 형태가 없어도 각자의 마음 속에 새겨져 있다. (p.159)

한 번 결혼하고 나면, 싫어도 공동책임의 법칙을 따라야 한다. 서로 화합하지 않고 결혼하는 것은 배반 행위다. … "여자들이 세상에서 행해지는 생활 규칙을 용납지 않는 것은 전적으로 그녀들의 잘못은 아니다. 왜냐하면 그 규칙은 여자와 상의하지 않고 남자들이 만들었기 때문이다."(p.168) 이 말 한마디가 필자의 마음을 한층 더 활짝 열게 했다. 위의 말은 여성의 처지를 이해하는 훌륭한 웅변이다. 여기까지 읽은 여성 독자님은 몽테뉴와 시공을 초월하여, 가슴을 열고 대화를 하시길 바란다.

이성과 판단은 풍습과 법률의 힘에 좌우된다.

이성의 판단력은 풍습과 법률의 힘에 좌우된다. 습관과 법률보다 이 세상에 더 잡다한 것은 없다. 한 곳에서는 매우 꺼리는 일이 다른 곳에선 장려된다. 라케데모니아*에서는 재간 있는 도둑질이 장려되었고, 근친결혼은 우리에게서는 사형당할 범죄라고 금지되어 있는데, 다른 곳에서는

---
* 고대 스파르타

명예로운 일로 간주 된다. 어느 나라에서는 어머니가 아들과, 아버지가 딸과 결혼한다는데, 거기서는 촌수가 가까울수록 사랑이 더 짙어진다고 본다. (p.120)(로마시인 오비디우스)

자기 아버지를 먹는 것보다 더 끔찍한 일은 상상할 수 없다!

부모의 유해를 땅속에 던져서 부패시키며 짐승과 벌레들의 밥이 되게 둔다는 것이 잔인하고 가증스런 행위로 본 것이다. 해서 부친의 시체를 요리하여 먹으며 소화시켜 양분으로 섭취함으로써 부모에게 해드리는 가장 마땅하고, 영광스런 장례라고 생각했다. 살이 되고 피가 되게 함으로써 죽은 신체를 다시 살리는 것이라고 믿었다. 이런 습관을 가졌던 국민들은 효도와 애정의 증거로 삼았다. (p.120)

현실보다 상상력 때문에…

죽음은 수상록 중에서 가장 많이 취급된 제재다. 사람은 죽음을 피하지 못한다. 아마도 사람들은 죽어가는 고비의 무서운 고통을 상상하며 두려워하는 것 같은데, 몽테뉴는 죽음을 경험해 보았다. 그는 말에서 떨어져 죽을 고비를 넘겼다. 죽을 고비에서 무의식 상태로 있는 동안 고통은커녕 무감각의 행복감 속에 잠겼고, 오히려 다시 살아나려고 의식을 회복했을 때에 격심한 고통을 느꼈다고 했다. 그러면 죽음의 고통이란 단순한 상상에 불과하고 진짜 죽어갈 때는 고통도 느끼지 않음으로 죽음 자체는 두려워할 게 못 된다고 했다.

죽을 자리를 택할 수 있다면, 우리 집을 나가서 집안사람들과 멀리 떨어진 곳에서, 침대 위에 보다는 말 위에서 죽고 싶다. 친한 사람들과 고별하기란 위안이 되기보다는 가슴이 터질 일이다. 왜냐하면 우정의 봉사중에서 이것만이 불쾌하기 때문이다.

(p.251)

필자는 손주들에게 방학 때가 되면 시간 아깝다 여기지 말고 고전한두 권은 꼭 읽어보라고 권유한다. 시공을 초월하여 위대한 철학자와 역사학자 그리고 세계적인 문호를 일대일로 사귈 수 있는 절호의 기회라고 일러준다.

사람은 나뭇잎과도 흡사한 것

◆ 『명상록(瞑想錄)』(로마 황제 마르쿠스 아우렐리우스) 「페이터의 산문散文」(李歇河)

2010년 늦가을 어느 날 남편의 Y대학 정치외교학과 동기생 부부 친선모임이 있었다. 모두 나이가 70대였다. 젊었을 때 영문학을 전공한 벗이 "그 글의 제목이 '페이터의 산문'이었다는 것을 근래에 알았다, 라며 사람은 나뭇잎과도 흡사한 것, 가을바람이 땅에 낡은 잎을 뿌리면 봄은 다시 새로운 잎으로 숲을 덮는다," 했다. 고등학교 국어 교과서에 실렸던 글! 그때 필자는 반가워 그래 맞아요, 「페이터의 산문」이라며 우리는 함께 나직이 읊었다. 그리고 또 세월이 십여 년 훌쩍 지났다.

황제 마르쿠스 아우렐리우스Aurelius Marcus(A.D 121~180)는 3세 때 아버지가 돌아가 어머니와 조부에 의해 길러졌다. 황제는 인간의 내적 삶을 중시하고 금욕주의적 도덕을 중시한 스토아학파Stoicism 철학자였다. 아우렐리우스 황제는 광대한 로마제국의 전 영토가 덕과 지혜로 잘 다스려진, 다섯 명의 현명한 오 황제五賢帝에 속한다.

「페이터의 산문」은 로마제국의 황제 마르쿠스 아우렐리우스가 자신의 고뇌와 성찰이 주 내용인 『명상록』에 있는 내용을 영국의 심리 비평가 월터 페이터Walter Pater(1839~1894)가 그 내용 중에서 자기 문체로 써 놓은 것을 번역한 글이다. 이를 수필가 이양하(1904~1963)씨가 고등학교 국어 교과서에 「페이터의 산문」이란 제목으로 게재했다. 이글은 『한국수필 문학 독본』에도 실려있다.

이양하 선생은 만일 나의 애독하는 서적 두세 권만 들라면, 나는 그중의 하나로 이 『명상록』 들기를 주저하지 않겠다고 했다. "혹은 서러움으로, 혹은 분노로, 혹은 욕정으로 마음이 뒤흔들리거나, 또는 모든 일이 뜻하는 바와 같지 않아 세상이 귀찮고, 아름다운 동무의 이야기까지 번거롭게 들릴 때, 나는 흔히 이 견인주의자 황제를 생각하고, 어떤 때는 조용히 그의 명상록을 펴 본다."고 했다.

사람의 칭찬받기를 원하거든…

사람의 칭찬받기를 원하거든 깊이 그들의 마음에 들어가, 그들이 어떠한 판관(判官)인가, 또 그들이 그들 자신에 관한 일에 대하여 어떠한 판단을 내리는가를 보라. "사후(死後)에 칭찬받기를 바라거든, 후세에 나서 너의 위대한 명성을 전할 사람들도, 오늘같이 살기에 곤란을 느끼는 너와 다름없는 것을 생각하라. 진실로 사후의 명성에 연연해하는 자는 세상에서 사라지고, 그를 기억해 주기를 바라는 사람의 하나하나가 얼마 아니하여 이 세상에서 사라지고, 기억 자체도 한동안 사람의 마음의 날개에 오르내리나 결국은 사라져버린다는 것을 알지 못하는 사람이다."

(『한국수필 문학 독본』 p.204)

사람은 나뭇잎과도 흡사한 것,

가을바람이 땅에 낡은 잎을 뿌리면, 봄은 다시 새로운 잎으로 숲을 덮는다. 잎, 잎, 조그만 잎, 너의 어린애도, 너의 아첨자들도, 너의 원수도, 너를 저주하여 지옥에 떨어뜨리려 하는 자나, 이 세상에 있어 너를 헐뜯고 비웃는 자나, 또는 사후에 큰 이름을 남긴 자나, 모두가 다 한 가지로 바람에 휘날리는 나뭇잎. 그들은 참으로 호머가 말한 바와 같이 봄철을 타고난 것으로 얼마 아니 하여서는 바람에 불리어 흩어지고, 나무에는 다시 새로운 잎이 돋아나는 것이다. 그리고, 이들에게 공통한 것이라고는 다만 그들의 목숨이 짧다는 것뿐이다.

(p.205)

"무한한 물상物像 가운데서 네가 향수享受한 부분이 어떻게 적고, 무한한 시간 가운데 네게 허용된 시간이 어떻게 짧고, 운명 앞에 네 존재가 어떻게 미소微小한 것인가를 생각하라. 그리고 기꺼이 운명의 직녀 클로토Klotho(그리스 신화, 운명의 3 여신)의 베틀에 몸을 맡기고, 여신이 너를 실로 삼아 어떤 베를 짜든 마음을 쓰지 말라."

세계의 모든 길은 로마로 통한다고 할 정도로 막강했던 로마, 그 황제가 이런 생각을 할 수 있었다는 게 잘 믿어지지 않는다.

아니 부패란 만상의 원리 원칙에도 작용하는 것으로 만상은 곧 진애요, 수액이요, 악취요, 골편 너의 대리석은 흙의 결정. 너의 금은은 흙의 잔사에 지나지 못하고 너의 명주옷은 벌레의 잠자리 같은 너의 자포는 깨끗지 못한 물고기 피에 지나지 못한다. 아! 이러한 물건에서 나와 다시 이러한 물건으로 돌아가는 네 생명의 호흡 또한 이와 다름이 없느니라.

(p.206)

죽음이란 무엇인가?

죽음이란 자연의 한 이치에 지나지 아니하고, 사람은 그 이법(理法) 앞에 겁을 집어먹는 어린애에 지나지 못하는 것을 알 것이다. 죽음은 자연의 이치요, 작용일뿐 아니라, 자연을 돕고 이롭게 하는 것이다. … 이 글의 끝맺음에 불평 없이 떠나라고 했다. 너를 여기 데려온 것은 자연이다. "너를 여기서 내보내는 것은 부정한 판관이나 폭군이 아니요, 너를 여기 데려온 자연이다. 배우가 그를 고용한 감독이 명령하는 대로 무대에서 나가듯이….

(페이터의 산문 중에서)

『명상록』에 대한 독후감은 독자님께 남긴다. 필자는 80세가 훨씬 넘도록 아직도 주절주절 문장을 외우니 분명히 고전 중의 고전이라 믿는다. 일독을 권한다.

어떠한 문명도 최후의 가치는 어떤 남편과 아내를 만들어 내느냐에 있다

◆ 『생활의 발견(The Importance of Living)』(린위탕 · 김기덕 옮김)

중국의 석학 임어당(1895~1976)은 언어학자, 철학자, 수필가, 문화 비평가, 석학 등으로 널리 알려져 있다. 특히 우리나라에서 그의 대표 작 『생활의 발견』(1977) 김기덕 교수 옮김은 420쪽 방대한 분량이다. 이 책은 한국에서 베스트 셀러였다. 그의 글에는 도교, 불교, 기독교 사상이 융합돼 있고, 유유자적한 자연 예찬 논자인 장자, 도연명, 소동 파 등의 사상이 녹아있다. 그는 동서양을 넘나들며 살았기에 그의 글 에는 동서양의 문화적 차이점과 생활양식을 비교 비평한 내용이 많다.

본문은 12장까지 있는데, 각성, 인간관, 인간적인 것, 누가 인생을 즐 겁게 보낼 수 있는가, 인생의 향년, 유유자적한 생활에 관하여, 그리고 가정의 즐거움, 생활의 즐거움, 자연의 즐거움, 교양의 즐거움 등에 관 하여 사실적으로 쉽게 썼다. 그리고 11장에는 '신에 가까운 자와 사고 방식'에 대하여 논했다. 적당히 얼버무리는 표현이 없다. 그가 말했듯 이 가장 완숙한 글쟁이는 단순, 소박, 명료하게 쓴다. 지식을 자기 것 으로 소화했기 때문이라 했다.

'가정의 즐거움' (p.191)

어떠한 문명도 최후의 가치는 그 문명이 어떤 남편과 아내, 아버지와 어머니를 만들어 내느냐에 있다. …남녀 관계만으로는 불충분하다. 그 것은 아이를 낳는 일에 귀착되어야 한다. 오늘날 매우 중대한 문제는 결혼을 달갑게 여기지 않는 남녀가 상당히 많다. 결혼하더라도 아이 낳기를 거부하는 부모도 상당히 많다. '문명의 기형아로서의 독신생활'(p.196)을 비평하면서 개인주의와 주지주의를 말했다.

> 인간의 따뜻한 인정을 외면하고 차디찬 두뇌를 믿으려는 자는 어리석기 짝이 없다. …개인의 경력을 장식하기에 가장 알맞은 독신생활 속에는 개인주의적인 면과 주지주의적 요소가 깃들어 있다. 그리하여 지적, 예술적, 직업적인 흥미를 찾기에 여념이 없다. 정치적 문화적, 예술적 업적의 대가는 그 주인공의 창백한 이지적인 자기만족에 그치고 말지만, 자기 자식들이 무럭무럭 자라는 모습을 보는 기쁨은 언어를 초월한 엄청난 진실이다.
>
> (p.201)

그는 이런 실화를 예로 들었다.

> 허버트 스펜스는 죽기 며칠 전에 18권이나 되는 『종합철학』을 무릎 위에 올려놓고 그 딱딱한 책의 무게를 느끼면서 책보다 손자가 더 좋았을지도 모르겠다고 술회한 일이 있다.
>
> (p. 202)

'가정의 즐거움' 중 '우아한 노경'에 중국인으로서 가장 유감스러운 것은 임종이 가까운 양친에게 약이나 고기를 충분히 제공하여 최후의 효도를 드릴 기회를 상실하거나, 또는 양친의 임종 곁에 있지 못하는 일이다. 임어당은 또 만일 이 세상을 한 편의 시詩라고 생각한다면 그 생애의 황혼기를 가장 행복한 때라고 볼 수 있을 것이다.

미국의 3가지 결함 (『생활의 발견』 p.184, 『인생론』 p.243)

임어당이 '유유자적한 생활에 대하여' 논할 때 미국에는 3가지 큰 결함이 있는데 그것은 능률, 정확, 공명과 성공욕인 것이다. 이런 것들이야말로, 미국 사람을 오늘날과 같이 불행하게 하고 신경질로 만드는 것이라고 했다. 미국인의 '능률'에 대한 비평에 능률은 생활을 즐기는 한가閒暇를 우리에게 주지 않고 오직 일을 완전히 수행하기 위해서 우리들의 신경을 마멸시키고 시간을 훔치는 도둑이 되므로 괘씸하다. (p.244) 정신을 육체의 노예로 할 수 있을 만한 것일까? 중국인적 우유철학優遊哲學의 높은 정신성은 이것을 부정한다. 중국인은 우유자적優遊自適한 생활을 예찬한다.

"나는 이교도이다" (『생활의 발견』 p.376)

임어당은 목사의 집안에 태어나 한때는 선교사가 되려고 교육을 받았다. 그런데 나는 이교도이다. 하지만 기독교에 대한 반감이 없으며, '반역'이라 든지 혹은 '신의 존재를 믿지 않는 사람'이라고 한다면 당치 않은 생각이다. 중국의 이교도는 모두가 조물주의 존재를 믿고 있다. (p.389) 그는 교리와 자꾸 멀어져만 갔는데, 우선 자기를 괴롭히던 일들을 솔직하게 털어놓았다.

임어당은 서기 1세기 무렵 예수의 재림이 이루어지지 않았고, 처녀 잉태가 논의의 대상이 되었으며, 천국의 수문은 어디 있느냐? 아담과 이브는 그들의 신혼시절에 선악과를 따먹었다는 조그만 죄 때문에 신은 크게 노하여 두 사람에게 벌을 주었다. 그 조그마한 죄 때문에 후손인 인류는 말세에 이르기까지 죄를 짓고 고통을 받아야만 하였다. 그런데 신이 벌을 준 그 후손이 신의 독생자인 그리스도를 죽였을 때 신은 크게 기뻐하여 그들을 용서하였다. 이에 대하여 누가 뭐라고 해석하는지 모르겠지만, 이것이 나를 번뇌에 몰아넣은 최후의 두통거리였다. (p.384~386)

임어당의 『생활의 발견』 앞표지 날개 안쪽에 김기덕 교수는 "이교도인 이유를 설명한 바 있는 그는 그로부터 22년이 지난 65세의 나이에 저술한 『이교도에서 기독교인으로』에서 이후에 펼쳐진 영적 귀향의 이야기를 들려준다."고 했다.

필자는 인터넷 『기독일보』 오피니언(2017.7.2. 이억주 목사) 「탕자는 돌아옵니다」를 읽었다. 사람들이 임어당에게 '돌아온 이유가 무엇입니까?'했을 때 한 답이라고 했다.

"예를 들어 내가 우물에 빠졌습니다. 지나가는 사람에게 살려달라고 소리 질렀더니, 석가모니는 우물 안을 들여다보고 손가락질을 하며, 전생에 얼마나 못되게 굴었으면 이렇게 죽게되었나. '업보요 업보'하고 '나무 관세염 보살'하고 갔습니다.

또 지나가는 사람에게 살려달라고 소리 질렀는데, 공자가 들여다보았습니다. 공자가 손가락질하며 '이놈, 너 죽으려고 거기에 빠졌느냐? 빨리 나오지 못해!' 하고 야단치고 갔습니다.

또 지나가는 사람에게 살려달라고 소리 질렀더니 예수께서 들여다보았습니다. 예수님은 '내가 너를 구해주겠다' 하고 줄을 타고 내려와 나를 업고 줄을 타고 올라가, 나를 구출해 주었습니다. "살길은 여기에 있고, 문제해결은 여기에 있다는 것을 깨달았습니다." 했다.

임어당의 『생활의 발견』에는 재미있는 내용이 너무 많다. 간략하게 소개하는데도 선택하기 어렵다. 생활 전반에 걸쳐 주제를 다루었고, 미사여구 없이 서술했는데 교양과 지식이 풍부하다.

한적생활(閑寂生活)의 예찬론자!

◆ 『임어당의 인생론』(임어당 · 노태준 譯)

『임어당의 인생론』(1985) 노태준 번역은 300페이지에 달한다. 중국인의 한가론閑暇論과 미국 사람들의 활동가를 비교하여 다룬 대목과 부모가 자식 세대를 생각하는 경향이 다르기에 인용해 본다. 그는 노장사상老莊思想에서 비롯한 중국인 특유의 생활 속의 한가로움에 대한 낭만적인 예찬을 강조했다. (p.223)

> 무섭게 현명한 인류여! 그러나 인류에게도 어리석음이 있네. 머리가 백발이 될 때까지 끊임없이 먹기 위해 일을 하고 결국 논다는 것을 잊어버리고 마는 이 문명이야말로 참으로 이해할 수 없는 것이 아닌가!
>
> (p.222)

중국에서 80세의 생일을 축하할 수 있는 사람은 하늘로부터 특별한 은총을 받은 사람이라고 존경한다. 미국의 노인은 아직도 바쁘고 활동적인 생활을 하고 싶어 하지만, 개인주의에 유래하는 것이다. 그들은 아이들에게 폐를 끼치는 것을 부끄럽게 생각하는 태도다.

하긴 『임어당 인생론』은 1985년에 출간했다. 지난 30, 40년 사이에 인류는 혁신적으로 문명이 발달했다. 지금 우리나라는 장수 시대이다. 70, 80대 노인 중에도 일하려는 사람도 있다. 활동하니 건강에 좋고 밥맛이 있으며 생활 용돈이 생겨서 살맛 난다고 한다. 무료하게 노는 것도 하루 이틀 말이다.

중국 노인과 미국 노인의 사고의 차이점?

중국에선 부모를 봉양할 수 있는 자식을 가지는 것을 행복이라 생각한다. 중국에선 노인은 간섭할 권리를 가지고 있다. 비록 그 간섭이 불유쾌하더라도. 왜냐하면, 가정생활이라고 하는 것은 자아억제自我抑制를 배우는 곳이기 때문이다. 그렇지 않으면 결혼까지도 깨어지고 말 것이다. 서구에서는 자식들을 생각해서 지하실에 식당이 있는 호텔 같은 곳에 떨어져 살려고 한다.

임어당은 사람이 독립해서 살아갈 수 있는 것같이 생각하는 어리석은 개인주의라고 했다. 이 점에 관하여 필자는 좀 달리 생각한다. 자식들은 저들의 자식을 지도하고 이끌 능력과 의무를 가졌다. 늙은 조부모가 손주 세대를 향해 옛 교육론을 말하는 것은 시대에 부합하지 않는다고 생각한다. 가정에 불화와 갈등만 초래할 것이다. 단 자식이나 손주들이 조부모의 의견을 물었을 때는 주저 없이 생각을 역설할 수 있을 것이다. 독립하여 살아갈 수 있다면 필자는 자식들과 한집에서 살지 않고 따로 살고 싶다. 생각도, 음식도, 일상생활도 노인들은 젊은 이들과 다르다. 왜 한 집에서 끝없는 갈등과 불편을 겪어야 하나. 필요할 때 도움을 청하면 된다. 특히 며느리와 시부모 사이는 때로 어렵고 불편한 사이이기도 하다.

필자는 여기서 노인의 일상은 모든 면에서 젊은이들과 다르다. 다르다는 것을 인정하며, 다른 방식으로 자식들의 눈치 보지 말고 노인들이 좋아하는 음식, TV 프로그램 설정, 시계화된 젊은이들의 스케줄과 무관하게 한가롭게 즐기면 될 일이다.

임어당은 "한적한 생활은 결코 부유 계급을 위한 것은 아니다. 한가의 즐거움이란, 사치의 즐거움보다 비용이 들지 않는다. 한적한 생활을 즐기는데 돈은 전혀 필요 없다."고 했다. 그러면서 장자와 전원시인 도연명, 소동파에 관한 예찬이 나오는데, 자기 민족과 문화에 대한 긍지와 애정이 대단하다고 느꼈다. 인간이 누릴 수 있는 행복은 모두 생물학적인 행복이다. 내장만 제대로 움직이면 행복하다고 했다. 먹고 잠자고 배설하는 것, 잠깐의 휴식과 대화, 독서, 심지어 꽃과 식물 가꾸는 취미생활도 확대 조명하여 현재 생활 속에서 참 행복을 발견하게 한다.

임어당의 생활미학(生活美學)

필자의 결혼 기념 55주년에 외손주들로부터 해송海松 분재 화분을 선물 받았다. 해송은 남편의 아호이기도 하다. 그이의 취미가 '화초 가꾸기'다. 그이는 자기의 꽃 가꾸는 실력이 탁월하여 아주 오래된 난초꽃들이 차례로 핀다며 3개의 난 화분을 응접실에 모셔놓고, 가끔 코를 맞대고 난향을 맡아보며 청복淸福을 누린다.
해송을 보며 임어당의 소나무 예찬을 인용한다.

소나무는 가장 시(詩)적인 나무이다. 유난히 숭고하고 단아한 기품이 서려 있다. 대로(大老)의 기품이 있다. 이 고전미 때문에 노송(老松)이 특별 대우를 받는다.

(p.298)

"소나무는 고요하고 태연하게 솟아있으며, 높은 곳에서, 늙은이처럼 다 알고 있으면서 말이 없다. 오래된 미, 침묵, 장중, 속세 초월한 범상한 기품, 은자의 품격을 갖추고 있다."고 했다. 분재 해송을 보면서 새삼 임어당의 탁월한 감수성에 놀랐다.

임어당의 미美의 감상에 옛날 중국 문인들은 꽃과 달과 미인이 없다면 이 세상에 태어나서 무슨 즐거움이 있겠는가? 라고 했다 하여 필자는 크게 웃었다. 임어당은 능변가요, 그의 문장은 미사여구가 없고 솔직하며 남을 의식하는 꾸밈이 없는 것이 특징이다. 독자님들께 자신 있게 일독一讀을 권한다.

'무의식(無意識) 세계(Unconscious World)'를 발견했다!

◆ 『프로이트 心理學 入門』(캘빈 S. 호올 · 황문수 역) 『정신분석 입문』(S. 프로이트 · 민희식 옮김) 『꿈해몽법』(은광사 편집부)

지그문트 프로이트Sigmund Freud(1856~1939)는 오스트리아 정신과 의사, 생리학자, 철학자이며, 정신분석학의 창시자다. 20세기 정신사에 가장 큰 영향을 준 유대인으로 '무의식 세계'를 발견했다. 『꿈의 해석』과 『정신분석학』은 1899년 동시에 출간되었다. 1930년 심리학과 독일어 문학에 기여한 공로로 「괴테 상」을 받았지만, 나치독일에는 반유태주의 감정의 고조로 책과 재산이 몰수되어 영국으로 망명길에 올랐다.

『프로이트 심리학 입문』(1977)은 황문수 교수가 캘빈 S. 호올Calvin S. Hall(1909~1985) 심리학 박사가 프로이트에 관해 쓴 것을 1977년 번역한 책으로 190페이지다. 이 책에는 사람마다 지닌 특성 즉 개성個性 · personality의 조직, 역학, 발달, 그리고 안정된 인성人性 · 성품에 이르기까지 구조발달 등을 기초부터 쉽게 설명했는데 읽기 쉽고 재미있다.
  프로이트는 의식意識은 인간의 감각기관을 통하여 인식하는 모든 것을 말하고, 무의식無意識은 마음 깊은 곳에 감추어져 있는 정신세계로 본능, 열정, 억압된 관념과 감정 등이 잠재해 있다고 했다. 의식과 무의식을 빙산의 일각으로 표현하는데 의식이 9%라면 90% 이상은 무의식으로 보는 것이다.

필자는 인간의 무의식 정신세계를 연구하고, 정의를 내린 지그문트 프로이트를 천재 중에서도 천재라고 생각한다. 그는 무의식의 심리학을 새로이 발전시켰고, 정신분석을 통해 신경증 환자를 치료하는 임상치료 방식을 창안했다. 프로이트의 3대 명저는 『정신분석 입문』(1917), 『꿈의 해석』(1900), 『성욕 이론에 대한 논문』(1905)이다.

인간 성격의 구조를 원초아*, 자아**, 초자아***로 구성되었다고 했다. 특히 중요한 자아自我는 본능의 만족 외 지각, 주의, 학습, 기억, 판단, 분별, 추리, 상상 등에 에네르기를 독점한다. 그래서 어떤 일이 참이기를 몹시 바랄 때 편견이나 욕망이 우리의 관찰과 사고를 지배한다. 그래서 소망적 사고는 우리를 함정에 빠뜨릴 수 있기에 조심해야 한다. (p. 62)

인간은 상반된 욕망이 공존하는 모순덩어리

필자는 책을 읽다가 껄껄 웃을 때가 많았다. 인간의 의식과 무의식 세계를 투명한 유리를 통하여 들여다보는 느낌이었다.

> 프로이트는 인간의 본성을 잘 알고 있기에 인간에 대해 비관주의적이었고 비판적이었다. 그는 인류에 대해 높은 평가를 하지 않았다.

---

* Id, 본능, 완전 무의식

** Ego, 인간 의식의 일부로서 현실적 원리에 따르는 과정

*** Super-Ego, 외부의 영향을 많이 받으며 양심과 이상을 대표하는 기능

인간은 상반된 욕망이 공존하는, 애당초 모순덩어리다. 한 사람만 사
랑하고 싶으면서 바람피우고 싶고, 살을 빼고 싶지만, 많이 먹고 싶고,
재미있게 놀면서 이러면 안 되는데 하는 죄책감이 든다. 인간의 본성에
자리 잡은 비합리적인 힘이 너무나 강하기 때문에 합리적인 힘이 비합
리적인 힘에 성공적으로 대항할 기회는 거의 없다고 생각했다.

(『심리학 입문』 p.33)

여기까지 읽으신 독자님, 한 번 웃어보세요.

인간의 기본적인 본능에는 살고자 하는 본능과 죽고자 하는 본능 (p.79)

프로이트는 인간의 기본적인 본능은 살고자 하는 본능과 죽고자 하
는 본능이 있는데 이는 모든 정신적 에네르기의 원천이다. 살고자 하
는 본능 에로스Eros는 생명을 유지 발전시키는 본능이다. 반면에 죽고
자 하는 본능은 생물체가 무생물체로 변하려는 본능으로, 자살하고,
주위 사람이나 환경을 파괴하며 싸우고 공격하는 본능이 있기 때문이
다. 무의식의 세계는 본능적인 충동의 저장소이다. (『심리학 입문』 p.128, 『정
신분석 입문』 p.291) 정신분석은 심리학에 속한다. 『심리학 입문』과 『정신
분석 입문』의 책에는 같은 내용이 많다.

『정신분석 입문』 (S. 프로이트 · 민희식 옮김)

정신분석은 심리학에 속한다. 프로이트의 『심리학 입문』과 프로이
트의 『정신분석 입문』의 내용은 중복되는 것이 많다. 『정신분석 입

문』(1917)은 300페이지가량인데 「착오 행위」, 「꿈」, 「신경증의 일반
이론」의 세 부분으로 나누어 다루었다. 「착오 행위」에 대한 이론도 흥
미롭다. 우리가 무심코 말실수失를하는 것이 그 자신의 의도를 외부에
드러내고 만다고 했다. 단순히 우연적인 착오가 아니라고 했다. (p.45)

꿈은 한마디로 욕망의 충족이랬다. 꿈의 왜곡은 4, 5세 이후에 나타
난다. 이를테면 3살짜리가 낮에 울며 원했던 일을 그날 밤 꿈에 원했
던 그대로 꿈에 이룬다고 했다. 마음의 흔적이 꿈이라면 착오는 깨어
있을 때의 활동이다.

신경증의 일반이론은 '불안'이라는 개념이 핵심적인 역할을 한다고
했다. 정신생활은 왜 잠들지 않는 것일까? 마음의 안정을 허용하지 않
고 있기 때문이다. (『정신분석 입문』 p.61) 신경증적 불안은 성생활의 불만,
정상적인 정신 과정이 억눌려 나타난다. 질병, 죽음 등. 강박행위를 억
지로 막거나 의식적으로 중지하면 불안의 형태로 나타난다고 했다. 꿈
에 대해서는 아래『꿈해몽』책에서 상세하게 인용했다.

유아성욕 · 리비도(Libido)의 발달 (p.218~229)

참으로 신비로운 유아성욕의 문제를 다룬 내용을 인용한다.

> 어린이가 3세경부터 성생활이 있다. 이때가 되면 이미 성기가 본성을
> 나타내어 유아적 자위, 즉 성기의 쾌감이 주기적으로 오게 된다.
> (유아성욕, 리비도의 발달, p.220)

이렇게 유아기 초기에 준비되어서 사춘기 이후에 영속적으로 형성되
어간다. 심리학에서 영아기(출생~2세), 유아기(3~5세), 아동기(6~13세),
청소년기(13~20세), 성인기(21~28세)로 보았다.

필자는 그리스 로마신화에도 나오는 '오이디푸스 콤플렉스'의 근간이 되는 예를 흥미롭게 읽었다. 어릴 때 남자아이가 아버지로부터 매우 엄격한 질책이나 심하게 다루는 데서 생긴, 아버지에 대한 분노와 질투로 바뀔 수 있다고 했다. 그리고 자신이 어릴 때 어머니의 나체를 보고 성욕을 느꼈다는 예를 들었다. 성욕을 인간 생활에서 중요한 동기부여의 에너지로 정의하였다. (『정신분석 입문』 p.289) 필자가 어릴 때, 1940~1950연대까지만 하더라도 우리의 부모 세대는 공중목욕탕에 남자아이를 네댓 살까지도 데리고 다녔다. 아이들이 어릴 때는 철부지로, 인격체로 보지 않았다.

개성(個性, 人性, Personality)이 형성되어가는 과정인 유아기

유아기에 말도 배우고, 밥 먹는 법, 대소변 가리는 훈련도 하는 시기이다. 철학자는 인간은 세상에 2번 태어나는데, 한번은 신체적 탄생이고 또 한번은 정신적 자아自我, Ego의 탄생이라고 했다. 자아는 행동의 주체로서 '나 자신'을 말한다. 이 시기에 아이는 제 원하는 대로 하려고 반항하며 앙탈 부릴 때가 있다. 크게 울면서 자기중심적으로 고집을 부리고 생떼를 쓸 때가 있다. 아이는 외부 환경에 따르거나 끝까지 고집을 부리기도 한다. 이때부터 자신과 타인을 구별하고 갈등을 조정하는 기능이 발달하기 시작한다고 했다. 심리학자 에리히 프롬Erich Fromm(1900~1980)은 "인간은 나라고 말할 수 있는 독립된 개체로서 인식할 수 있는 유일한 동물이다"라고 했다.

사춘기 틴에이저(Teen ager)

아동기를 지나 청소년기(13~19세)로 접어들면 호르몬 증가로 2차 성
징性徵 변화가 일어난다. 아이가 까닭 없이 우울해하고 모든 것을 거부하
는 사춘기가 온다. 남자아이는 테스토테론Testoterone 호르몬, 여자아이는
에스트로겐과 프로게스테론Estrogen Progesterone 호르몬 증가로 인한 것이
라고 한다.

사내아이는 음성이 껄껄한 깊은 목소리와 수염, 체모가 생기고, 여
드름이 난다. 여아는 유방이 커지고 월경이 시작된다. 여아는 당황해
하며, 부끄럽게 여기기도 한다. 옷과 머리 모양 등 외모에 신경을 쓴
다. 사춘기에 자기의 성적 비관, 가정환경 불평, 부모들 원망, 동료들
로부터 왕따를 당하기도 한다. 아이들도 적응하기 힘들고 우울해지며
정서와 행동에도 변화를 가져온다. 부모와 가족에게 반항하고 짜증 내
고 혼자 있고 싶다며 자기 방문을 쾅 닫고 틀어박혀 방문밖에 잘 나오
지도 않는다. 머리가 아프니 배가 아프니 하며 식사도 거부하고 매사
가 귀찮다는 듯이 행동한다. 통계적으로 여아가 남아보다 기분의 기복
이 배로 심하다.

일반적으로 자식들의 행동에 지나치게 예민한 반응을 보일 필요는
없다고 한다. 부모가 시키는 일을 제대로 이행하지 않아도 감정적으로
대하지 말고 너무 꾸짖지 말라고 한다. 아이의 불평이나 관심을 들어
주고, 사소한 일도 칭찬해주며, 될 수 있으면 놓아주라고 관계전문가
들은 말한다. 사춘기 때 젊은 부모님께 자녀와의 대화를 위해 이런 책
을 권유하고 싶다.

기너트Ginott 박사가 쓴 『부모와 자녀』, 『부모와 10대』, 『부모와 교
사』 등도 읽을 볼만하고, 일본 작가들의 책, 이시하라 신타로의 『아들
을 남자답게 키워라』, 『어머니, 나를 이해해 주세요』, 찰리 쉐드의 『딸

을 위하여』도 도움이 되리라 믿는다. 필자는 한때 위의 책들을 즐겨 읽었다. 부모와 자녀의 대화 중 공통된 충고는 '절대로 자녀의 감정을 무시하거나 부정해서는 안 된다.'고 했다.

잠과 꿈에 대하여

잠과 꿈에 대하여 설명한 것은 호기심과 알고자 하는 지식 면에서도 집중하게 된다. 불면증은 콩팥의 부신피질에서 분비되는 스트레스 호르몬인 코르티솔Cortisol이 많아져 숙면이 어렵다고 한다. 잠이란 "내가 외계와 아무런 관계도 맺지 않으려는 상태, 즉 외부의 자극에서 거두어들인 상태이다." 꿈을 꾸지 않는 잠이 가장 바람직한 수면이다. 삶의 걱정과 스트레스가 불면증의 원인일 것이라고 한다. 신체적으로 꿈은 내장의 피로 때문이라고 한다. 저녁에 소화에 부담되는 많은 음식을 먹었던지, 방광의 팽만감과 생식기의 흥분에 관계가 있다. (『정신분석 입문』 p.64)

어린이의 꿈은 왜곡되지 않는다. 언제나 낮에 있었던 경험이 그 꿈을 설명해 주기 때문이다. 어린이의 꿈은 모조리 전날의 경험에 대한 반응인 것이다. 어린이의 꿈은 원망을 직접 왜곡하지 않고 그대로 충족시켜준다. 어린이의 꿈에서는 신체적 자극으로 나타난다는 증거가 별로 없다. (『정신분석 입문』 p.87~89)

자연에는 사시四時에 우는 것으로 봄에는 새가 울고, 여름에는 우레 천둥이 울고, 가을에는 벌레가 울며, 겨울에는 바람이 운다. 자연은 이렇게 아름다운 데 자연과 더불어 사는 인간은 기껏 7, 80 생애에 왜 사시사철에 우는 것일까? 동물 가운데 유일하게 생각하는 능력을 타고났기 때문일까? 필자는 스트레스가 있는 날 밤에는 흉몽을 꿀 때가 많다. 근데 악몽을 꾼 날은 예사로 넘어가는 날이 없다. 아무리 조심하여도 어딘가 껄끄럽게 넘어간다. 필자는 잠들기 전에 저속하고 난폭한 TV 프로그램은 보지 않으며, 가족 간에도 감정의 물결을 거칠게 하는 대화도 피한다. 때로는 내 영혼의 휴식처에 악몽이 접근하지 말게 해달라고 아이들처럼 기도할 때도 있다.

물건의 상징(象徵, Symbolism)성이 흥미롭다! (『정신분석입문』 p.103~111)

꿈에 보이는 물건이나, 상기시키거나, 연상시키는 사물이 무엇을 나타내는지 해설한 것은 재미있다. 필자는 경험에 비추어 '꿈해몽'이 비과학적이라고 생각하지 않는다. 죽음은 여행의 출발이나 철도 여행으로, 남자의 생식기는 몽둥이, 지휘봉, 지팡이, 우산, 나무 등 기다랗고 돌출이 된 물건으로 상징된다. 둘째로 체내에 들어와 상처를 입히는 성질을 가진 것으로 창, 칼, 당도, 지휘봉, 등 끝이 뾰족한 무기로 상징되고, 셋째로 소총, 피스톨, 연발 권총 같은 총포류로 상징된다.

여자의 생식기는 물건을 그 속에 넣을 수 있는 속이 빈 것으로 상징된다. 구멍, 동굴, 병, 상자, 트렁크, 깡통, 궤짝, 주머니 등이다. 배(船), 목재와 종이 등의 원료와 그 원료로 만든 책상이나 책, 보석상자 등도 여자의 상징이다. 동물 중에는 달팽이, 조개, 병, 주머니 등으로 나타난다. 신체의 부분 중에는 입, 건물에서는 교회나 성당이 음문을 나타낸다고 했다.

잘 알려진 해몽에는 몸에 날개가 돋으면 대길하고, 윗니 빠지면 집안 어른이 죽고, 돼지 보면 먹을 것이 생기고, 누른 똥에 빠지면 큰 행운이 따르니 '로또'를 사야 하고, 목욕하면 감기 들리고 등 몇 가지는 수학 공식처럼 해몽이 알려져 있다. 신기하고 재미있다고 생각되어 옮겨보았다. (『정신분석 입문』, 꿈의 상징성, p.103~111)

『꿈해몽법』(은광사 편집부) 인간 생활의 길흉을 예지하는… (1989)

이 책은 242쪽 분량의 '꿈 해몽'에 관한 책이다. '미래의 운명을 직접 알 수 있다.'고했다. 모든 종류의 꿈을 종합해서 정신분석학의 창시자인 프로이트는 일종의 신경증으로 보았다. 꿈 그 자체가 하나의 신경증적 현상이며 실착행위失錯行爲라고 하였다. 실착이란 과실 즉 잘못이나 허물 또는 과오過誤를 말한다.

그의 정의는 정신분석학적 영구의 대상이다. 비과학적이 아니란 뜻도 포함하고 있다. 한 예로 몇십만 대 일의 비율을 가지고 있는 복권 당첨들이 거의 공통된 꿈을 꾸고 복권을 샀다는 게 증명되고 있다. (꿈에 대한 해설 중에서) 이 책에는 24장까지 수백 가지 얼굴 이빨 등 신체에서부터 동물, 식물…하늘, 땅, 포함 질병과 죽음, 스포츠 · 문화예술에 이르기까지 포함하고 있다. 한마디로 흥미롭고 신기하다. 이 책에는 이론 전개가 없다. 내용 전부가 꿈해몽이다.

필자는 집안에 근심거리가 있다든지 꼭 어느 날까지 완성해야 하는 그림 작품이나 출판을 위한 퇴고할 원고가 있다든지 할 때 악몽을 꾼다. 소리를 질러도 목구멍에서 나오지 않고 도망가려 해도 발이 떨어지지 않아 끙끙 앓고 울다가 남편에게 욕을 얻어먹기 일쑤다. 도대체 여자가 웬 꿈을 그리 요란하게 꾸느냐고….

젊었을 때 국전에 미술품을 제출해놓고…

필자에겐 꿈 내용과 실생활에 나타난 결과가 소름이 끼칠 정도로 맞아떨어졌을 때가 한두 번이 아니다. 필자는 25여 년 전 국전에 미술작품을 응모한 적이 있었다. 한 번은 필자가 어느 학교의 복도를 걸어가는데 저만치 떨어진 곳에 몇 명의 여인들이 서 있다가 나를 보자 저들끼리 쑥덕거리며 힐끔힐끔 돌아보는 것이었다. 잠에서 깨어나는 순간 몹시 기분이 나빴다. 순간적으로 나의 작품이 인정받지 못했음을 직감했다. 결과는 예상대로 낙선했다.

또 다른 국전 때는 맑은 시냇가를 걷고 있는데, 물속에 고기떼가 은빛 비늘을 번뜩이며 헤엄치고 있었다. 너무나 아름다워 자세히 들여다보니 누군가 쳐 둔 통발 위로 몇 마리가 눈부시게 퍼덕이며 올라오는가 했더니 이내 광채를 잃고 허옇게 죽어갔다. 잠에서 깨어났을 때 필자는 직감했다. 그해도 역시 낙선했다.

배설물과 분비물에 관한 꿈 (제12장, 138~)

수북이 쌓인 인분을 손으로 주무른 꿈은 막대한 재물을 자신이 마음대로 움직인다. 전신이 인분이나 소변통에 빠진 꿈은 악취를 느끼지 않으면 큰 횡재수가 생긴다. 돈이 없으면 남에게 꾸던지 빌려서라도 모름지기 복권을 사야 하리라. (웃음) 반면에 배설하려고 화장실에 갔는데, 변비로 인해 배설이 잘되지 않거나, 남의 여기저기에 널려 있어 발 디딜 틈이 없어 한참을 망설이고 있는 꿈은 자기가 소원하고 있는 일들이 뜻대로 이루어지지 않는다. (p.138)

자기 몸에서 피가 난 것을 본 꿈은 여러 방면으로 자기에서 손실이 있게 된다. 항문에서 피가 흐른 꿈은 사업상 생산품의 매도나 거래상 손실을 입게 된다. 이토록 피는 손실과 연관 있지만, '남이 피흘리는 것을 보고 만족하거나 무관심한 표정의 꿈은 자기의 일이 성사되거나 재물이 만족스럽게 생긴다.' (p.142) 인간의 고약한 마음이 무의식의 세계에서 이렇게까지 연관을…?

지면 관계로 여기서 줄인다. 『꿈해몽』은 참으로 신기하고 재미있다.

유대민족이 없었다면
인류의 진보는 천년은 늦추어졌을까?

◆ 『유대인의 처세술』(M. 토케이어 · 申基宣 譯)

마빈 토케이어Marvin Tokayer(1936~)는 미국 뉴욕에서 태어난 유대교 신학자, 랍비, 한국과 일본에서 『탈무드』의 해설가로 유명하다. 토케이어는 1962년에서 64년까지 주한미군 종군 랍비였다. 그의 저서 유대인의 천재교육 『탈무드(Talmud)』와 『유대인의 처세술』을 읽은 독자는 참으로 많으리라 생각한다. 신기선 선생이 번역한 책은 210페이지 정도이다. 자식을 키우는 부모에게는 관심이 많은 책이다.

세계인구 가운데 유대인은 1500만 정도, 1980년대 기준 미국의 인구 가운데 유대인의 비율은 약 3% 미만이지만, 미국의 유명한 대학교수가 30%에 달하고, 세계 각국에서 선발하는 노벨 문학상 수상자 중 약 15%가 유대인이다. 물리, 화학, 의학 부문의 수상자 가운데 12% 이상을 유대인이 차지하고 있다. 특히 『탈무드』는 유태 5000년을 지탱해 온 지혜의 보고이다. 필자는 오래전에 이런 책들을 읽었기에 예문이나 통계학적 수치 기준이 오래되어서 독자의 양해를 구한다.

저자는 토케이어는 『유대인의 처세술』(1980) 머리말에서 유대인은 오랜 세월을 파란만장한 시대 속에서 살아오고 역경을 딛고 서서 성공해왔다. 유대인의 역사는 10억 가까운 신자를 거느리고 있다. 유대교에서 발생한 성서를 낳았고, 그리스도교와 이슬람교를 낳았다. 공산주의를 창시한 사람 마르크스도, 원자력 시대를 연 아인슈타인도, 근대 심리학 분야를 개척한 프로이트도 유대인이다. 3천 년 동안 나라 없이 떠돌았지만, 독자성을 잃은 적은 없다고 했다. 이 책의 역자 신기선 선생의 후기에 유대민족이 없었다면 인류의 진보는 천년은 늦추어졌을 것이라는 말이 있는데, 긍정이 간다.

유대인의 시간에 대한 교훈 '시간은 곧 인생이다. 시간은 재빠르고 값진 짐승과 같다. 잘 잡는 사람이 성공한다.'라든가 아인슈타인이 그의 메모 속에 남긴 '현재는 항상 미래를 향한 스타트 라인start line이다.' 란 말은 좋은 교훈이라고 생각한다.

아들이여! 책을 너의 친구로 삼아라.

『유태인의 처세술』 책표지날개 안쪽에 적힌 「어느 랍비의 유서」에 "아들이여! 책을 너의 친구로 삼아라. 책상자나 책장을 너의 기쁨의 밭과 기쁨의 뜰로 삼아라. 책의 낙원에서 따스함을 느껴라. 지혜의 과일을, 장미를 자기 것으로 만들어라. 지혜의 향료를 맛보아라. 만일 너의 영혼이 흡족하였거나 지쳤을 때는 뜰에서 뜰로, 밭에서 밭으로, 그리고 사방의 풍경을 즐기는 것이 좋다. 그렇게 하면 새로운 희망이 솟고 너의 영혼은 환희에 넘치리라." (「어느 랍비의 유서」)

동양인에게 주는 충고 (머리말, 그리고 p.203)

마빈 토케이어는 동양인들이 오늘날 직면하고 있는 가장 큰 문제는 너무나도 물질적인 이익에만 마음을 빼앗기고 있다. 등잔 밑이 어둡다는 말이 있듯이 동양 특유의 훌륭한 전통이나 문화를 도외시하고, 무엇이든지 외국 것이 좋다는 동양사람들이 많다고 지적했다. 하긴 이책의 출판시기인 1980년대 이야기다. 비록 세월이 흘렀고 시대가 급변했지만 새겨들을 만하다고 여겨 옮겼다.

유대인의 천재교육 『탈무드(Talmud)』

자식을 잘 길러보고 싶은 욕망과 꿈은 모든 부모의 공통된 마음이리라. 필자는 아이셋이 초등학교에 다닐 때 유대인의 천재교육 『탈무드』, 노먼 빈센트 필Norman Vincent Peale(1898~1993)의 『적극적 사고방식』 등을 읽고 감명을 받았다. 필자의 남편이 미국 유학생 시절에 유대인 백만장자들의 골프클럽에서 아르바이트를 몇 년 했다. 그의 전공이 국제정치학이라 필자는 유대인의 기구한 역사와 부의 축적, 세계의 인구 대비 노벨 수상자의 수, 미국의 금융계를 쥐락펴락하는 유대인 거물들에 대하여 많은 이야기를 들었다. 그래서 유대인의 가정교육 방법에 관심이 많았다. 유대인은 배움에 대하여 첫 말이 방대한 지식보다 배우려는 태도를 강조하면서 '책을 너의 친구로 삼아라,'고 했다.

그이가 미국에서 10여 년간 대학에서 교수로 가르치는 동안에 필자는 아이들을 데리고 시립도서관에 가서 아이들이 좋아하는 책을 무료로 많이 빌려왔다. 가정에서 아이들이 어디서나 쉽게 독서를 할 수 있도록 책을 집안 여러 곳에 비치했다.

가정교육의 핵심은 자녀와의 대화와 토론이다. "질문을 한다는 것은 중요한 일이다. 이를테면 오늘 학교에서 무슨 질문을 했느냐며 대화의 문을 연다고 한다. 항상 의심하고 질문을 하라고 했다. 호기심이 없는 사람은 의심하는 일이 없다. 질문을 통해서 중요한 것을 배운다,"고 했다. 한국의 가정에서는 오늘 학교에서 무엇을 발표했느냐에 더 관심을 두는 편이다.

실패와 도전에서 혁신이 나온다!

실패는 성공의 디딤돌, 실패하면 지원금 200% 더 준다. 유대인 공동체는 실패한 창업자에게 3번까지 무이자 대부를 해주는 전통이 있다. 3번째 성공할 확률이 제일 높다고 보았다. 평균 창업 회수 2.8이 최다였다고 한다. 실패하더라도 책임을 묻지 않고 비난하지 않는 '디브카Davca' 문화가 창업 국가의 기반이 됐다. 디브카는 히브리어로 실패해도 괜찮다는 뜻이다. 유대인은 결코 절망하는 일이 없다. 유대인은 항상 낙관적이다. 쉽게 체념하고 포기하는 것을 경계한 교훈이다. 동화를 인용한다.

동화 「하늘을 나는 말」

옛날 어느 사나이가 왕의 노여움을 사서 사형선고를 받았다. 사나이는 살려달라고 탄원하며 '왕이 애지중지하는 말을 1년간의 여유만 주면, 하늘을 날도록 가르치겠습니다. 1년이 지나도 말이 하늘을 날지 않으면 그때는 사형을 달게 받겠습니다' 했다. 탄원은 받아들여졌다.
같은 죄수들이 '아무리 하기로 말이 하늘을 날 수는 없지 않은가'하고 책망하자 그 사나이는 이렇게 대답했다. "1년 이내로 왕이 죽을지도 모르고, 내가 죽을지도 모른다. 게다가 그 말이 죽을지도 모른다. 1년 이내에 일어날 일을 누가 알 수 있단 말인가. 1년이 지나면 말이 하늘을 날게 될지도 모르지 않은가."라고 대답했다고 한다. (『유대인의 처세술』 p.68)

희망을 가져라. 내일 일은 아무도 몰라!
(Stay hopeful! You never know what tomorrow may bring)

인간은 허영이란 물에 사는 물고기 (p.159)

인간에 있어 자기애自己愛는 무척 강하다. 자기애는 누구나 지니고 있으므로 어느 정도까지는 비슷하다. 자기애란 자신을 애지중지하는 것이므로 어떻게 보면 좋은 점도 있다. 이 토양에서 프라이드, 자립심, 향상심이 생긴다. 인간은 태어나면서부터 자기 중심이다. 인간은 동서양을 막론하고 외양外樣이라는 물에 사는 물고기다.

자기가 잘못을 저질러도 다른 사람이 용서해주는 일이 많다. 주위에서 용서를 받았어도, 세월이 흘러도 그 잘못을 생각하면 가슴을 바늘로 찌르는 듯한 고통을 맛볼 때가 있다. 이러한 잘못은 자신의 양심에 상처를 입은 것으로 좀처럼 낫지 않는다.

'자기애'로 남의 보살핌을 받는다는 것은 자부심을 상처받기 때문에 '이래라, 저래라, 하는 것을 싫어한다. 자신이 남의 밑에 있음을 인정하고 싶지 않기 때문이다. 그러나 도를 지나치면 자기를 지키는 데 있어서 위험하다.' (P.161)

산다는 것에 대한 명상이다. 다른 사람과 융합하기 위하여 '갈대처럼 산다'고 했다. 유연성을 지녀야 한다. 갈대는 어떤 방향에서 바람이 불든 바람에 따라 흔들리며 본래의 자리로 돌아간다. 삼나무는 어떤 가? 만일 북서쪽에서 강한 바람이 불면 쓰러져 버리고, 남서쪽에서 바람이 불어와도 쓰러져 버린다. 바람이 멎었을 때는 나무는 쓰러져 있다. (p.167) 『유대인의 처세술』에는 교훈적인 말과 삶의 지혜로 꽉 차 있다. 젊은 부모라면 꼭 한 번 읽으시길 바란다.

2부

———

지혜의 보고(寶庫) 고전문학

민간 우주여행 시대에 고전古典과 전통의 가치를 말함은 현실을 이해하지 못하는 소리라고 비웃을까? 아니면 시쳇말로 역발상(逆發想)적이라고 고개를 갸웃할까? 필자도 머뭇거려진다. 필자가 머리말에서 쓴 말을 반복하고 있다. 고전문학은 오랜 세월이 지나도 인정받는 아직도 빛을 발하는 보석 같은 문학작품이다. 과학 문명의 이기로 삶의 방법이 달라졌을 뿐 인간의 성질 같은 본질은 옛날이나 지금이나 달라진 게 없다.

　영국의 철학자 베이컨은 불을 붙이기 가장 좋은 것은 고목이고, 마시기 좋은 것은 오래된 술, 신뢰할 수 있는 것은 옛 친구, 읽을만한 책은 옛날 책이라고 했다. 김형석 노철학자는 요즘도 글을 쓰다 막히면 고전을 읽으며 답을 찾는다고 했다. 그는 "읽으세요! 10년 쌓이면 인생이 달라져요,"했다. 고전은 한 사람의 인생에 커다란 영향을 끼칩니다. 젊은이들이 인터넷이나 TV보다 책 읽기에 집중해야 한다고 강조했다. 실로 훌륭한 고전 한 권만 제대로 읽어도 한 사람의 정신세계를 개혁한다고 생각한다. 그토록 양서는 시공(時空)을 초월하여 위대한 스승을 만나는 계기가 된다고 생각한다.

천재의 위력을 알려면
셰익스피어를 읽어야 한다

◆ 『셰익스피어 명언집』(W. 셰익스피어 · 이태주 편역)

문학 계통에서, 세계에서 가장 유명한 사람 이름 하나만 들라면 아마도 영국의 시인 극작가 윌리엄 셰익스피어William Shakespeare(1564~1616)를 들지 않을까? 필자가 가지고 있는 『셰익스피어 명언집』(2000)은 이태주 영문학자가 편역한 책인데 보통 크기보다 좀 큰 책이다. 책의 뒤 표지 해설에 "천재의 위력을 알려면 셰익스피어를 읽어야 한다." 그만큼 셰익스피어는 400여 년 동안 세계 대문호의 영예를 누리고 있는 천재적인 작가이기 때문이다. 그의 희곡으로 만들어진 영화가 300개 이상 상영되었으며, 전국 대학 영문과에서는 필수과목이 되고 있다고 했다. (p.257)

본문의 목차는 인생론, 사랑, 가족, 마음, 자연, 초자연, 신에 관하여, 사회생활, 그리고 예술에 관하여 수록돼 있다. 끝에는 해설과 연보가 실려있다. 필자는 욕심을 부리지 않고 이미 잘 알려진 유명한 문장을 몇 개 인용하려고 한다. 그의 희곡 37편 중에서 4대 비극 『햄릿』, 『오셀로』, 『맥베스』, 『리어왕』은 웬만한 학생들은 읽었든지 아니면 들어서라도 이야기를 알고 있을 것이다.

19세기 영국의 역사, 평론가 칼라일Thomas Carlyle이 셰익스피어와 인도를 바꾸지 않겠다고 한 말은 유명하다. 몽테뉴는 글을 쓰고 싶은 사람, 학문을 탐구하는 사람은 명저들을 많이 읽어야 한다. 위대한 가르침과 문장, 사상이나 글 내용은 자연히 닮게 되기 때문이다.

국어 교과서에 게재된 「베니스의 상인」

필자는 고등학교 국어책에서 셰익스피어 작 「베니스의 상인」에 대하여 배웠을 때 내용 중에 너무 살벌하고 무시무시한 장면을 연상케 해주어 소름이 돋았었던, 고리대금 업자 샤일록을 아직도 기억하고 있다. '거상 안토니오는 친구를 위해 보증을 서주고 돈을 빌렸는데, 만일 정한 날짜까지 돈을 갚지 못하면 안토니오의 가슴살 1파운드를 도려내겠다고 계약했다. 안토니오를 미워하던 샤일록은 돈보다는 죽이고 싶은 마음이 앞선 것 같았다.

안토니오의 친구는 가난한 상인이었는데 사랑하는 여인과 결혼하기 위하여 유대인 고리대금업자 샤일록에게 돈을 빌렸다. 불행하게도 안토니오의 상선들이 침몰해 돈을 갚지 못하게 되자 샤일록은 기회가 왔다는 식으로 시퍼렇게 칼을 갈았다. 그때 판사가 한 번에 살점만 1파운드 베어내되 피를 흘리면 안된다. 계약할 때 살과 피 모두를 도려내겠다고 명시하지 않았다? 대충 이런 내용인 것 같았다. 그리하여 안토니오는 목숨을 구하게 되었고, 그의 상선도 침몰하지 않고 항구에 잘 도착했다는 연락을 받고 기뻐했다. 그때 배가 침몰했다는 소식은 오보였다. 결국 『베니스 상인』은 해피엔딩으로 끝났다. 이제 필자는 『셰익스피어 명언집』에 있는 「베니스 상인」 중의 내용을 인용한다.

「양심과 자비심」 (「베니스 상인」 4막 1장, p.183)

> 자비는 성격상 강요될 수 없는 것이다. 자비는 하늘에서 내려와 땅을 적시는 은혜로운 비와도 같다. 그 축복은 이중으로 내린다. 자비는 주는 자와 받는 자를 똑같이 축복해주기 때문이다. 자비는 최고의 힘을 가진 사람이 소유할 수 있는 최상의 것이다. …샤일록, 생각해 보라. 정의만을 구하면, 인간은 누구나 단 한 사람도 구제될 수 없다. 그래서 우리는 자비를 구하며 애원하는 것이다. 그 기도가 우리에게 자비를 베풀어달라고 가르치고 있다.
>
> (p. 257)

세계적인 언어의 천재 셰익스피어! 1576년 셰익스피어 12살 때 영국 최초의 상설극장이 런던에 개설되었다. 그는 26세 경에 희곡을 쓰기 시작했으며, 「헨리 6세」 2부에 배우로 초연하였다. 1594년(30세)에 런던 극장이 정식으로 문을 열었고, 셰익스피어는 극단 일에 참여했다. 배우로서 「로미오와 줄리엣」에 출연했다. 22년간 36편의 희곡작품을 발표했다. 향년 52세(1616)로 영민했으며 고향 스트래퍼드의 홀리 트리니티 교회에 안장되었다.

희곡의 언어, 그 형식

셰익스피어를 읽는 재미는 언어의 향가가 주는 황홀함에 도취하는 일이라고 이태주 교수는 말했다. 그의 언어가 주는 마술적 감화력이다. 그의 언어는 무운無韻의 시이다. 그의 작품은 수사학의 교과서가 되고 있다. 그리고 셰익스피어의 언어는 힘이 있고 생동감이 넘치며, 지극히 감각적이다. 그의 젊음을 상징하는 「여름밤의 꿈」이나 「로미오와 줄리엣」

에는 생의 기쁨이나 사랑의 환희가 있다. 여기에 비교하면 마지막 작품이라고 판단되는 「태풍」을 읽으면 주인공 프로스페로는 늙어가고 있다. 노년의 절망과 슬픔이 전해지고 예지와 용서의 미덕이 있으며 체념과 기도와 자비가 있다. 그의 명언은 사상과 예술을 압축해서 말하고 있다. (p.363)

「운명」 햄릿(Hamlet, 3막 1장, 56)에 있는 말이다.

사느냐, 죽느냐, 이것이 문제로다. (To be or not to be: that is question:) 참혹한 운명의 화살을 맞고 마음속으로 참아야 하느냐, 아니면 성난 파도처럼 밀려오는 고난과 맞서 용감히 싸워 그것을 물리쳐야 하느냐, 어느 쪽이 더 고귀한 일일까.

남은 것이 오로지 잠자는 일뿐이라면, 죽는다는 것은 잠드는 것, 잠들면서 시름을 잊을 수 있다면, 잠들면서 수만 가지 인간의 숙명적인 고통을 잊을 수 있다면, 그것이야말로 우리가 진심으로 바라는 최상의 것이로다. 죽는다는 것은 잠드는 것, 아마도 꿈을 꾸겠지. 아, 그것이 괴롭다. 이 세상 온갖 번민으로부터 벗어나 잠 속에서 어떤 꿈을 꿀 것인가를 생각하면 망설여진다.…. 생활의 고통에 시달리며, 땀 범벅이 되어 신음하면서도 사후의 한 가닥 불안 때문에, 죽음의 경지를 넘어서 돌아온 이가 한 사람도 없기에 우리들의 결심은 흐려지고, 이 세상을 떠나 우리가 알 수 없는 고통을 받기보다는 이 세상에 남아서 그 괴로움을 참고 견디려 한다.

(p.17)

「행복」론 중 헨리(Henry 8세, 2막 3장, 19)가 한 말이다.

비천한 신분으로 태어나서 낮은 신분의 사람들과 어울리며 만족하는 것이 번쩍이는 의상을 걸치고 황금의 관을 쓰며 울고 지내는 것보다 더 행복하다.

(p.37)

「사랑」 중에서 필자가 몇 문장만 추렸다.

* 사자와 짝이 되고 싶은 암사슴은 사랑 때문에 죽게 마련이다. (끝이 좋으면 모두 좋다)
* 사랑 때문에 저지른 바보짓을 자세히 기억하지 못한다면 당신은 사랑을 한 적이 없는거죠. (당신이 좋으실대로)
* 사랑에 빠지면 눈먼 장님이기에, 연인들은 스스로 저지르는 어리석은 일들을 볼수 없다. (베니스의 상인)
* 무너진 사랑을 새로 가꾸어 세우면, 처음 사랑보다 더 아름답고 장엄하다. (소네트)
* 사랑은 방랑하는 뱃길을 인도하는 북두칠성이다. (소네트)

「처세의 지혜」 중 (햄릿, 1막 3장, 59)

함부로 입을 놀리지 말 것. 엉뚱한 생각을 실천에 옮기지 말 것. 사람들과 절친하게 사귀는 건 좋지만, 너무 허술히 접근하지 말 것. 사귄 친구들이 진실하다는 것이 확인되면 절대로 놓치지 말라. 싸움판에 끼어들지 말 것. 그러나 일단 끼어들면 철저히 해치워라. 그들이 너를 조심하도록 말이다. 남의 말에 귀를 기울이되, 말을 삼가라. 남의 의견을 잘 듣고, 너의 판단엔 신중을 기할 것. 돈은 빌리지도 말고, 빌려주지도 말 것. 돈을 빌려주면 돈도 잃고 친구도 잃는다.

(p.67)

셰익스피어 작품의 특징은 어느 것 하나 명언이 아닌 것이 없다. 이

2부 지혜의 보고(寶庫) 고전문학   83

쯤에서 필자는 인용을 끝내려고 한다. 글쓰기 공부하는 사람에겐 필독 서라고 생각한다.

——— 공동체와 공공의 이익을 위하여 군주는 때로 여우와 사자를 모방해야 한다

◆ 『군주론(君主論)』(니콜로 마키아벨리 · 김운찬 옮김)

『군주론(The Prince)』(1532)은 르네상스 시대 피렌체 공화국 출생 이탈리아의 정치철학자 니콜로 마키아벨리Nicolo Machiavelli(1469~1527)가 쓴 「리더가 갖춰야 할 처세술과 리더십」에 관한 책으로 250여 페이지 된다. 『군주론』은 1513년에 집필했고 1532년에 출판되었다. 필사본이 떠돌 때부터 '악마의 사상'이라 비난받았으며 1559년에 교황청에서 금서禁書 목록에 포함했다.

국제정치학을 전공한 그이는 『군주론』은 필독서였으며, 사회과학을 공부한 학생이면 다 읽었던 고전이라 했다. 감추어진 인간의 이중성을 꿰뚫은 내용이기에 많은 지도자가 앞에서는 비난하면서도 뒤로는 이 책을 몰래 탐독했다. 그이는 이 책을 쓸 당시 이탈리아의 역사와 언어 지식이 뒷받침될 때 비로소 『군주론』을 이해할 수 있다고 했다. 하지만 일반독자가 읽어도 쉽고 재미있다. 이탈리아어 원전 완역본으로 이 책을 옮긴 김운찬 교수는 지난날 단테의 『신곡』, 『향연』 등도 옮겼다.

마키아벨리는 29세에 피렌체 공화국 제2 서기국 서기로 발탁되어 주로 외교업무를 맡았다. 파견의 경과와 성과를 문서로 작성해 피렌체 정부에 보고할 때 명쾌하고 날카로운 판단력과 직설적인 문체로 유명했다. (p.227) 1512년에 피렌체 공화정이 몰락하고 메디치Medici 가문이 정권을 잡자 마키아벨리는 관직을 박탈당했다. 메디치 가문은 피렌체 및 토스카나 지방을 통치했으며 로마 교황을 2명이나 배출한 가문이다. 참고로 로렌초 데 메디치Lorenzo de' Medici는 문예 부흥기에 학문과 예술가들을 후원한 위대한 공헌자였고, 정치가로서 사실상 통치자였다. 미켈란젤로, 레오나르도 다빈치, 보티첼리, 안드레아 델 베로키오 등도 후원을 받았다.

마키아벨리는 1513년에 『군주론』 초고를 완성했다. 『군주론』을 로렌초 메디치에게 헌정했으나 그 당시에는 관심을 끌지 못했다. 1517년경 『군주론』 필사본이 피렌체 안팎에서 유통되기 시작했다. 불행하게도 로렌초 메디치는 1519년에 5월에 죽었다.

마키아벨리의 저서로는 『군주론』, 『정략론』, 『로마사 논고』 등이 유명하다. 마키아벨리는 1527년 6월에 급성 복막염으로 숨졌다. 마키아벨리는 향년 58세로 피렌체 산타 크로체 성당에 묻혔다. 그의 무덤 묘비에는 조각(1786)과 함께 "어떤 찬사도 그의 이름과 견줄 수 없다."라고 새겨져 있다.

국가는 정복하기는 쉬우나 다스리고 유지하기는 어렵다!

세계사는 말한다. 알렉산더 대왕의 페르시아 제국 정복이나 몽골제국 칭기스 칸이 중앙아시아에서 동유럽까지 정복한 후 그 지역의 통치와 다스림을 보면 긴 설명이 필요 없다. 그토록 국가는 정복하기는 쉬우나 다스리고 유지하기는 어렵다! 『군주론』은 오늘날 정치학도에게 필독서요 타임, 뉴스위크지에 세계 100대 도서로 선정되었다.

필자가 제대로 알지도 못하면서 '마키아벨리즘Machiavellism'이란 단어를 쓴다고, 그이는 크게 웃었다. 공동체와 공공의 이익을 위해서만 권모술수의 정치도 통할 수 있다는 뜻이라고 했다. 큰 목적, 일반적으로 국가의 발전과 인민의 복리 증진을 위해 어떤 수단이나 방법도 허용된다는, 국가 지상주의 정치이념을 말한다. '목적이 수단을 정당화한다,'는 말을 마키아벨리즘으로 너무 못 박아 말하지 말라고 했다. 더 큰 공공이익을 위해서 세세한 부분에서 할 수 없이 악덕을 행할 필요도 있다는 뜻이라고 했다.

당시 이탈리아는 여러 도시국가로 분열돼 있었고, 영토확장을 위한 세력다툼은 끝이 없었다. 이웃 나라 프랑스 독일 스페인 영국도 이탈리아를 넘봤다. 이탈리아 영토에서 교황청과 스페인의 힘이 막강해졌다. 이러한 상황에서 마키아벨리는 이탈리아에 강력하고 유능한 새로운 군주가 출현하여 '어떤 수단을 쓰더라도 강력하고 역량 있는 군주가 이탈리아에 등장하여 통일되기를 염원하며 집필'했다고 했다.

이상 군주 모델로 체사레 보르자(Cesare Borgia) (p.36)

마키아벨리는 냉정하고 잔인한 인물로 알려진 스페인 출신 교황 알렉산데르 6세의 아들인 체사레 보르자Cesare Borgia(1475~1507)를 이상적인 군주 모델로 삼았다. 그는 이탈리아 통일을 꿈꾸며 이탈리아 중부 로마냐를 장악했고, 피렌체 토스카나까지 지배하려 했다. 이탈리아의 통일을 꿈꾸다가 31세에 요절했다. 마키아벨리는 그를 3번 직접 만난(1502

년에 2번, 1503년 10월) 경험이 있었다.

　로마 가톨릭 교황청은 신정神政이라 하여 절대권력을 휘둘렀다. 스페인, 영국, 이탈리아, 프랑스까지도 통제했다. 영국의 강력한 반항 운동은 대표적인 예이다. 영국은 헨리 8세 때(1534) 영국교회의 독립을 선언했다. 그리고 로마 가톨릭교회와 수도원의 재산마저 몰수(1539)해 버렸다. 교황청은 다른 나라들도 가톨릭 교황청으로부터 독립을 외칠까 두려웠다. 그래서 마키아벨리 같은 인물이 민중을 충동할까 몹시 두렵게 여겼을 것 같다.

잔인함과 자비로움에 대하여 (17장)

　군주는 대내외의 적으로부터 자기와 국가를 지키기 위하여 사랑받는 것보다 두려움의 대상이 되는 것이 훨씬 안전하다. 왜냐면 사람들은 대체로 감사할 줄 모르고 변덕스러우며 위선적인 데다 위험을 피하려 하고 탐욕스럽게 이익을 얻으려 하기 때문이다. 지나친 자비로움 때문에 살인이나 강탈이 난무하는 무질서를 방치하면 공동체 전체를 해치지만, 극소수를 처벌하면 몇몇만 해치기 때문이다. 군주가 군대와 함께 있을 때 많은 병사를 통솔하고 있다면, 잔인하다는 평판이 없으면 군대는 절대 단결 상태를 유지할 수 없으며, 어떤 작전도 준비할 수 없기 때문이다. (p.119)

신민의 재산과 부녀자를 강탈하는 행위는 증오를…

　만약 군주가 증오를 받지 않고 두려움의 대상이 되는 것은 얼마든지

가능하다. 특히 다른 사람의 재산을 욕심내면 안 된다. 왜냐면 사람들은 재산을 잃는 것 보다 아버지의 죽음을 더 빨리 잊기 때문이다. 재산과 부녀자를 강탈하는 행위는 사람들이 군주를 증오하도록 만들기 때문에 그런 일은 삼가야 한다. 평범한 사람들은 재산이나 명예를 빼앗기지 않는 한 만족하며 살아간다. 따라서 군주는 오직 야심 있는 소수와 싸워야 하고, 제어할 수 있는 여러 가지 방법을 알아야 한다.

군주가 변덕스럽고, 경박하고, 여성스럽고, 소심하고, 우유부단하게 여겨지면 경멸받는다. 군주는 행동으로 위대함, 용기, 중후함, 강인함을 인정받도록 해야 한다. 나라를 지키기 위하여 때로는 변신도 해야 하고 때로는 잔인해져야 한다. 인간성을 포기할 때도, 신앙심도 잠시 잊어버려야 할 때도 있다. 군주에게는 운명과 상황이 달라지면 따라서 적절히 달라지는 임기응변이 필요하다. 할 수 있다면 착해져라. 하지만 필요할 때는 주저 없이 사악해져라. 군주에게 가장 중요한 일이 무엇인가? 나라를 지키고 번영시키는 일이다.

고대의 영웅들은 때때로 거짓말도 하고 잔혹한 살인도 저질렀다. 야심을 품고 쿠데타를 꿈꾸는 무리를 살육하지 않으면 지도자뿐만 아니라 전 국민이 위험에 처하게 된다. 이처럼 필요할 때는 주저 없이 사악해져라. 더 큰 도덕을 베풀기 위해서는 세세한 부분에서 악덕을 행할 필요도 있다.

군주는 여우와 사자를 모방해야… (18장)

싸움에는 두 가지 방식이 있는데 하나는 법으로 싸우는 것이고, 하나는 힘으로 싸우는 것이다. 군주는 사람의 방법과 짐승의 방법을 모두 적절하게 활용할 줄 알아야 하는데 그중에서도 여우와 사자를 모방해야 한다. 사자는 덫으로부터 자신을 지키지 못하고, 여우는 늑대 앞에서 꼼짝도 못 하기 때문이다. 덫을 알려면 여우가 되어야 하고, 늑대를 쫓아내려면 사자가 되어야 한다. 신중한 군주는 신의를 지키는 것이 자기에게 불리하거나 신의를 약속한 이유가 사라졌을 때, 신의를 지킬 수 없을뿐더러 지켜서도 안 된다. 만약 사람들이 모두 착하면 이런 권고는 바람직하지 않지만, 사람들은 사악할 뿐만 아니라 당신에게 신의를 지키지 않는다. 따라서 당신도 그들에게 신의를 지키지 말아야 한다. 여우의 방법을 쓸 줄 알았던 사람이 더 성공을 거두었다. 군주가 자비롭고, 신의가 두텁고, 인간적이고, 정직하고, 경건한 것처럼 보이면서 또 실제로 위의 방법을…. (p.125) 금기를 깨고 '현실정치'의 개념을 제시함으로써 근대정치사상의 선구자로, 독창적인 인물로 평가받고 있다.

지옥과 천국을
다녀온 인간 단테!

◆ 단테의 『신곡(神曲, La comedia di Dante Alighieri—Inferno) 지옥편』(박상진 옮김 · 윌리엄 블레이크 그림)

필자는 젊었을 때 단테Alighieri Dante(1265~1321)의 『신곡』(1472)을 흥미롭게 읽었다. 단테가 쓴 원래 제목은 "희극commedia"이다. 『신곡』은 100개의 시詩로 이루어졌다. 지옥(34곡), 연옥(33곡), 천국(33곡)으로 구성되었는데 방대한 분량이다.

여행사를 통하여 우리 부부는 서유럽을 여행했을 때(2003.7) 이탈리아의 베네치아, 로마, 밀라노, 르네상스의 근원지 피렌체, 그리고 바티칸 시국 성베드로대성당을 탐방했다. 이번에 독후감에 관한 글을 쓰며 다시 『신곡』을 찾으니 책이 어디로 갔는지 찾을 수 없다. 그래서 『신곡』 지옥편을 새로 구입했다. 2007년에 펴낸 것으로 399쪽에 달하며 책의 뒷부분에 옮긴이의 각주가 40여 페이지나 된다. 또한 역동적인 삽화가 여러장 포함돼있다. 그리스신화, 성경, 단테의 상상력, 문장력, 종교적 내세관 등이 융합하였고, 삽화로 재현한 환상적인 서사시이다.

단테는 젊은 시절에 수도원에서 철학과 신학을 수년간 공부했다. 피렌체 행정관 재직 시절에 대표로 로마에 파견되기도 했다. 30대 중반에 피렌체를 다스리는 6명의 최고위원 중 한 명으로 선출되었기 때문에, 그때부터 온갖 음모에 휘말려 고향 피렌체에서 추방(1302) 당했다. 그 뒤 56세로 세상을 떠날 때까지 20여 년에 걸친 유랑 중에 쓴 작품이 『신곡』이다. 내용은 저승세계 지옥地獄 · Inferno 연옥煉獄 · Purgatory 천국天國 · Heaven을 순례(1300.3.25~4.1)한 일주일간의 이야기다.

순례 시작일(1300.3.25)은 모든 것의 시작과 구원을 상징한다.

실제 역사에서 1300년의 금요일은 4월 9일이지만 보편력에서 3월 25일은 그리스도가 잉태된 날이자 십자가에 못 박힌 날이며 아담이 창조된 날이기도 하다. 중세 피렌체에서는 3월 25일을 한 해의 첫 날로 간주했다. 1300년 3월 25일에 순례를 시작하는 것은 모든 것의 시작과 구원을 상징한 것이다. (p.358)

순례자의 길을 막아서는 짐승 표범, 사자, 암늑대는 음란과 오만, 탐욕을 상징한다. (p.359) 『신곡』의 「지옥 편」, 「연옥 편」, 「천국 편」은 모두 '별들stelle'이라는 단어로 끝나는데 이는 전체 주제가 하느님을 향해 오르는 것임을 강조해준다. (p.399) 바로 이 점이 『신곡』의 핵심 모티브motive이다.

지옥문 입구에는…

지옥문 입구에는 '슬픔의 나라로 가고자 하는 자는 나를 거쳐 가라. … 나를 거쳐 가는 자는 모든 희망을 버릴지어다ABANDON ALL HOPE YE,

WHO ENTER HERE'라는 글귀가 쓰여있었다. 단테가 두려워하자 베르길리우스는 "내 너에게 말한 곳에 우리가 왔으니, 넌 지성의 선을 잃은 자들, 그 비참한 무리를 보게 될 것이다." (3곡 p.27) 지옥문 아래에는 슬픔과 비통의 강인 아케론강이 흐르는데, 그곳에는 영혼을 지옥으로 실어나르는 뱃사공 카론이 있었다. 강 주변에는 인간의 죄악인 정욕, 식욕, 탐욕, 나태함, 분노, 질투, 오만함, 사기범, 반역자 등의 기회주의자들이 말벌과 해충들에 시달리며 몰려있었다. 얼굴엔 피눈물이 흐르고 다리에는 구더기들이 피를 빨아먹고 있었다. (p.31) 지옥의 각 층(영역·고리)은 둥근데 두 사람은 계속해서 왼쪽으로 돌면서 지옥의 바닥을 향해 내려갔다. 지옥의 끝(9고리)은 지구의 중심 부분에 닿아있다.

죄악이 각양각색이듯 지옥의 형태도 다양한데, 공통점은 인간이 상상하기 힘든 형벌을 끝없이 받는 연속이다. 한 지옥을 읽어보면 다른 지옥도 미루어 알 수 있다. 불륜을 저지르고, 간통한 망령들이 칠흑 같은 어둠 속에서 고통에 신음하고 있는 색욕 지옥이다. 영원히 얼음 속에서 무거운 납덩어리 옷을 입고, 도둑들이 뱀에 물리고, 펄펄 끓는 기름 가마 속 불꽃 구덩이에서 불의 심판을 받고, 끓고 있는 피의 강 속으로 빠지고, 죄질에 따라 각양각색의 고통을 받고 있었다.

다음에 필자는 여기서 「지옥편」 중 첫째 영역인 변옥림보Limbo와 가장 엄중한 벌을 받는 끝 영역에 대하여 간략하게 옮기려고 한다.

변옥림보에는 예수그리스도 이전에 태어나서 선한 삶을 살았지만 세례 받지 않은 영혼들이 있는 곳이다. 육체적인 고통은 없다. 아브라함, 다윗왕, 노아, 모세, 야곱, 이삭, 고귀한 시인들, 호메로스, 오비디우스 등등. 유명한 철학자 소크라테스, 플라톤 등 이루 다 말할 수 없다. 베르길리우스도 여기에 속한다. 그리스도는 부활 때 림보의 영혼들을 선별하여 천국으로 올려보냈다. (p.362)

두 번째 영역(고리)부터 진짜 지옥이다. 죄 지은 영혼들이 죄를 자백

하면 심판관은 죄에 따라 아래로 떨어뜨렸다. (p.49) (생략) 지옥은 9고리로, 지하의 중심까지 내려간다. 2고리는 애욕, 3고리는 탐식 탐욕, 4고리는 인생 낭비벽, 5고리는 분노·남을 핍박한 자, 6고리는 쾌락, 7고리는 폭군·살인자, 8고리는 사기꾼·아첨자·마술사·집정관 등이 모여있다. 지옥의 맨 밑바닥인 9고리는 얼음 지옥이다. 반역자, 배신자, 살인자 등이다. 예수를 팔아먹은 유다에서 비롯하여 조국, 부모, 친척, 친구를 배신한 영혼을 복수하고 싶은 단테의 복심을 읽을 수 있다. 사랑하는 독자님, 단테를 통하여 우리도 지옥세계, 사후세계를 순례한 셈입니다. (웃음)

남편과 대화할 때, 특히 「죄와 벌」에 관하여 대화할 때면 '나는 자선사업을 한 적도 없고, 그렇다고 남에게 특별히 해코지한 적도 없으니 죽어서 연옥煉獄에 가고 싶다'고 농담하며 그이를 쳐다보면, "나는 너와 같은 곳에는 가지 않겠다"고 했다. 그러면 천당에? 하며 웃곤 했다.

그이는 느닷없이 부엌에 와 싹— 웃으며 "야, 내 죽은 후 천당 가면 너(필자)가 보고 싶을까?" "아아—니요. 당신은 절대로 저를 보고 싶은 마음이 없을 거예요. 내가 말 만하면 듣기 싫어하고 징그럽게 여기는데!" 했더니 그이는 두말하지 않고 웃으며 돌아섰다. 2022년 8월 폭우로, 물폭탄으로 엄청난 피해가 있었고, 코로나로 3년째 인류의 발목에 족쇄를 채웠는데…. 독자님 여기까지 읽으셨다면 한 번 웃어보세요.

이탈리아를 사랑한 단테와 마키아벨리!

단테가 『신곡』을 쓸 때와 마키아벨리(1469~1527)가 『군주론』을 쓴 시기는 200년 차이가 있지만, 이탈리아는 정치적으로 같은 혼란과 분열된 나라였다. 그래서 단테가 모국 이탈리아를 두고 울부짖은 한탄을 들으면, 마키아벨리가 안타깝게 나라 통치를 이렇게 해야한다고 절규하는 소리와 같은 맥락이다. 단테! 이탈리아반도의 통일을 목표로 한 선구자로서, 숱한 좌절을 경험한 뒤 사형을 선고받은 망명자! 단테는 『신곡』에서 비통한 어조로 "아, 노예 이탈리아여, 고통의 여인숙이여, 거대한 폭풍우 속에 사공 없는 배여, 정숙한 시골 여인이 아닌 갈보 집이여"라고 노래하면서 한탄했다. (마키아벨리의 『군주론』 p.236) 마키아벨리의 『군주론』을 보더라도 이탈리아의 참담함을 문인들의 작품 속에서 읽을 수 있다.

국토가 작은 우리나라! 지리적으로 강대국 중간에 끼어 역사 속에 점철된 한恨을 생각하면 『신곡』과 『군주론』이 동병상련同病相憐의 정감으로 가슴 깊이 스며든다.

단테의 생가와 교회 탐방(2003.7)

필자의 졸저 『재미있고 신비로운 지중해 3국과 유럽 여행기』(2010. 새미. p.286)에 단테의 생가 방문에 대한 여행기가 실려있다. 우리 일행은 피렌체 마리아 대성당으로 가는 길에 단테의 교회와 생가에 들렀다. 평범한 동네 골목길을 들어가니 컴컴하고 초라한 벽돌 건물인 단테의 교회가 있었다. 교회 입구에서 내부를 들여다보니 조그마하고 소박한 예배공간이 있었다. 이곳에 단테의 연인 베아트리체Beatrice의 무덤이 있는데 그 무덤 위에는 언제나 꽃과 시문이 담긴 바구니가 놓여있다. 아주 어렸을 때 단테와 베아트리체는 함께 이 교회에 다녔는데, 그들이 9살 때부터 만났던 그 시절을 상기하며, 단테는 "그 순간이 지난 뒤부터 줄곧 그녀에 대한 사랑이 나의 영혼을 지배했다"라고 적고 있다. 베아트리체는 하느님을 향한 단테의 "고귀한 비행"(『천국 편』 15곡 53)을 가능케 만드는 결정적인 인물이다. (p.357) 어린 시절부터 싹튼 베아트리체에 대한 사랑을 일생 동안 간직하며 창작의 영감을 주고 영혼의 구원을 이끄는 존재로 삼았다. 베아트리체를 향한 사랑을 표현한 시와 산문을 모아 『새로운 인생』(1294)을 펴냈다.

단테의 생가이자 박물관인 건물은 허름한 벽돌집인데, 외벽에는 단테의 조그만 흉상 위에 '단테 박물관'이란 조그만 현수막이 걸려있었다. 그 유명한 단테의 생가치고는 초라했다. 그런데 그녀의 아버지는 딸을 돈 많은 금융업자와 결혼시켰고, 그녀는 24살에 요절했다. 단테도 다른 여인과 결혼했지만, 평생 그녀를 사모했다.

단테의 『신곡』에서 이들의 영혼은 저승의 천국에서 만난다. 눈부시게 황홀한 하늘나라 천국에서 베아트리체가 천국을 안내하는 구원의 여신으로 등장한다. 『신곡』은 기독교 신앙에 바탕을 둔, 죄와 벌, 기다림과 구원 등을 다룬, 기독교 문명의 집대성으로 평가받는다. 이 책이 당시의 문화어인 라틴어로 쓰지 않고 이탈리아어로 쓴 것은 일반 대중에게 구원의 메시지를 널리 알리려는 저자의 뜻이 담겼다고 한다.

정죄(淨罪)하고 구원을 받을 수 있는 연옥(煉獄)

지옥 밑바닥의 좁은 동굴을 통해 남반구 바닷속에 우뚝 솟은 높은 산에 닿았다. 연옥은 지옥과 천국의 중간지대인데 고통은 있지만 특별한 벌은 없다. 자신의 죄를 깊이 뉘우치고 정죄함으로써 희망의 구원을 받을만한 영혼들이 있는 곳이다. 이들은 질투, 분노, 태만, 인색과 낭비, 탐욕, 폭식, 애욕의 7가지 죄를 참회해야 죄가 하나씩 씻어진다. 연옥에서 천국으로 올라가기 전에 지상의 죄를 망각하는 레테Lethe 강과 선행의 기억을 새롭게 하는 에우노에Eunoe 강물에 몸을 적시는 정화과정을 거쳐야 한다.

연옥에는 풀밭이 펼쳐져 있는데 7겹의 성벽으로 둘러싸인 성에서 살아가고 있었다. 아름다웠다. 지상의 낙원이다. 그들 중에는 이승에서 위대한 업적이 있는 자들이었다. 기독교가 생기기 전의 고대인, 세례를 받지 않은 어린이, 이교도, 선하고 의로운 삶을 살았던 그리스·로마 철학자들이 모여있었다. 베아트리체가 나타나 인도했다. 연옥을 통과한 단테는 베르길리우스와 헤어져 천국을 향했다.

푸른 숲에 싸인 초원에 꽃이 만발한 천국을 베아트리체의 안내를 받으며 단테는 10개의 하늘을 둘러본다. 베아트리체는 자기 자리로 돌아가고, 아베마리아 성가가 울리는 가운데 단테는 신의 성스러운 얼굴을 뵙게 되고, 삼위일체의 이치를 깨닫고 지복의 경지에 이른다. (네이버 블로그 참조)

단테는 『신곡』에서 무엇을 말하고 싶었을까? 내셔널 지오그래픽 통계에 따르면 94% 정도 사람들이 영혼의 존재를 긍정한다고 했다. 단테는 영혼을 지닌 인간! 눈에 보이는 지상의 삶이 다는 아니니 이웃과 사회와 나라를 사랑하고, 인정과 사랑을 나누고 베풀며 살라고 말하고 싶었을까? 불교에서도 영혼의 윤회를 말하며 선행을 강조했다. 『단테의 신곡』은 사후세계를 그려보게 하는 명상적인 고전이다. 선과 악, 죄와 벌, 정치와 종교, 문학과 철학, 신화와 현실, 인간사의 모든 주제를 끌어안은, 인간의 상상력이 빚어낸 최고의 걸작이다. (옮긴이의 뒷표지 말 중에서) 일독을 권한다.

단테의 명언이다. '지혜로운 사람은 무의미한 시간을 가장 슬퍼한다.' 돈은 줄어드는 것이 보이니까 사람들이 모두 아끼려고 하지만 시간은 눈에 보이지 않고 공짜니까 함부로 낭비한다고 했다. 필자는 손주들에게 자주 이 명언을 인용한다.

마음의 눈으로
사람을 보라!

◆ 『사자처럼 행동할 수 없다면 여우의 지혜를 가져라-호리 지혜(狐狸智慧)』(스산슈이 (石山水) 지음 · 박수진 옮김)

'호리狐狸'란 여우와 살쾡이를 말한다. 『호리 지혜』(2005)에는 중국의 작가 석산수石山水가 가장 실용적인 생존 법칙 277가지를 말하고 있다. 320페이지에 달하는데 이솝우화의 교훈과 지혜처럼 내용도 비슷하고 재미있다. 이 책의 머리말에, 생존에 관한 처세술의 일인자로 알려진 스페인 철학자 발타자르 그라시안Baltasar Gracian은 출세의 비밀에 "사자처럼 행동할 수 없다면 여우의 지혜를 배워라. 지혜롭게 행동하고 계획적으로 실천하며, 현명하게 말하고 마음의 눈으로 사람을 보라! 이것이 여우의 생존 법칙이다"(p.111) 했다.

성공하지 못하는 대부분은 외부세계에 대한 반응에 더디고 시대의 흐름을 거스르며 남의 의견을 무시하고 독단적으로 행동한다. 어리석은 사람은 친절하고 호의적인 대화도 치열한 설전舌戰으로 바꿔버리는 타고난 능력을 가지고 있다. 툭하면 발칵 성내고 고성지르고 내가 누군데?!

한다고 했다. (p.131) 젊은이들을 향해 "세상은 노력하는 사람들이 지혜를 발휘하는 무대이지 자신의 배경을 미끼로 해서 온갖 수단을 부려 명예를 추구하는 오만한 자들의 궁전이 아니다"(p.199)라고 했다.

제1장은 이솝우화와 비슷하다. 위험한 경쟁자, 비천한 약자에 관하여 말했는데 많은 동물을 동원했다. 제2장에는 생존의 법칙인데, 출세의 비밀, 개인 관계의 노하우에 관하여, 제3장에는 번뜩이는 삶의 지혜로 훌륭한 언변과 민첩한 행동, 뛰어난 재능과 원대한 작전, 필승의 계략 등에 관해서인데 여러 유명한 인사들의 예를 들었다.

술에 취한 서예대가 왕희지 (p.216)

왕희지王羲之는 동진, 서예대가, 시인, 정치인은 술에 취한 척하고 행동하여 스스로 목숨을 살렸다. 조정의 실세인 왕돈 장군은 왕희지를 군장으로 불러 글 쓰는 모습을 배우고 늦은 시간에는 자기 처소에서 자고 가라고 했다. 필자가 젊었을 때 붓글씨 쓰기와 문인화를 공부할 때 왕희지의 『난정서』를 행서 교본으로 삼았다. 그토록 왕희지는 서예 대가였다.

어느 날 밤 왕돈의 처소에서 잠을 자고 있던 왕희지는 사람들의 대화 소리에 잠이 깼다. 자세히 들어보니 왕대와 그의 무사 전봉이 역모를 하고 있었다. 왕희지는 크게 놀라며 스스로 진정하려고 애썼다. 만약에 내가 여기에서 자고 있는걸 생각해낸다면 분명 나를 죽이겠지. 어떻게 빠져나가야 하나? 마침 술을 마시고 잠을 잔 것이었기에 아예 술에 취해 완전히 뻗어버린 척하며 침대 위에서 토했다. 얼굴에 토를 묻히고 가볍게 코를 골았다. 마치 잠에 푹 빠진 사람처럼 말이다.

왕대와 전봉은 문득 왕희지가 떠올랐다. 가슴이 철렁 내려앉고 얼굴은 시퍼렇게 질렸다. 흉악한 전봉이 모질게 말했다. "이놈을 없애지 않으면 우리는 둘 다 죽음을 면치 못할 것입니다." 두 사람은 날카로운 칼을 손에 쥐고 커튼을 쳤다. 칼로 내리치려고 하는데 왕희지가 잠꼬대하며 뒤척이자 잠시 멈칫했다. 그러고 보니 침대 위에는 토가 흥건했고, 지독한 역겨운 냄새가 풍겼다. 그제야 왕희지가 완전히 술에 취해 깊은 잠에 빠져있다는 것을 확인하고 그를 해치지 않았다. 여우의 지혜: 다른 사람의 은밀하고 사적인 정보를 알았다고 해도 아무렇지 않은 듯 태연해야 한다. (p.217)

잘난 사람, 아주 똑똑이는 헛똑똑이다!

허풍을 떨지 마라! 자신의 재능을 뽐내지 않고 다소 어수룩하게 행동하는 것은 재능과 학문이 뛰어난 사람들이 자주 쓰는 고도의 눈 속임술이다. 인정받고 싶다면 재능을 뽐내고 싶어 안달하지 말고 여유롭게 전체적인 형세를 지켜보는 것이 유리하다. 지나치게 총명한 것보다는 차라리 멍청한 것이 낫다.

(p.133)

자기중심의 학문적 이론은 원만한 대인관계를 방해한다. 그러므로 중요한 논단에서 인정받은 확실한 이론이 아니면 당신의 학문적인 소견은 함부로 입 밖으로 꺼내지 말아야 한다. 다이아몬드가 발견하기 힘든 곳에 숨겨있는 것처럼, 내재內在된 것은 외관보다 훨씬 더 가치가 있다. 하도 말 많은 세상에 정치가의 다변에 국민은 현기증을 느낀다. 이 책에는 침묵의 대통령이란 주제에 "침묵을 지키면 아무나 함부로 치근대지 않는다. 말은 기술이고 침묵은 기술을 능가하는 하나의 예술이다"라고 했다.

'무시하기'는 자신을 높이는 좋은 방법이다! (p.135)

「무시하기의 힘」은 재미있는 고단수 법이다. 물건을 흥정할 때 '거들떠보지 않는 척하면서 은근슬쩍 유인하는 방법'으로 얻고 싶은 물건을 싼 가격에 얻을 수 있다. 찾을 때는 눈에 보이지 않다가 생각지도 못한 순간에 '떡!'하고 나타난다. (웃음)

> 누군가 당신과 겨루고 싶어 한다는 의미는 그가 당신의 우월함을 인정한다는 뜻이다. 그러한 사실에 야릇한 기쁨을 느끼는 것은 아주 당연한 일이지만 그렇다고 자만하여 상대방의 부족함을 비난하면 안 된다. 타인을 비난하고 상처받는 사람은 당신이라는 사실을 명심하라. 상대방을 다치게 하면 그 뒤에 남는 것은 땅바닥에 떨어진 당신의 명예뿐이다. 그러므로 누군가 당신의 우월함을 해치려고 할지라도 결코 그를 비난하거나 다치게 하지 말고, 모르는 척 무시하고 있어라. 아무리 당신을 뛰어넘겠다고 한들 어차피 당신의 숨겨진 역량은 헤아리지 못하고 있기에, 결국 당신 앞에 무릎을 꿇을 것이기 때문이다.
>
> (p.136)

전성기에 있을 때 과감하게 물러나라

> 현명한 노름꾼은 푼돈에 연연해하지 않고 더 큰 이득을 위해 아쉬운 시기에 과감히 돌아선다. 이처럼 성공했을 때 물러나는 것은 자신을 보호하는 현명한 방법이다. 행운은 예견하지 않고 바람처럼 왔다가 사라지는 도박과 같다. 인생은 잘 풀리는 듯하다가 자칫 삐끗해서 모든 것을 잃었을 때 행운의 여신이 우리에게 나타나 위안을 준다. 행운의 여신이 언제까지나 당신을 찾아올 것이라는 기대를 버려라.
>
> (p.144)

아, 참으로 어려운 주문이라고 필자는 생각한다. 특히 도박과 권력은 중독성이 강하기에….

결점에 현명하게 대처하라

사람의 감정은 수없이 많은 포장지로 쌓여있다. 상대방이 결점을 감추고 싶어할 때 지혜로운 사람은 모르는 척하면서 그냥 넘어가거나 오히려 그의 잘못이 드러나지 않도록 가려주지만, 어리석을 사람은 상대방의 다른 결점까지 들추어내서 그것을 더욱 과장하려고 한다. 훌륭한 명성의 반은 타인의 선善을 훔쳐와 얻은 것이나 다름없다. 이러한 삶의 지혜가 빼꼭히 들어있다.

『이솝우화寓話』(박지현 옮김)

'우화의 神'이라고 불리는 『이솝우화』의 작가는 고대 그리스의 노예 출신 아이소포스Aesopos(BC 6세기)다. 우화는 동물이나 식물 또는 다른 사물에 빗대어 풍자적으로 나타내는 교훈적인 135개의 이야기를 만들었다. 동물들 여우, 양, 사자, 늑대, 염소, 새, 거북, 토끼, 말, 당나귀, 사슴, 원숭이, 개, 돼지, 개미, 베짱이…등.

필자의 생각으로는, 인류역사상에 이런 천재적인 이야기꾼은 어쩌면 다시 탄생하지 않으리라 생각된다. 짧고 함축적인 몇 문장으로 독자를 가르치고 교훈을 주며, 깊이 생각하게 하니 탄복할 지경이다.

기록에 의하면 이솝우화의 최초의 영역판은 1484년에, 프랑스에선 1668년에, 우리나라는 갑오개혁甲午改革(1894~96) 후에 만든 최초의 신식교과서에 처음으로 몇 편 실렸다. 「토끼와 거북이」, 「개미와 베짱이」, 「북풍과 태양」, 「당나귀와 소금 장수」, 「고양이 목에 방울 달기」, 「늑대와 양치기 소년」, 「욕심 많은 개」 등이었다. 필자는 2006년에 나온 도서출판 움터미디어 것을 가지고 있는데, 교육적 평과 영어로 번역까지 달아놓아서 일석이조―石二鳥의 공부도 된다.

그리스 문학의 기원은
트로이아 전쟁에서 시작된다

◆ 『그리스 로마신화』(토마스 벌핀치 · 이윤기 편역)

미국의 신화학자 토마스 벌 핀치Thomas Bulfinch(1796~1867)가 『그리스 로마신화』를 쓴 것은 19세기 중반, 토로이아의 유적도 뮈케나이 성터도 발굴되기 전이다. 그리스 문학의 기원은 트로이아 전쟁에서 시작되는데 이 전쟁 이야기는 기원전 8세기경 그리스의 유랑 · 음유流浪 · 吟遊 시인 호머Homer의 영웅 서사시 『일리아드(Iliad)』와 『오디세이(Odyssey)』에서 나온다.

트로이아 전쟁을 전설로 여겨졌는데 1871년 독일의 고고학자 하인리히 슐리만이 그리스와 터키 지역의 유적을 발굴하고 엄청나게 많은 유물을 수습한 것은 그 뒤의 일이다. (p.751) 이 책을 번역한 이윤기 교수는 이번에 『그리스 · 로마 신화』 새 신화책을 꾸며내면서 생생한 원색화보, 사진 설명, 편역자가 직접 촬영한 현장 사진 등이 첨가하여서 768쪽에 달하는 방대한 분량이 되었다.

천지창조설에서부터 인간의 근원적인 이야기를 다룬 가장 허구적인 이야기이지만 예술인들이 많은 영감을 얻었고 각종 문학 · 예술 작품에 자주 인유引喩 되기에 서구문학을 이해하고 감상하는데 필독서라고 생각한다.

필자는 2007년 5월에 지중해 몇 나라(그리스 · 터키 · 이집트)를 여행하기 전에 미국의 신화학자 토머스 벌핀치가 쓴 『그리스 · 로마 신화』를 재미있게 읽었다. 벌핀치의 신화는 3부로 돼 있는데 그중 1부(우화의 시대, 신화의 시대)를 번역한 것이 이 책이다.

신화는 세상을 꾸며낸 신들에 관한 '우주기원론cosmogony'인데, 퍽 재미있다. 신화학자에 따라 신들의 이름이 조금씩 다른데 그리스식 로마식 쓰기와 영어식 읽기 때문이라고 했다.

그리스 신화에는 올림포스 산정에 신관을 짓고, 제왕 제우스Zeus를 비롯하여 여러 신이 살았다. 제우스는 자연을 다스리는 신, 바다의 신 포세이돈Poseidon과 지하세계를 관장하는 하데스Hades가 나온다. 지면 관계로 문학작품과 예술에 자주 인용되는, 판도라Pandora, 월계관의 유래, 에로스의 사랑과 증오심, 욕심 많은 미다스 왕, 스핑크스와 오디이푸스 왕, 트로이 목마Trojan horse, 시시포스Sisyphus의 죄와 벌, 오이디푸스 콤플렉스Oedipus Complex 등 몇 가지만 인용한다.

최초로 창조된 여인 판도라(p.596)

인류가 창조되기 전부터 지상에 살고 있던 티탄족 거신巨神 티탄족 프로메테우스Prometheus와 그의 동생 에피메테우스가 땅의 흙과 물을 반죽해 신들의 형상을 따라 사람을 빚은 후, 프로메테우스가 하늘로 올라가 제우스가 감춰둔 태양의 수레로부터 「횃불」을 몰래 붙여와서 인간에게 선물했다. 이 불火로 인하여 인간들은 다른 동물들을 정복할 수 있는 무기와 땅을 경작할 수 있는 연장을 만들고 인간의 문명을 만들기 시작했다.

신에 도전한 인간의 오만에 화난 제우스가 인간 남성을 벌하기 위해 「판도라」란 여자를 만들어 에피메테우스에게 보냈다. 형은 제우스가 보낸 여자 「판도라」를 조심하라고 주의시키고 제지했으나 에피메테우스는 「판도라」를 기꺼이 아내로 삼아버렸다. 에피메테우스 집에는 몹쓸 것들이 들어있는 단지가 하나 있었는데, 어느 날 판도라는 그 항아리 속에 무엇이 들었는지 궁금하여 열어보았다. 항아리 속에 있던 온갖 질병통풍, 신경통, 질투, 원한, 복수심 같은 것들이 나와 팔방을 흩어졌다. 깜짝 놀란 판도라는 얼른 뚜껑을 닫았지만, 이미 모두 도망갔고, 바닥에 한 가지 남은 것은 「희망」이었다. '인간의 좌절과 불행 속에서도 희망은 최후의 보루로 인간의 가슴 저변에 남아 있다,' 라는 상징이 되었다.

월계관(月桂冠)의 유래 (p.429~437)

월계관의 유래는 태양의 신 아폴론Apollon과 님프Nymph인 다프네Daphne와의 사랑 이야기에서 나왔다. '님프'는 강과 산, 숲과 목장 따위에 사는 반신반인半神半人의 아름다운 처녀 정령精靈이다. 사랑과 미美의 여신 아프로디테Aphrodite의 아들 에로스Eros가 활과 화살을 가지고 노는 것을 보고, 아폴론이 어린애가 무기를 가지고 논다며 위험하다고 꾸짖었다.

에로스의 화살은 금金 화살과 납鉛 화살 두 가지였다. 금 화살은 인간의 마음속에 사랑Love을, 납 화살은 사랑을 혐오Hatred를 일으키게 했다. 에로스는 파르낫소스 산 위에서 애정을 격발시키는 금 화살로 아폴론의 심장을 쏘고, 사랑을 혐오하게 만드는 납 화살로 강의 신 다프네를 쏘았다. 순간 아폴론은 아름다운 다프네를 뒤쫓았다. 다프네는 아폴론이 싫어 죽을힘을 다해 도망치며, 자기의 형상을 바꿔 달라고 강의 신인 아버지를 다급하게 불렀다. 다프네는 순간적으로 월계수月桂樹 나무가 되었다. 두 팔은 나뭇가지가 되고, 발은 뿌리가 되었으며, 젖가슴은 나무껍질로 싸이고, 얼굴은 나무 꼭대기로 변했다.

아폴론은 깜짝 놀라 멍하니 섰다가 월계수 나무등치를 안고, "그대는 나의 아내가 될 수 없으니, 그대를 내 성수聖樹로 삼으리라. 나는 이제부터 왕관 대신 그대를 머리에 쓰리라. 그대로 하여 내 수금과 화살통을 장식하게 하리라. 그리고 로마의 정복자들이 수도首都로 개선할 때 그대 꽃으로 엮어 만든 화환을 그 머리에 씌워주리라. 나는 영원히 늙지 않을 것인즉 그대 또한 늘 푸를 것이며, 잎이 시드는 법이 없게 하리라."했다. 아폴론은 태양신이자, 궁술, 의술, 예술 등을 주관하는 신이다. 유럽 여행 때(2007.4) 거대한 5륜이 장식돼있는 고대 그리스 올림픽 광장을 바라보며 선수들의 머리에 씌워주던 월계관을 상상해 보았다.

단테의 신곡처럼 신화에서도 사자死者의 세계 저승의 강과 벌 받는 모습이 그려져 있다. 로마의 시인 베르길리우스Vergilius가 나타나 단테에게 지옥 구경을 시켜주었듯이 여기서도 복수의 여신에게 맡겨진 영원히 불 바퀴에 매달린 채 돌아야 하는 이크시온, 바위를 밀어올려야 하는 시시포스, 영원히 갈증에 시달려야 하는 탄탈로스 등이 소개되었다. 그리고 그들의 죄목도 나열돼 있다. (p.389~399)

시시포스(Sisyphus)의 죄와 벌 (p.559)

그리스는 산이 많고 섬이 많은 조그만 도시국가들이었다. 코린토스Korinthos의 왕 시시포스는 궁전을 지었는데 물이 없어서 불편했다. 어느 날 강江의 신 아소포스Asopos가 딸 아이기나Aegina를 부르며 찾고 있었다. 아이기나는 아소포스 왕의 딸이다. (p.623) 시시포스는 이 성에 물이 나오게 해주면 딸의 거처를 알려주겠다고 약속했다. 바위틈에서 물이 솟아 나오자 제우스가 아이기나를 안고 들어간 숲을 가르쳐주었다. 신의 비밀을 고자질했다고 노한 제우스는 죽음의 신에게 시시포스를 지하세계에 가두라고 명했다. 이를 안 시시포스는 또 길목에서 기다리다가 자기를 잡으러 오는 신을 해코지했다. 결국 시시포스는 지하세계를 관장하는 하데스에게 끌려가 죽었다.

코린토스 왕 시시포스는 꾀가 많은 사람이었다. 죽어서 저승에 간 시시포스는 아내가 장례식을 베풀어 주지 않는다면서 아내를 혼내고 돌아올 수 있게 사흘만 말미를 달라고 하데스(지하세계 관장)에게 간청했다. 하데스가 이 말에 속아 시시포스를 이승으로 돌려보냈지만, 시시포스는 다시 저승으로 돌아오기는커녕 죽음의 신 타나토스를 감금까지 한다. 시시포스는 명부의 세계를 관장하는 하데스와의 약속을 어기고 아내와 함께 지상에서 잘살다가 늙어서 죽었다.

시시포스가 다시 지하세계로 돌아갔을 때 하데스가 크게 노하여, 시시포스를 지옥으로 끌고 가 가파른 산꼭대기에 큰 바위를 굴러 올리게 하는 형벌을 내렸다. 시시포스는 여러 신의 벌을 받아서 노력의 보람도, 희망도 없는 고된 일을 영원히 반복하는 벌을 받았다. 인간 세상에서 살기 위하여 발전도 변화도 없는 고된 노동을 끝없이 반복하는 경우를 빗대어 「시시포스」는 자주 인용된다.

에로스와 프시케(Eros & Psyche) (p.485~511)

프시케는 '나비', '영혼'이란 뜻이 있는데, 고통과 불운을 통하여 정화된 순수한 행복을 누릴 수 있게 되는 인간의 영혼을 비유한다. 왕의 딸로 태어난 프시케는 사랑과 미의 여신 아프로디테Aphrodite가(p.42) 미워하고 질투할 만큼 아름다웠다. 아프로디테는 아들 에로스를 시켜 프시케를 비통하게 만들라고 하였다. 에로스는 어머니의 말대로 계략을 세웠는데 그만 실수하여 격정적인 사랑을 유발하는 자신의 황금 화살에 상처를 입었다. 긴 이야기를 축약하면 에로스는 어머니의 명령을 어기고 프시케를 사랑하여 아내로 삼게 된다. (중략)

프시케의 언니들은 다 결혼했는데, 아폴론 신전의 신탁에서 프시케의 신랑은 올림포스 산정에 있는 '괴물'이라 했다. 남편은 밤에 어두울 때만 프시케 옆에 나타났다가 동이 트면 날아가 버렸다. 그래서 프시케는 남편에 대해 의심했다. 프시케는 남편의 얼굴을 보고 싶다고 애원했으나 에로스는 숨어 있는 것이 자신의 기쁨이라고 했다. (중략) 프시케는 신탁의 '괴물' 이야기가 떠올라 남편이 첫잠이 들었을 때 비수와 등불을 들고 남편을 들여다보았다.

남편은 신들 가운데 가장 아름다운 모습이었다. 눈같이 흰 피부에 황금빛 곱슬머리, 눈보다 더 흰 날개가 양어깨에 달려있었다. 더 가까이 보려고 등을 기울렸을 때 뜨거운 기름방울이 남편의 어깨에 떨어졌다. 남편은 깜짝 놀라 깨어났다. 프시케의 얼굴을 뚫어지게 바라보다가 한마디의 말도 없이 두 날개를 펴고 창밖으로 날아갔다.

프시케는 남편을 부르며 따라가다가 땅에 쓰러졌다. 프시케를 본 에로스는 이런 말을 남기고 사라졌다. "아아 어리석은 프시케여, 이것이 그대가 나의 사랑에 보답하는 길이었더냐? 어머니의 명령을 거역하고 그대를 아내로 삼은 나를 그대는 괴물로 생각하고 목을 자르려고 하다니…. 나는 그대와 이별하는 것 외에 다른 벌을 주지 않겠노라. 사랑은 의심과 함께 있을 수 없는 것이다." (중략)

시어머니격인 아프로디테는 프시케를 천신만고의 어려움을 겪게 했다. 우여곡절 끝에 에로스와 프쉬케의 결혼한다. 제우스의 서약에 따라 프시케에게 〈젊음〉과 〈기쁨〉이라는 은혜받은 쌍둥이를 태어나게 해준 것이다. (p.507~508)

미다스 손(Midas Touch)과 술(酒)의 신 디오니소스 (Dionysus) (p.675~682)

성공을 계속하는 수완가를 '미다스 손Midas Touch'이라 한다. 뭐든지 하면 성공하는 사람을 가리키기도 한다. 술의 신 디오니소스는 그의 스승이 술에 취해 길을 잃고 헤매고 있는 것을 미다스 왕King Midas이 알아보고 그를 10일간 잘 대접한 후 자기 집으로 안전하게 데려다준 감사의 표시로 미다스 왕에게 무엇이든 청하는 대로 도와주겠다고 했다. 미다스 왕은 무엇이든지 자기가 만지는 것은 모두 금金으로 변하게 해달라고 했다. 디오니소스는 미다스 왕의 요구가 마음에 들지 않았지만, 소원을 들어주겠다고 약속한 터라 '힘Power'을 주었다.

욕심 많은 미다스 왕은 황홀하여 돌을 들어보고, 사과를 따보고, 나뭇가지를 만져보았다. 만지는 것은 다 금으로 변했다. 집으로 돌아오자 미다스 왕은 신나서 하인들에게 큰 축연을 열도록 명령하였다. 호화로운 음식상을 차려놓고 즐기려는 순간 왕이 빵을 집어 입에 넣는 동안 빵은 금덩어리로 변했고, 포도주를 마시는 사이에 굳어져 목에 걸리었다가 털썩하고 금덩어리가 떨어졌다.

황홀했던 선물 힘이 순간적으로 혐오스러웠다. 죽게 된 미다스는 디오니소스에게 죽음으로부터 구해달라고 애원했다. 디오니소스는 「팍톨로스(Pactolus)」강 수원水源까지 거슬러 올라가 그곳에서 머리와 몸을 물에 담그고 그대의 과오와 그에 대한 벌을 씻어버리라 했다. 미다스가 시킨 대로 하자 금을 만들어내는 힘이 강물로 옮아가서 그 강의 모래는 사금으로 변했다. 이때부터 미다스 왕은 재물과 호사를 탐하지 않게 되었다. '미다스 손'이란 '돈 버는 재주가 있다'는 상징어가 되었다.

우리 부부는 2007년 4월에 지중해 3국 이집트 그리스 터키를 여행할 때 그리스 아크로폴리스 절벽 아래 위치한 BC 6세기에 건축된 디오니소스 원형극장을 구경했다. 여기서 연극과 술의 시인을 위한 축제가 열렸는데 서양 연극의 시발점이라고 한다.

스핑크스(Sphinx)와 오이디푸스(Oedipus) 왕

그리스 신화에서 가장 비극적인 이야기다. 테베의 왕 라이오스Laios는 갓 난 아들이 성장하면 왕좌王座에 위험이 있으리라는 신탁信託의 경고를 받고 아들이 태어났을 때, 목축하는 사람을 시켜 죽여버리라고 명했다. 목축자는 아이가 불쌍하여 아기의 발을 묶어 어느 나뭇가지에 매달아 둔 것을, 어떤 사람이 데려다 양자로 키웠는데, 「오이디푸스」라고 불렀다. '부어오른 발'이란 뜻이다. (p.695)

오랜 세월이 흐른 후, 라이오스 왕은 단 한 명의 종을 데리고 델포이로 가다가 좁을 길에서 맞은 편에서 역시 수레를 몰고 오는 한 젊은이를 만났다. 길을 비키라는 명령을 거부했다고 라이오스 왕의 종이 오이디푸스의 말, 한 마리를 죽였다. 격분한 오이디푸스는 라이오스와 종을 함께 베어 죽였다.

이런 일이 있은 지 얼마 후에 테베의 시에는 하반신은 사자이고, 상반신은 여자의 형태를 한 「스핑크스」란 괴물이 나타났다. 이 괴물은 높은 바위 위에 웅크리고 있다가 길로 오가는 모든 여행자를 잡아놓고 수수께끼를 풀면 통과시키고, 못하면 죽이곤 하였다. 오이디푸스는 대담하게 도전했다. '아침에는 4발로, 낮에는 2발로, 저녁에는 3발로 걷는 짐승이 뭐냐?' '그건 사람이다. 사람은 아기 때는 두 손과 무릎으로 기고, 어른이 되면 두 발로 걷고, 노년에는 지팡이 짚고 걷는다'라고 대답했다. (p.696)

스핑크스는 그 수수께끼가 풀린 것에 화가 나서 바위에서 떨어져 죽었다. 테베 백성들은 이 구원에 감사하여, 오이디푸스를 왕으로 모시고 그들의 여왕 요카스타Jocasta를 그의 아내로 맞이하게 되었다. 오이디푸스는 자기의 아버진 줄 모르고 아버지를 죽였고, 자기의 어머닌 줄 모르고 아내로 삼은 것이다.

신탁이 비극적 사건의 발단이었다. 테베에 한발과 역병이 몰려와 신탁에 물은 결과 이중적 범죄가 밝혀지자 어머니는 자결하고, 오이디푸스 왕은 자신의 두 눈을 찔러 제거하고 미쳐서 방랑의 길에 올랐다.

이 신화는 고대 그리스 아테네의 비극작가인 소포클레스Sophokles(BC 497~BC 406)의 비극『오이디푸스 왕』이야기다. 이 이야기는 정신분석학자 프로이트가 말한 개념, 사내아이가 어머니에게 애정을 느끼고, 아버지에게 반감反感을 가지는 심리적 경향을 '오이디푸스 콤플렉스 Oedipus Complex'라 한다. (p.700)

트로이전쟁과 '트로이 목마계략(木馬計略)'

그리스 신화에는 10년간의 트로이전쟁(BC 1194~BC 1184)이 배경으로 펼쳐진다. (p.242~265) '트로이 목마Trojan horse'는 요즘 컴퓨터 악성코드malware의 대명사로 쓰인다. 트로이전쟁의 발단은 트로이의 왕자 파리스Paris가 왕비 헬레네Helene를 트로이로 납치한 데서 생겼다. 분노한 그리스인의 연합군이 트로이를 침공하여 도시를 불태웠다. (p.265~)

트로이전쟁의 원인은 세 명의 여신(헤라, 아프로디테, 아테나) 사이에 다툼이 벌어졌다. 올림포스에서 열린 결혼식에 불화의 여신 에리스Eris는 초대받지 못했다. 화난 에리스는 '가장 아름다운 여신에게'라고 새긴 황금사과를 잔칫상에 던진다. 황금사과를 서로 갖겠다고 다툼이 벌어졌다. 이때 3 여신은 미남 트로이의 왕자 파리스에게 심판을 의뢰했다. 최고의 여신 헤라Hera는 최고의 권력과 부를 주겠다고 했고, 지혜와 전쟁의 여신 아테나Athena는 지혜와 모든 전쟁의 승리를, 가장 아름다운 사랑과 美의 여신 아프로디테Aphrodite는 가장 아름다운 여인을 주겠다고 했다. 파리스는 아프로디테의 조건을 받아들여 황금사과를 주었다. 아프로디테는 가장 아름답기로 알려진 스파르타 메넬라오스Menelaus 왕의 부인 헬레네를 주었다. 이 사건이 트로이아 전쟁 발단이다. (p.265) 헬레네가 트로이의 왕자 파리스에게 납치당하자 그리스를 주축으로한 연합군을 형성하여 많은 영웅과 대군을 이끌고 트로이를 침공했다.

「트로이목마」이야기다. 영웅 오디세우스Odysseus는 이타카의 왕이며, 그리스군의 최고 지략가로 유명하다. 오디세우스는 전사들을 숨길 수 있는 바퀴 달린 거대한 목마를 제작하면서 전쟁의 여신에게 바치며, 목마를 성안으로 들어와야 승리를 거둔다는 가짜 예언을 퍼뜨렸다. 오디세우스는 거대한 목마에 용감한 전사들을 숨긴 후, 제사의식을 치르고, 목마 겉에는 '집으로 돌아가면서 그리스인들이 전쟁의 신 아테네에게 감사의 선물을 바친다,'라고 썼다. 목마를 트로이 성문 앞에 두고, 그리스군은 일제히 철수하여 트로이 근처 섬에서 대기했다.

목마를 의심하고 성안으로 끌어들이는 것을 적극적으로 반대한 트로이의 신관 라오콘Laocoon은 목마의 배에 창을 던졌다. 그 뒤, 라오콘은 그리스 편인 바다의 신 포세이돈이 보낸 거대한 뱀2 마리에 라오콘과 두 아들은 물려 죽었다. 트로이인은 라오콘이 목마에 대해 불경스러운 죄로 죽은 줄 알고, 목마를 성안으로 들여왔다. 밤이 깊어지자 목마에서 용사들이 몰래 나와 성문을 열었고, 갑자기 들이닥친 그리스군은 트로이 성을 함락했다.

트로이전쟁을 승리로 이끈 영웅 오디세우스가 병정들을 이끌고 본국 이타카로 돌아가는 데 10년이 걸렸다. 이를테면 거인들이 동굴 속에서 사는 섬, 키클롭스Cyclops 외박이 둥그런 눈을 가진 식인食人섬 (p.335~340)을 간신히 빠져나왔다. (중략) 마법의 지팡이로 건드리는 것마다 짐승으로 변하는 키르케 섬, 님프들이 유혹하는 세이렌Seiren 섬을 지나, 토로이아 원정으로부터 20년 후에 고향 이타카로 돌아왔다. (p.362)

삶의 고난과 위기를 이기고 꿋꿋이 살아가는 인간의 삶을 풍파를 헤치며 항해하는 고해苦海에 비유한다. 그리스·로마 신화는 인간의 상상이 낳은 가장 허구적인 작품이지만 풍부한 상상력과 깨달음을 안겨주는 걸작이라고 생각한다.

인류에 「만능 천재」가 또 탄생할까?

◆ 레오나르도 다빈치(레오나르도 다빈치·최병진 글, 조승연 그림)

  어느 날 가족 대화 중에 위대한 과학자에 관한 이야기를 했다. 큰아들이 인류역사상 레오나르도 다빈치Leonardo da Vinci(1452~1519) 같은 '만능 천재'가 앞으로 또 나올까?' 했다. 큰아들은 레오나르도가 현재까지 인류역사상에 태어난 다방면에 가장 뛰어난 천재였다며 그가 발명한 업적과 기록물 연구 노트(8천 장)에 관하여 말해주었다. 큰아들은 Y대 공대 교수로 가르치고 있다.

  레오나르도는 이탈리아 빈치 출생으로 가톨릭 세례명이 레오나르도였다. 그는 화가, 조각가, 수학자, 전쟁 기계 발명가, 건축가, 토목공학자. 도시설계사, 제도사製圖士, 천문학자, 철학자, 화석연구의 선구자, 지리학자, 인체 해부학자, 생리학자, 동물학자, 물리학자, 심지어 비행기 설계도까지 그렸다고 했다.

  2003년 여름에 남편이 명예교수로 퇴임했을 때 자식들이 추렴하여 지중해 3국 이집트, 그리스, 터키와 영국, 프랑스, 이탈리아, 로마와 바티칸 교황청을 여행시켜 주었다. 그때 르네상스의 본거지 피렌체와 밀라노를 둘러보았다. 『지중해 3국과 유럽 여행기』(2010, 새미)를 출간했다. 아는 것만큼 볼 수 있다고 하기에 여행 떠나기 전에 『그리스 · 로마 신화』를 읽었다.

2007년에 영국의 과학 학술지 『네이처지(Nature)』(1869~)가 선정한 인류 역사를 바꾼 10명의 천재 중 가장 창의적인 융합형 인물로 다빈치가 선정되었다고 했다. 한 인간이 그토록 다양한 분야에 업적을 남길 수 있을까? 필자는 '신이 내린 천재' 다빈치의 삶과 예술을 읽어보았다.

레오나르도의 불우한 출생 배경

레오나르도의 아버지는 유명한 공증인이었고 어머니는 가난한 농사꾼의 딸이라 신분 차이로 결혼하지 못하고 사생아로 태어났다. 아버지는 4번 결혼하여 12명의 이복형제가 생겼지만, 사생아로는 레오나르도 혼자였다. 이복형제들이 합심하여 음모를 꾸미고 아버지의 유산을 한 푼도 나눠주지 않았다. 레오나르도는 신분 때문에 제대로 교육받지 못했다. 그래서 상류층 지식인들이 쓰는 라틴어를 배우지 못했고, 고전을 읽지 못했다.

15세 때 아버지와 함께 피렌체로 이사하였다. 아버지가 피렌체의 시청 법률가로 일하게 되었다. 아버지는 레오나르도가 17세 때 안드레아 베로키오Andrea del Verrocchio 공방에 들어가 그림을 배우도록 길을 터주었다. (p.27) 스승 베로키오는 피렌체에서 가장 뛰어난 화가요, 실제로 베네치아에서 청동 기마상을 제작했다.

르네상스 시대 피렌체의 공방(工房)

공방은 예술가들의 작업장workshop이다. 공방은 예술가가 될 수 있는 유일한 학교였다. 조각, 회화, 금속 세공, 장신구, 제품과 장식용 기구, 대규모 건축 등을 공방에서 연구했다. 레오나르도는 공방에 들어간 지 3년 만에 피렌체 화가협회에 정식 화가로 등록(1472)되었다. 화가협회에 등록되면 자기가 주인이 되어 공방을 차릴 수 있는 권한을 주었다. 후원자는 로렌조 데 메디치, 프랑수아 1세, 루도비코 스포르차 등이었다. 특히 로렌초 데 메디치Lorenzo de' Medici는 문예부흥 시대에 이탈리아 피렌체 공화국의 정치가로서 르네상스의 열렬한 후원자로서 학문과 예술가들을 후원하였다.

유명 화가들은 공방을 통해 대량생산이 필요할 때 신속하게 작품(물품)을 제공하기 위하여 조수를 고용하거나, 다른 화가와 협업을 통하여 이루어지기도 했다. 소규모 재단화는 화가들이 밑그림을 그리고 조수들이 도와주는 일이 많았다. 그렇지 않으면 주문 시간에 맞춰 제품을 만들어 낼 수 없었다.

제자가 스승을 능가하는 청출어람(靑出於藍) (p. 28)

레오나르도를 지도하던 스승 베로키오는 그리스도가 이스라엘 요단 강에서 선지자 요한에게 세례받는 「그리스도의 세례」(1475) 장면을 그렸다. 베로키오가 이 작품을 그릴 때 레오나르도에게 조수 역할로 왼쪽 천사를 그리라고 했다. 재능을 알아본 스승은 조각에만 몰두할 정도로 레오나르도에게 그림을 맡겼다. 며칠 뒤 베로키오는 레오나르도가 그린 부분을 보고 숨이 멎는 줄 알았다. 레오나르도에게 맡긴 부분이 너무 놀라웠기 때문에. 그의 천재성에 놀랐다고 한다. 청출어람

靑出於藍이다. 이것이 레오나르도가 스승을 능가하는 천재성을 인정받은 첫 단추였다.

피렌체 시내 한복판에 175년 걸려 완공한 두오모Duomo* 성당의 거대한 돔을 1469년 베로키오와 그의 제자 다빈치가 돔 위에 황금색 구球와 십자가를 얹음으로써 마침내 성당을 완공했다. (2022.7.19. 『조선일보』 주경철 교수)

혈액순환에 대해 최초로 기록한 과학자! (p.123~129)

르네상스 거장 레오나르도의 생활 태도는 아주 독특한 데가 있었다. 뭔가 관찰하는 것을 무척 좋아했으며 기록 습관, 메모광이었다. 레오나르도는 하늘에서 적을 공격할 수 있다고 생각했다. 새가 날 수 있다면 사람도 날 수 있다고 생각했다. 새의 날개와 날갯짓을 보고 공기의 역학을 연구하며 비행기, 낙하산과 헬리콥터, 잠수함 발명품의 창안하여 모형을 그리기 시작했다.

그 시대에는 인간의 몸을 해부하는 것을 금지했다! (p.128) 레오나르도는 피렌체 산타마리아노벨라 교회 부속 병원에서 해부학을 공부했다. 신체 속을 들여다보고 뇌와 뼈의 구조를 연구했다. 인체 비례도가 나왔다. 그는 움직이는 심장과 혈관을 살펴보고 혈액순환에 대한 최초로 기록한 과학자로 가장 위대한 인체 해부학자로 알려져 있다. (p.150)

이탈리아가 통일되지 않는 동안 도시 주권 국가 간에 전쟁은 끊이지 않았다. 효율적인 방어를 위하여 성벽을 쌓는 건축일, 전쟁 기계의 설계도와 암호개발을 한 기술자, 다빈치는 왼손잡이였는데 글 또한 왼쪽과 오른쪽을 뒤집어서 자신의 아이디어를 다른 사람이 훔치지 못하게

---

* 꽃의 성모

암호 문자를 개발했다. 병사 네댓 명이 함께 타서 여러 방향으로 대포를 쏠 수 있는 전차를 구상했다.

레오나르도를 공상가로… (p.97~101)

물의 도시 베네치아에서 물의 힘을 이용하면 도시를 효율적으로 방어할 수 있다고 주장했다. 대형 석궁 설계도, 잠수복, 오리발, 잠수함 설계도를 말하며 물속에서 배를 격침할 수 있다고 했으나 베네치아 사람들은 그를 공상가라고 생각했다. 너무 앞서가는 창의력을 이해할 수도 없었고 받아들여지지도 않았다. 자기 시대로부터 배척당하는 것이 천재의 표상이다.

베네치아에서 1500년 4월에 고향 피렌체로 돌아왔다. 고향엔 레오나르도보다 23살 아래인 미켈란젤로가 피렌체 최고의 조각가로 활약하고 있었다. 이탈리아가 통일될 때까지 전쟁은 끝날 것 같지 않았다. 그는 피렌체와 바다를 연결하는 운하를 제안했고, 물의 유속을 이용해 피렌체를 방어할 수 있는 혁신적인 방법을 말했다. 그러나 돈도 많이 들 것이고, 혁신적인 방법을 받아들일 준비가 되지 않았다. 그토록 레오나르도는 시대에 너무 앞서 나갔던 천재였다.

세계에서 제일 유명한 그림 「모나리자(Mona Lisa)」

레오나르도는 「동방박사 경배」, 「암굴의 성모」, 「모나리자」, 「최후의 만찬」, 「흰 족제비를 안은 여인」, 「수태고지」, 「성 안나와 모자상」, 「세례자 요한」, 「이사벨라 데스테의 초상」, 「헝클어진 머리의 여인」,

「살바토르 문디」...등 20여 점을 남겼다.

　「모나리자」에 관한 이야기다. 레오나르도 공방에 피렌체에서 비단 무역과 옷감 장사로 부자였던 프란체스코 델 조콘도Gioconda(35세)와 그의 부인 리자Lisa(23세)가 1503년 5월에 찾아와 부인의 초상화를 부탁했다. 이 그림은 루브르 박물관에서 도둑맞았기 때문에 유명해졌다. 절도범 3명은 루브르 박물관에서 방탄유리를 짜는, 이민자 목수들이었다. 박물관이 문을 닫을 때 창고에 들어가 숨었다가 그림틀을 분해하여 개관 시간에 작업복 속에 감추어 들고나왔다. 1911년 8월 21일, 파리 루브르박물관은 「모나리자」를 도둑맞았다고 경찰서에 신고했고, 세상은 하루아침에 화들짝했다. 그림을 2년간 숨겨놓았다가 50만 리라에 팔겠다고 절도범들이 피렌체 한 화랑 주인에게 편지 한 통을 부쳤다. 화랑 주인과 우피치 박물관 관장 조반니 포기Giovanni Poggi는 그 그림이 레오나르도의 「모나리자」임을 확인하고 돈을 마련해오겠다고 하고 경찰에 신고했다. (p.120)

레오나르도가 남긴 과학 노트

　레오나르도는 1516년 프랑스 프랑수아 1세 왕의 도움으로 암브와즈 Amboise 성에서 작업을 계속하다가 1519년 운명하기 전에 가장 아끼던 제자 멜치Francessco Melzi에게 그림과 연구 노트 등을 유산으로 남겼다. 생전에 다빈치는 제자 멜치에게 정열적 사랑을 품고 있었다고 훗날 술회했다. 르네상스의 거장 레오나르도는 이 성안에 있는 작은 교회에 묻혔다. 제자 멜치는 레오나르도가 죽은 후 50여 년 뒤, 레오나르도의 『회화론』을 출판했으며, 다른 연구 노트 1119쪽을 모은 전집 『코덱스 아틀란티쿠스(Codex Atlanticus)』도 나왔다.

레오나르도 다빈치의 자소서 (『조선일보』 2022.5.24. 우정아의 아트 스토리)

　　레오나르도 다빈치가 이탈리아 밀라노 루도비코 스포르차 공작에게 보낸 편지(자기소개서)에 대한 글이었다. 다빈치는 세계에서 가장 유명한 그림 '모나리자', 가장 비싸게 팔린 '구세주', 가장 많이 복사된 '최후의 만찬'을 그린 화가도 취준생 시절 자기소개서에 '병기공학자'로 표기했다. 이유는 이탈리아는 당시 도시국가로 분열되어 내전이 잦았고, 로마, 영국, 프랑스 등 주위에서 호시탐탐 침략을 넘보고 있었다. 정치권력자는 군사력과 전투력 증강이 우선 정책이었다.

　　레오나르도는 그의 자소서에 그가 개발한 무기와 군용장비를 설명했다. 이동과 설치가 쉬운 교량, 소음 없이 침투용 땅굴 파는 법, 폭풍우가 몰아치듯 자갈과 연기를 발사하는 이동용 대포와 방탄 전함 건조법 등을 알고 있는 '병기 공학자'로 썼다. 그리고 다양한 발명품의 설계도를 첨부했다. 회화나 조각도 잘할 수 있다고 맨 끝에 간략하게 적었다.

(포스텍 교수 · 서양미술사)

"내 아들아
너의 인생은 이렇게 살아라"

◆ 『아버지가 아들에게 보낸 편지』(필립 체스터필드 · 오금용 옮김)

'세상'이라는 미로의 입구에 서 있는 너에게…(p.35)

『아들에게 보내는 편지(Letters To His Son)』는 영국의 정치가이자 문인인 필립 체스터필드Philip Chesterfield가 아들에게 인생의 지침서로 써 보낸 편지글의 모음집이다. "내 아들아 너의 인생은 이렇게 살아라" 하며 알려주고 있다. 내 아들에게 물려줄 참된 유산은 그 생애를 올바르고 힘차게 살아갈 수 있도록 아버지의 교훈과 지혜를 가르쳐 주는 것이란 점을 생각하게 한다. 실로 이 책은 '세상'이라는 미로의 입구에 서 있는 아들에게 아버지가 말하는 인생독본이라고 생각한다.

막연한 이론 전개가 아니라, 나는 '역사에서 이런 것을 배웠다,' 혹은 '정복자 시저'가 살해당한 참다운 이유를 파고 들어가는 사고의 추적까지도 설명했다. 시저는 23인의 음모로 살해되었다. 과연 그것만이 원인일까? 체스터필드는 아들에게 자신이 분석하고 자기가 판단해야 한다며, 올바른 판단력과 분석력을 기르라고 교육했다. 역사학자의 이름만으로 무엇이든 다 옳다고 생각하지 않는 것이 좋다. 체스터 필드는 9 장르에 걸쳐 자애롭게 편지로 썼다. 촌철살인의 명언들, 좌우명이 될 수도 있기에 뽑아 인용했다.

큰 그릇이 되려면? 정당하게 평가받으려면? 상대방도 너와 똑같은 자존심을 가지고 있다.

(p.30)

최고 인생을 위한 매일의 마음가짐? 한 가지 일에 심혈을 기울려라. 한 번에 한 가지 일만을 하면 하루 동안에 많은 시간이 있으니 여러 가지 일을 할 수가 있다. 한 번에 두 가지 일을 하게 되면 1년이 있어도 시간은 모자란다.

(p.58)

자기의 '틀'이 굳어지기 전에 올바른 판단력과 분석력을 위해 하루 30분간 '역사'에 흥미를 갖고 독서 습관을 기를 것. 나는 역사에서 이런 것을 배웠다. 시간 절약을 위해 역사적 대사건을 중심으로 공부를 하고〜.

(p.74)

설득력 있는 화술(話術)과 자기의 의견을 갖기 위한 올바른 판단력을 길러라. 지식은 풍부하게, 태도는 겸손하게, 의견을 말할 때 단언하지 말아라.

(p.100)

타인을 '있는 그대로 평가하는 눈' 즉 우정을 이렇게 키워가라며 설득력 있게 편지에 썼다. 친구는 네 인격을 비추는 거울이라고 했다.

(p.130)

인간관계의 비결에 교제의 대원칙은 '남이 어떤 일을 해주었을 때 네가 가장 기뻤는가를 생각해 보라. 대화를 독점하지 말라. 상대에 따라서 화제를 고른다.

(p.144)

사람과 사귀는 법, 예의범절을 지키는 것이 중요하다. 자기를 억제하고 상대편에게 맞추려고 하는 것이 기본이다.

(p.185)

경쟁상대 라이벌(Rival)에 이기는 방법을 말해주었다. 좋은 라이벌의 존재가 일을 성공시키는 열쇠가 된다. 자기가 싫어하는 사람에게 사려 깊은 태도로 접하려면 어떻게? 만일 상대가 갖가지 술수로 고의적으로 너를 모욕하거나 경멸한다면 주저할 것 없이 때려눕혀도 좋다. 그러나 비난을 당한 정도라면 겉으로는 예의 바르게 행동해야 한다. 세상에는 개인적인 취향이나 질투 때문에, 심술, 증오, 원한 등이 소용돌이치고 있다. 자기편이라도 언제 적으로 변할지 모르며, 적도 언제 자기편이 될지 모른다. 그렇기에 마음속으로는 미워하면서도 표면으로는 상냥하게 대하고 사랑하면서 신중하게 될 필요가 있는 것이다.

(p.214~215)

쓸모없는 사람이라도 필요 이상으로 냉담하게 대하여 적으로 만들지 말라. 재치가 넘치고 매력적인 인물과 상종하는 경우라도 흠뻑 빠져서는 안 된다. 판단력을 잃지 말고 적당히 상종하는 것이 좋다.

일을 능률적으로 성취하는 비결

'최고의 인생을 위해'한 말이다. '오늘 1분을 비웃는 자는 내일 1초에 운다,'(p.43) 겨우 20분이니까, 30분이니까 하고 우습게 생각해서 아무것도 하지 않으면, 1년 뒤에는 엄청난 시간의 손실을 보게 된다. 짧은 시간도 최대한으로 이용하라. 화장실에 들어가 있는 잠시도 유효하게 이용하라고 한다. 어렵지 않게 읽을 수 있는 것, 꼭 책이 아니더라도. 그리고 하루의 일과도 일의 순서를 잘 정하면 시간을 절약하며, 능률적으로 일을 진행할 수 있다고 강조했다. 아무리 능력이 있어도 순서를 정하지 않고 일을 하면 당황하고 혼란해진다.

사랑받으며 존경심을 갖게 하는 방법

'언동言動은 부드럽게, 의지는 굳건하게' 이 말만큼 인생의 모든 경우에 활용할 수 있는 말은 없다고, 해도 좋을 것이다. 언동의 유연함과 의지의 굳건함을 겸비하는 것이야말로 경멸당하지 않고 사랑받으며 미움을 받지 않고 존경심을 갖게 하는 유일한 방법이며, 이 세상의 지혜로운 자가 모두 몸에 익히고 싶어 하는 위엄을 몸에 갖추는 방법이기도 하다. (p.195)

의지는 굳센데 언행이 부드럽지 못한 사람은 용맹스럽고 사나울 뿐인 인간이 될 것이다. 무엇이나 힘만으로 밀어붙이려고 한다. 상대가 마음이 약한 사람이면 마음먹는 대로 일을 추진할 수 있지만, 그렇지 않는 경우에는 분노와 반감을 살 것이다. 또 언동이 부드러운 교활한 사람이라면, 어리석은 사람은 속일 수 있어도, 그 밖의 사람들은 기만할 수가 없다. 금세 가면이 벗겨져 버린다. 그래서 강한 의지일수록 부드러움으로 감싸라. 부드러움 만으로도 일은 성취되지 않는다. 절대로 물러서지 않는 끈기와 품위를 잃지 않는 집요함으로, 의지가 얼마나 강한가를 보여주는 일이 중요하다.

지도자로서 명령할 때

공손한 태도로 명령을 내리면 기꺼이 받아드릴 수 있다. 강압적인 명령은 쓸데없는 열등감을 갖게 한다. 기분 좋게 명령에 따르도록 배려하는 것도 필요하다. 윗사람에게 부탁할 때나 당연한 권리를 요구할 때도 공손한 태도로, 끈기와 품위를 잃지 않는 집요함으로, 의지가 얼마나 강한가를 보여주는 일이 중요하다. 집요함에 지거나, 원한을 사는 것이 두려워 고개를 끄덕이는 경우가 많이 있다. 들어주지 않으면, 평생을 두고 원망하겠다는 듯이 쌀쌀한 태도를 위장하여 두려움을 갖게 해라.

온유하고 내성적이며 항상 길을 양보하는 사람은

사악한 인간, 남의 고통을 이해하지 못하는 인간에게 짓밟히고, 바보 취급을 받을 뿐이다. '항상 길을 양보하는 것'과 '유연한 것'과는 다르다. 능력 있는 사람은 내면은 신중하더라도 겉으로는 싹싹하고 개방적인 것처럼 보이게 함으로써 상대방의 방어를 풀어버린다. 자기의 적에게는 부드러운 태도로 마음을 열도록 만들어야 한다. 근데, 부주의하게 아무 말이나 지껄여 버리면, 대개는 그 말이 인용되어 자기들 편리한 대로 이용되기 때문에, 신중함이 중요하다. 비즈니스에서는 상대방의 속마음을 읽느냐 못 읽느냐가 성공의 열쇠다.

살아가는 지혜의 근본은 감정을 겉으로 나타내지 않는 것 (p.202)

마음속을 남한테 읽히면 남을 거느릴 수가 없다. 그리고 아무 일도 성취할 수가 없다. 속마음을 간파당하지 않도록 감정을 감추는 것은 방패를 드는 것과 마찬가지며, 기밀을 보전하는 것은 갑옷을 입는 것과 같은 것이다. 살아가는 지혜의 근본은 뭐니 뭐니해도 감정을 겉으로 나타내지 않는 것, 싫은 얘기 들으면 노골적으로 화를 내거나 표정을 바꾸는 사람, 좋은 얘기를 들으면 펄쩍 뛰면서 기뻐하는 사람들은 교활한 인간이나 능청맞은 사람의 희생물이 되기 쉽다. 만일 네가 비꼬는 듯한 말을 들으면 가장 좋은 방법은 못 알아들은 체하는 것이다. 절대로 같은 말투로 반박을 해서는 안 된다.

개인적인 중상이나 추문은 모르는 척, 들은 일이 없는 척…

허용된 거짓말을 적절히 쓰도록 하라. 모르는 체한다는 것은 어떤 경우에는 도움이 되는 지혜이다. 이런 얘기를 아십니까? 설사 알고 있더라도 '모르는데요.' ~정보를 수집하는 최고의 방법이기도 하다. 모르는 척, 시치미를 떼면 정보를 입수하기에 좋고, 음모나 나쁜 계략과는 관련이 없는 인물이라고 상대는 믿게 된다. 소개하고 싶은 내용은 참으로 많다. 지면 관계로 생략함이 자못 아쉽다. 독자들께 훌륭한 책을 소개한다는 취지에서 몇 개의 작은 소제를 옮겨보았다.

필자는 『아버지가 아들에게 보낸 편지』를 30여 년 전에 읽었고, 지금 수필을 쓰기 위해 두 번째 읽고 있다. 크게 감명을 받은 나머지, 그이에게 자식들에게 남기고 싶은 말이나 인생의 지침서를 간략하게 써보면 어떻겠느냐고 물어보았다. 그이는 평소에 누누이 말해 왔는데, 뭘 새삼스럽게 글로 적어야 할 필요가 있느냐고 반문했다. 그래서 그이가 자식들에게 자주 하던 이야기를 몇 줄 적어본다.

그이가 자식들에게 자주 하는 말?

자식 셋 다 교수다. 대학사회는 일반직장과 달라서 정년 퇴임할 때까지 오랜 세월 한 직장에서 생활한다. 특별한 사건이 없는 한 대학에서 매일 본다. 좋든 나쁘든 등 뒤에서 남의 말을 하지 마라. 좋은 칭찬이라도 앞에서 말하지 마라. 아예 남의 말을 하지 마라. 남의 말을 옮기지도 마라. 말이 옮겨지는 동안에 변형되어 잘 못 전해지고, 오해하게 된다.

동료들 사이에서도 감정을 노골적으로 드러내지 마라. 개인적인 험담이나 추문은 들었어도 들은 적이 없는 척, 누가 물으면 모르는 척해라. 음모나 나쁜 계략에 휩싸일 말미를 아예 주지 마라. 자식들도 아버지의 경험담을 주의 깊게 듣고 실행하는 것 같다. 자식들은 점심시간에 교수 식당에서 동료들과 어울리기를 때로는 경계한다고 했다. 특히 교내에 시끄러운 이슈 거리가 나돌고, 논란이 있을 때는….

그이는 아이들이 중·고등 학교에 다닐 때와 손주들에게도 자투리 시간의 활용을 강조했다. 화장실에 앉아있는 단 몇 분간이라도 영어단어나 고사성어故事成語 같은 짧은 몇 마디를 작은 카드로 만들어 비치해두고 보라고 했다. 옛날 당신이 미국에서 박사과정 때 영어는 물론, 제2외국어 불어 시험을 통과해야 했다. 도저히 시간이 없었다. 옛날에는 한국 유학생 대부분이 아르바이트하며 공부했다. 그런 환경에서도 불어 시험에 통과했다고 했다. 불어 단어 카드를 만들어 화장실 코너에 비치해두고 자투리 시간을 활용했다고 했다. 그이는 하루에 단 10분이라도 일주일, 한 달, 일 년이면 몇 시간이 된다고 입이 아프도록 자식들에게 일러주었다. 암모니아가 발생하는 곳이라 '황금 문학'이라며 농담을 곁들였다.

열심히 노력하자. 서로 사랑하자. 감사할 줄 알자. 그 무엇보다도 건강이 제일이다. 이 4가지를 가훈으로 자주 말한다.

퇴고(推敲)에 관한 재미있는 일화

◆ 『고문진보(古文眞寶)』(崔仁旭 譯) 『東洋 故事成語』(1982 · 弘新文化社)

백낙(伯樂)과 천리마(千里馬) 이야기

『고문진보』는 중국의 주周(BC 11세기 중엽~790년 역사) 나라에서 송宋(960~1279) 대에 이르는 동안의 뛰어난 시와 문장을 수집하여 분류한 책으로 450여 쪽 된다. 필자는 1964년 을유문화사 출판, 최인욱 선생 번역본을 가지고 있다. 전집은 시詩 217편, 후집은 문文 사辭 부賦 등 67편이 수록돼 있다. 우리가 잘 알고있는 도연명, 이백, 두보, 백낙천, 한유, 소동파, 구양수 등의 대표작품도 『고문진보』에 담겨있다. 중국 삼국시대 촉나라 재상 제갈공명諸葛孔明의 「출사표(出師表)」도 있다. 동양고전의 시문 공부에 좋은 자료라고 생각한다.

한문 고전은 고려 말에 우리나라에 수입되었다. 세종대왕이 훈민정음을 창제(1443)한 것은 세종 25년이다. 우리나라가 한문 문화에 의존하다가 유럽과 미국 등에서 수입한 신문화新文化에 접한 것은 개화開化 이후 1950년대이다.

필자는 중고등학교 때 국어 교과서에서 주자朱子의 「권학문(勸學文)」을 배웠다. 청년들아, 배울 수 있을 때 힘써 배워라. "세월부대인歲月不待人, 세월은 나를 위해 기다려주지 않는다." 같은 말도 책의 앞부분에 실려있다. (주자의 권학문 중에서)

소년이노학난성(少年易老學難成)	소년은 늙기 쉽고 학문은 이루기 어렵다.
일촌광음불가경(一寸光陰不可輕)	짧은 일 순간도 가벼이 여기지 마라
미각지당춘초몽(未覺池塘春草夢)	연못가 풀이 봄 꿈도 아직 깨지 않았는데
개전오엽이추성(階前梧葉已秋聲)	섬돌 앞 오동나무 잎은 벌써 가을 소리를 내네.

'퇴고(推敲)'에 관한 재미있는 일화 (잡설 한퇴지, p.221)

당나라 때 가도賈島는 가난한 집 출신으로 과거에 몇 번 낙방하고, 절망감에 빠져있다가 출가하여 중僧이 되었다. 절에 머물며 시詩를 공부했다. 어느 날 당나귀를 타고 가다가 떠오른 시구를 골똘히 생각하다가 그만 실수로 조정 대신의 수레와 충돌했다. 당나귀를 탄 한 남자가 관원의 의장대에 부딪힌 것이다. 그 대신은 장안 수도를 지키고 다스리는 관직 경조윤京兆尹의 당대 최고의 문장가요, 정치가이며, 사상가인한퇴지韓退之였다.

한퇴지는 시종을 시켜 의장대에 끼어든 자의 이유를 물었다. 이름은 가도인데, 시를 짓다가 승僧은 월하月下 문을 '두드린다' 고敲로 해야할지, '밀다' 퇴堆,로 해야 할지 망설이다가 행렬에 부딪히는 불경을 저질렀다고 사과했다. 경조윤의 의장대를 방해한 범법 행위자이지만, 한유는 가도와 친교를 맺었다니 어디 상상이나 될까? 멋있는 일화라고 생각한다. 그 시문은 이러하다.

새는 못가의 나무에서 잠자고,   '조숙지변수(鳥宿池邊樹)'
중(스님)은 달 아래 문을 두드린다.   '승고월하문(僧敲月下門)'

이란 두 구절이다. 당나라 최고 문장가 한퇴지는 문을 밀다의 퇴推보다는, 두드린다의 고敲가 더 어울린다고 말했단다. 이때부터 시문이나 논문의 원고수정을 '퇴고推敲'라고 했다. 영화의 한 장면을 감상하는 듯, 멋있는 일화라고 생각하여 옮겨보았다. (고문진보. p.221)

백낙(伯樂)과 천리마(千里馬) (잡설, 한퇴지, p.221)

18세기까지도 인류가 사용할 수 있는 에너지 동력은 사람이나 가축의 힘을 대부분 사용했다. 풍력이나 수력도 지형 즉 장소의 제약을 받았다. 소, 말, 조랑말 등은 사료를 조달하는 문제도 있었지만 손쉽게 다룰 수 있었다. 가축 중에서도 농사에는 소가, 빠른 기동력에는 말을 최우선으로 꼽았다. 특히 전쟁 때 날쌘 말은 최고 무기의 하나였다.

한유의 「잡설(雜說)」 중에 천리마와 짐말에 대한 글이 나온다. 세상에 백락이 있고, 그런 다음에 천리마가 있다. 천리마는 항상 있으나, 백락은 항상 있지 않다. 명마名馬가 있다 하나, 노예의 손에 학대를 당하다가 마굿간에서 죽통이나 발판 사이에서 다른 범마凡馬들과 같이 병사騈死하고 만다. 아, 명마가 없는 것이 아니라, 명마를 알아보는 백락이 없는 것이다!

천리마를 직역하면 하루에 천리千里(400km)를 달리는 지구력 있는 말을 뜻한다. 이 글의 주된 의미는 영웅호걸은 반드시 자기를 알아주는 사람을 만나야 재능을 펼 수 있다는데 비유한 글이다. 군왕을 알려면 그의 사람 쓰는 바를 보면 안다고 했다. 21세기도 정확하게 들어맞는다. 국토가 넓고 지하자원이 풍부하다 할지라도 통치자가 잘못하면, 그 나라의 운명은 밝지 못하다.

지구촌 난민의 '디아스포라(Diaspora)'와 '보트피플(Boat People)'

디아스포라는 특정 민족이 기존에 살던 땅을 떠나 다른 지역으로 이동하여 집단을 형성하는 것을 말한다. 유엔난민기구(UNHCR)에 따르면 테러와 정치적 괴롭힘 등으로 2020년 지구촌 난민이 8240만 명에 이른다고 했다. 나라의 지도자를 잘 못 만나면 그 국민은 국제이민으로 전락하게 된다. 예로 종교적 갈등으로 인한 이스라엘과 팔레스타인, 1973년에 미국이 베트남전쟁을 포기하고 미군이 철수하자 북베트남이 남베트남을 정복하여 사회주의 국가가 형성되었을 때, 자유 진영의 베트남사람들은 보트를 타고(Boat People) 세계 각국으로 흩어졌다. 천리마를 알아보는 백낙을 훌륭한 인재를 알아보고 등용하는 국가 지도자에 비유하여 보았다. 『고문진보』에는 중국인의 지혜와 철학, 문학의 정수가 담겨있다.

『東洋 故事成語』(1982 · 弘新文化社)

『고사성어』는 동양에서 한문 사용 문화권인 중국 한국 일본에서 사용하는데 우리의 생활감정이 되어 왔다. 그중에서 대부분은 우리말로 토착화하여 속담으로 일컬어지는 것도 있다. 격언과 속담의 의미를 추적하는 데도 도움이 된다.

글을 써보고 싶은 사람이나 문학을 공부하는 사람은 필수로 한 권은 있어야 한다. 동양의 역사와 문학을 이해하는 데 필요하다. 서양으로 말하면 그리스 로마의 신화를 알아야 유럽 문학을 제대로 이해할 수 있듯이.

한국의 정치인들은 고사성어에 빗대어 말할 때가 많다. 우리 국민이 익히 알고 있는 말들, 이를테면 실큰 이용하고 필요 없으면 차버리는 토사구팽兎死狗烹, 속일 때 양두구육羊頭狗肉, 규칙을 자주 바꿀 때 조령모개朝令暮改니, 남의 예를 보고 참고하라는 식의 타산지석他山之石이니 하는 식으로…. 고사성어에는 역사와 사건과 문학이 어우러져 복합적인 의미를 전달하는 데 효과적이다.

─────── 크게 출세한 옛친구를 만났을 때, 소시민인 우리를 알아보려 하지 않을 때…

◆ 『우리를 슬프게 하는 것들』(Anton Schnack · 차경아 역)

독일의 서정시인 안톤 슈낙Anton Schnack(1892~1973)의 세계적인 명수필 「우리를 슬프게 하는 것들」을 중학교 국어 교과서에서 배웠다. 오랜 세월이 흐른 후에도 필자는 몇 문장을 기억하고 있다. 그토록 안톤 슈낙의 수필 문체는 시적이며 서정적이다. 그의 산문집 『우리를 슬프게 하는 것들』(1974) 230쪽 되는 책이 오래되어 노란색 종이가 쉽게 바스라 진다. 배울 때는 슬펐다는 기억도 생생하다. 글을 쓰려고 이 산문집을 다시 펴본다. 이 책에는 25편의 수필이 실려있다. 「우리를 슬프게 하는 것들」 소제목에서 인용한다.

안톤 슈낙은 독일 남프랑컨 주州에서 출생하여 교육을 받은 후 프랑크푸르트 등지에서 신문기자와 편집인으로 일했다. 세계 일주 여행을 한 적 있고, 두 차례 세계대전에 참전했었다. 1945년 종전과 함께 미국의 포로에서 풀려나, 독일 마인강변江邊 카알시에서 자유로운 작가 생활을 하였다. 그의 작품으로 몇 권의 시집과 장편소설도 있지만, 그는 산문의 대가로 명성을 얻었다.

우리를 슬프게 하는 것들

울고 있는 아이의 모습은 우리를 슬프게 한다. …숱한 세월이 흐른 후에 문득 발견된 돌아가신 아버지의 편지. 편지에는 이런 사연이 씌어 있었다.「사랑하는 아들아, 네 소행들로 인해 나는 얼마나 많은 밤을 잠 못이루며 지새웠는지 모른다…」대체 나의 소행이란 무엇이었던가. (생략)

동물원의 우리 안에 갇혀 초조하게 서성이는 한 마리 범의 모습, 언제보아도 철책가를 왔다갔다하는 그 동물의 번쩍이는 눈, 무서운 분노, 괴로움에 찬 포효, 앞발에 서린 끝없는 절망감, 미친듯한 순환, 이 모든 것은 우리를 더없이 슬프게 한다.(중략)

옛 친구를 만났을 때. 그것도 이제는 그가 존경받을만한 고관대작, 혹은 부유한 기업주의 몸이 되어 몽롱하고 우울한 언어를 조종하는 한낱시인밖에 될 수 없었던 우리를 보고 손을 내밀기는 하되, 이미 알아보려하지 않는 듯한 태도를 취할 때. 사냥군의 총부리 앞에 죽어가는 한 마리 사슴의 눈초리는 우리를 슬프게 한다.

날아가는 한 마리 해오라기, 추수 끝난 후의 텅 빈 밭과 밭, 술에 취한여인의 모습, 어린 시절 살던 조그만 마을을 다시 찾았을 때 그곳에는 이미 아무도 당신을 알아보는 이 없고, 일찍이 뛰놀던 놀이터에는 거만한붉은 주택들이 들어서 있는 데다, 당신이 살던 집에서는 낯선 이의 얼굴이 내다보고, 아카시아 숲도 이미 베어 없어지고…. 어찌 이것뿐이랴.

거만한 인간, 휴가의 마지막 날, 굶주린 어린아이의 모습, 철창 안으로보이는 죄수의 창백한 얼굴, 무성한 나뭇가지 위로 내려앉는 하얀 눈송이…. 이 모든 것 또한 우리의 마음을 슬프게 하는 것이다.

('우리를 슬프게 하는 것들' 중에서, p.7~11)

「학창시절의 친구들」을 회상하는 글에는 몃 명의 옛 친구들이 나오는데 어쩌면 개구쟁이 어린 시절을 눈으로 보는 이상으로 그려내는지? 그것도 슬픈 톤tone으로 그렸는데, 안톤 슈낙은 성품 자체가 낭만성과 서정성을 몽땅 지닌 데다가 유년 시절을 보낸 곳이 강변과 숲이라 자연의 신비와 비밀을 알아내고 자연과 합일된 생활을 했기에 그토록 풍부한 감수성이 강조되었을까? 필자는 그의 글을 읽으면 신비롭게 빠져들어 간다.

그의 수필 「마인 江의 木材 화물선」을 읽으면 화물선 따라 마인 강변의 프랑크푸르트 경관을 화면으로 보는 것 같다. 라인 지대의 시커먼 석탄을 싣고 마인강을 거슬러 올라왔다가 갈 때는 껍질을 벗겨 잘 다듬어진 목재를 짐 더미 같이 싣고 라인강 쪽으로 되돌아가는 풍경을 보고, 숲속에서 자란 어린 시절을 회상하는 글이다. 이때 안 톤 슈낙은 숲을 지나가는 바람 소리, 새 지저귐, 각종 나무 향내, 개구쟁이 시절에 물에 빠져 죽을 뻔했던 추억과 기억을 생생히 되살려내는 것이다.(p.216)

어린 시절을 보냈던 마인강변!

마인강에서 사슬로 배를 끄는 예선曳船이 지날 때 배의 울음소리는 대단한 모험심을 불러일으켰다. 「마인강의 예선」이란 글에 있는 이야기다. 프랑컨에서의 소년 시절, 터무니없이 용기에 충만해 있던 시절, 빈번히 물에 빠져 죽을 뻔했다. "진흙투성이로 물을 뚝뚝 흘리며, 입과 뱃속에는 올챙이처럼 물을 먹은 몰골로 건져 내어져서는, 욕지거리를 하는 모래 파는 인부에 의해 흠뻑 젖어 달라붙은 머리칼을 잡히거나, 어부의 손에 멱살을 움켜잡힌 채, 고기잡이 통과 타아르 칠한 두레박이 있는 강변으로 질질 끌려갔었고, 마침내 목구멍으로부터 먹은 물을 토해내었다. (p.39)

젊은 날의 역사를 아아치(arch)처럼 뒤덮고 있던 나무들!

아들의 세대와 아버지의 세대, 할아버지의 세대, 서투른 붉은 수염에 고드름을 달고 눈 속에 묻혀 사냥하던 무리들. 할 것 없이 온갖 인간의 종족이 스쳐 지나간 나무들. 헤아릴 수 없는 갖가지 모험이 그곳 초록의 어스름 빛 속에서 일어났었다.

…목재를 실은 거창한 배의 행렬은 …순식간에 강 따라 저편 아래쪽에 있는 또 다른 다리의 아아치 밑으로 사라지고 있었다. …이렇게 휘몰아쳐 간 목재 화물선…, 수목에 의해 단련되고 나뭇가지의 살랑거림과 그 그늘로 채워졌던 세월은 결국 한 줌의 톱밥 이외에는 아무것도 아니었던 것이다. 날이 선 아가리, 상어 이빨 같은 톱날의 아가리에서 부스러져 떨어진, 그리하여 바람에 이리저리 흩날려 버려진 톱밥. 그것은 바로 라인강변에서 서성거리고 있는 이 사나이의 추억의 모습과 똑같은 것이었다.

(p.218)

이 책에는 짧은 수필이 여러 편 몇 실렸는데 재미있고, 문체는 아름다우며, 서정적 서경적이라 좀 슬프다. 교육적 명상적 수필이 빼곡하게 담겨있다. 독자님께 일독을 권한다.

인도의 국부로 추앙받는 시인, 명상적인 시구(詩句)는 청량제와 같다

◆ 『타고르 순결한 詩人의 혼』(라빈드라나드 타고르 · 강영수, 박장미 공편)

　인도의 시인 타고르Rabindranath Tagore(1861~1941)는 『기탄잘리 · 神에게 바치는 송가』(1909)로 1913년 아시아의 첫 노벨 문학 수상자가 되었다. 타고르는 인도의 교육과 독립운동에도 힘을 쏟았다. 그가 작시 · 작곡한 「자나 가나 마나」는 인도의 국가國歌가 되었다. 간디M. Gandhi와 함께 인도의 국부로 추앙받는다.

　이 책은 330페이지에 달하는데 『기탄잘리 · 神에게 바치는 송가』 외에도 많은 시가 수록돼 있다. 그의 작품으로는 시집 외 희곡, 소설, 평론집 등이 있다. 타고르의 시집에 『신월(新月)』과 『정원사(庭園師)』가 있는데 그 책 주제 시들도 이 책에 게재돼 있다. 그의 시에는 명상적인 시가 많은데 삶과 죽음, 기쁨, 영원, 선善, 죄악, 영혼, 기도, 고통, 활동의 기쁨과 노동, 지성, 인격, 그리고 시와 예술 등을 두루 조명하였다.

「기탄잘리」 '神에게 바치는 송가(頌歌)'

타고르의 '님'은 신, 고독, 사랑, 여행, 삶 등의 노래 중에 은유하였다. 이 책에는 인격, 평화, 기쁨, 영원, 사랑, 노동, 삶과 죽음 그리고 예술과 정서 등 명상의 세계를 노래했다. 아일랜드의 시인 예이츠W. B. Yeats는 타고르의 시집 서문에 '타고르의 시 한 구절 한 구절은 이 세상의 온갖 걱정을 잊게 해주는 청량제와 같은 역할을 한다'고 했다. 이 책의 서문에 있는 내용이다.

> 떠나겠습니다. 안녕히 계십시오, 형제여! 나의 모든 형제에게 절하며 작별합니다. 이곳, 나의 집에 대한 모든 권리도 포기했습니다. 오로지 그대들로부터 마지막 다정한 말씀을. 우린 오랫동안 이웃이었습니다만, 주기보다는 받은 것이 많습니다. 이제 날이 밝아 어둔 내 구석을 밝히는 초롱도 꺼졌습니다. 부르는 소리가 들립니다. 나는 여행의 준비를 하고 있습니다.
>
> (p.10)

명상(冥想)은 진리 속으로 들어가는 것

> 나는 우주의 창조주를 숭배해야 할 힘에 대해서 명상한다. 신은 우리의 명상의 대상이다. 신은 이 세계를 무한한 창조력으로 창조한다. 완전한 것, 무한한 것, 영원한 것을 뜻하는 상징적인 말이다. 신의 힘의 나타남은 무엇일까? 하나는 대지, 대기, 별, 하늘이며, 또 하나는 우리들의 〈의식〉이다. 명상하는 것은 나 자신을 벗어나서 만물과 하나가 되기 위해서다.
>
> (p.266~268)

산스크리트어로 아버지란 말은 어머니란 뜻도 내포하고 있다 (p.273)

> 우리는 사랑으로부터 태어난다. 우리의 관계는 사랑이다. 우리는 느낀다. 아버지와 어머니는 신과 우리와의 영원한 관계를 나타내는 참된 상징임을. … 아기는 어머니의 활동을 모두 알고 있을 수는 없지만, 그녀가 자기의 어머니란 것을 알고 있다. 그와 마찬가지로 나는 신에 대해서 다른 일은 모르지만 〈당신은 내 아버지다〉라고 할 것은 알고 있다. 내 의식 전체가 '당신은 내 아버지입니다'라고 하는 이 생각에 불과도 같이 타게 해주소서.
>
> (위대한 진리, p.274)

인도는 대영제국의 식민지(1858~1947)였다. 2차 세계대전이 끝나면서부터 인도자치령과 파키스탄*이 영국으로부터 독립했다. 타고르 시인은 인도가 독립하기 6년 전에 세상을 떠났다. 동병상련의 정일까? 그의 글은 가슴에 더 가까이 와닿는 것 같다.

「동방의 등불(The Lamp of the East)」

타고르는 일제 강압 시절에 우리 국민에게 두 편의 시를 주었다. 「동방의 등불(The Lamp of the East, 최남선, 1916년 받음)」이란 시를 주어 위로와 희망을 주었다. 우리 국민에게 친밀감을 주는 시인이다. 「패자의 노래(The Song of Defeated)」란 시를 주었는데 번역문이 길어서 생략한다. 시 「동방의 등불」이다. (p.328)

---

* 현 방글라데시 옛 동부 파키스탄 지방

일찍이 아시아의 황금 시기에 빛나던 등촉의 하나인 조선
그 등불 한 번 다시 켜지는 날에 너는 동방의 밝은 빛이 되리라.
마음엔 두려움이 없고 / 머리는 높이 쳐들린 곳
지식은 자유스럽고 / 좁다란 담벽으로 세계가 조각조각 갈라지지
않은 곳
진실의 깊은 곳에서 말씀이 솟아나는 곳
끊임없는 노력이 완성을 향해 팔을 벌리는 곳
지성의 맑은 흐름이 굳어진 습관의 모래벌판에 길 잃지 않은 곳
무한히 퍼져나가는 생각과 행동으로 우리들의 마음이 인도되는 곳
그러한 자유의 천당으로 나의 마음의 조국 코리아여 깨어나소서.

(1929.4.2. 『동아일보』 주요한 옮김)

이 책 서두에 있는 "동양의 젊은이들에게"란 소제목에 있는 내용이
다. (p.15) 이 구절은 책의 앞표지 날개에도 적혀 있다.

해 돋는 자리의 나의 친구여!

나의 친구여! 나는 먼 시대의 저편에서부터 지혜와 열망으로 빛나는
여러분의 젊은 얼굴들을 눈여겨 보아왔습니다. 나는 지금 해지는 바닷가
에 서 있습니다. 그러나 여러분은 해돋는 자리에 서 있습니다. 내 가슴은
여러분의 가슴에 다다르고 있으며, 여러분을 축복하고 있습니다. 나는
여러분을 부러워합니다. (중략)

인간의 전 역사에서 가장 위대한 시기의 하나에 속한다는 것은 여러
분에게 얼마나 영광스러우며 또한 책임이 있는 것이겠습니까! 우리는 고
통과 수난의 빛 속에서 이 시대의 위대함을 막연히 깨닫습니다. 지금의
고통은 세상을 뒤덮고 있습니다. 그것이 또 앞으로 어떻게 될지는 알 수
없습니다. ….

(본문 p.15~16)

체면, 격식, 성공, 행복에 관하여

왕자와 평민 아이 중, 누가 더 행복할까?『기탄잘리』(8편)를 읽으며 생각했다.

> 「아이에게 귀공자의 옷을 입히고 보석이 잔뜩 꿰인 목걸이를 걸어주면 아이는 놀아도 전혀 즐겁지 않습니다. 아이가 걸을 때마다 거치적거리기에 부딪히면 닳아버릴까, 더럽혀질까 두려워, 세상에서 움직이는 걸 겁내고, 결국은 그것과 멀어집니다. 그리하여 이 땅의 싱싱한 흙으로부터 차단되고, 모든 사람들과 함께 펼치는 위대한 축제에 입장할 권리마저 빼앗겨버린다면 어머니시여! 당신의 호화스런 치장은 아무 소용도 없습니다.」
>
> (p.23)

사실적인 몇 줄의 표현으로 인간의 마음을 꿰뚫는다. 우리나라 역사에 혈통 왕권이라 하여 똥오줌 겨우 가리는 어린아이가 왕좌에 앉아, 60, 70세 되는 충신과 신하들에게 국가의 시책을 지시해야 했던 시대가 있었다. 이 시대를 역사드라마로 엮은 것이 많다. 역사를 통하여 배우고 뉘우치며 통탄할 때도 있다.

내 생명의 등잔불은 불어오는 부드러운 바람에도 꺼져갑니다. (시 99편) 풍파에 시달린 나의 배는 이 항구에서 저 항구로 다시는 떠돌아 항해하지 않을 것이다. (시 100편) 내가 떠나가는 이 시간에 행운을 빌어주십시오. 나의 친구들이여! 하늘은 노을로 붉게 물들었고 나의 길은 아름답게 놓여있습니다. 무엇을 가지고 떠나가느냐고 나에게 묻지 마십시오. 나는 빈손과 희망에 찬 가슴만 지니고 나의 여행을 시작합니다.
내가 처음으로 생명의 문턱을 넘어섰던 그 순간을 나는 알지 못합니다. 깊은 밤 꽃봉오리처럼 이 엄청난 신비의 세계로 나를 피어나게 하였던 힘은 무엇이었을까요? 아침에 햇살을 바라볼 때면, 나는 한순간 이 세상이 낯설지 않음을 느낍니다. 이름도 없고 형체도 없는 신비가 어머니의 품처럼 나를 감싸 안고 있습니다. 그러하듯이 죽음도, 똑같이 내가 알지 못했던 미지의 것으로 나타날 것입니다.

내가 이 삶을 사랑했기에 죽음도 사랑하게 될 것이라는 것을 나는 잘 알고 있습니다. 어머니가 오른쪽 젖가슴을 앗아가면 아기는 울음을 터뜨릴 것입니다. 그러나 바로 다음 순간 왼쪽 젖가슴에서 위안을 발견하게 되는 것입니다. (94~95편)

103편 마지막 구절엔 밤이나 낮에도 고향이 그리워서 산속의 오래된 둥지로 날아가는 학의 무리처럼, 마음을 모아서 당신에게 귀의합니다. 나의 생명을 바쳐서 영원한 고향으로 떠나도록 하십시오.

영혼이야말로 불멸의 존재로 건너가는 다리이다. (p.296)

그대 「하나」인 영혼을 알라. 영혼이야말로 불멸의 존재로 건너가는 다리이다. 이것은 인간의 종국적인 지표다. 사람에게 있는 이 「하나」를 찾아내는 일이다. 이것이 진리요, 사람의 영혼이다. 정신적인 생활의 문을 열고 천국의 문을 여는 열쇠다.

죽음은 삶의 완성이다. 종교적 시를 통해 존재에 관한 자아自我를 성찰하게 되었기에 옮겨보았다. 이 시의 독후감은 모두 존경하는 독자님의 몫으로 남겨두었다.

3부

—

디지털시대와 아날로그 세대

디지털 세대는 1970년대 중후반 출생의 젊은 세대로서 기술과 컴퓨터 · 정보화시대의 주인공들이다. 21세기 민간위성 시대를 살아가는 아날로그 세대는 지금 70대 중반 이후의 부모 세대이다. 디지털 세대가 역동적으로 변화와 도약을 원하는 소비성향이라면, 아날로그 세대는 감성에 호소하는 추억과 문화적 활동을 그리워한다.

2009년에 한국에서 스마트폰 출시 후, 2016년에 스마트폰 보급률이 91%가 되었다. 세계적인 정보와 상거래가 스마트폰으로 이동했다. 무인 자동차가 달리고, 미국에선 재난구조 로봇이 실용화 단계의 현실이 되었다. 앞으로의 전쟁은 핵무기가 아니라 인공지능(AI) 기술이 승패를 좌우할 것이다.

미국 우주로켓 탐사 기업 블루 오리진(Blue Origin) 설립자 제프 베이조스는 우주여행 티켓 경매에서 2800만 달러(약 312억)에 낙찰했고, 우주개발 업체 최고경영자 일론 머스크는 화성에 인간의 거주지(Mars, human colony, 2016.10.26)를 만든다고 했다. 이러한 시대다 보니 아날로그 시대 노인들은 어지럽고, 이방인처럼 낯설기만 하다.

2021년 노벨평화상 수상자 필리핀의 언론인 마리아 레사(Maria Ressa)는 수상 소감에서 인터넷과 소셜미디어를 '독성 쓰레기'라고 비판했다. 전 세계 청소년의 약 60%가 악의적인 사이버 폭력을 당하고 있다는 보고가 나왔다. 생활이 편리하고 가까워진 만큼 사생활의 침해도 크다.

아픔과 슬픔을 위로할 수 있는 표현, 가난과 좌절을 딛고 다시 일어설 수 있는 인내와 용기를 줄 수 있는 아름다운 말도 함께 전해지면 좋겠다. 선풀재단 민병철 이사장은 용기와 희망, 응원과 소통, 화합과 치유를 위해 경영한다니 뜨거운 감사와 박수갈채를 보내고 싶다.

각 개인의 자유와 평등을
최대한 확보하면서 공동이익을 위해…

◆ 『사회계약론 (The Social Contract)』(장 자크 루소 · 김중현 옮김)

배운 것도 없는 필자가 거창한 '사회계약론'을 운운하겠는가마는, 배경에 재미있는 가정 일화가 있다. 2020년 추석, 코로나 팬데믹에 온 나라가 '거리 두기'에 집중할 때, 추석 한가위가 왔다. 남편은 자식들이 다 모일 수는 없지만, 큰아들네를 불러 차례를 지내자고 했다. 남편은 장손 집안의 6남매 장남이다. 필자는 장손 며느리로서 차례와 기제사를 모신지도 45년이 넘었다. 80이 넘은 나이에 뼈 병을 많이 앓아 운신이 힘든다. 자식들도 못 오니, 코로나 핑계로 우리 둘이서 간소하게 차례를 지냈으면 했다.

위의 생각을 장녀에게 알렸더니 딸의 e-mail 내용에 프랑스의 정치철학자 루소Jean Jacques Rousseau의 『사회계약론』(1762)을 들먹였다. 딸의 이메일 내용이다.

'각 개인은 자유와 평등을 최대한 확보하면서 공동이익을 지키기 위해 하나의 약속을 하고, 국가를 형성한다. 이 약속이 사회계약이다. 주권자인 개개인 상호 간의 약속이며, 지배자에 대한 복종을 뜻하는 것은 아니다. 자식들이 분별력이 생기는 나이가 될 때까지 아버지가 대신 그들의 생존과 행복을 위해 이런저런 조건들을 정할 수는 있지만, 그 누구도 그들의 자유를 마음대로 처분할 권리를 갖지 못한다.'라고 했다.

인간의 자유란 '원하는 것을 할 수 있는 데 있는 것이 아니라, 원하지 않는 것을 하지 않는 데 있다'고 했다. 루소가 지하에서 들었다면 웃었을까? 가부장적인 아빠는 권위주의적으로 언제나 엄마를 몰아붙이는데. 40여 년간 대가족 큰며느리로서 명절차례와 조상들의 기제사를 주관해 왔다. 시부모님은 6남매를 두셨고, 사촌들까지 모이면 한때는 현관에 신발 둘 곳이 협소했다. 그 어려운 시기도 묵묵히 해냈다. "엄마도 80이 넘었으니 이제는 목소리를 낼 때도 됐어요. 언제까지 기죽어 시키는 대로만 하실래요."

딸은 늘 엄마가 순진하고 불쌍하다며 답답해한다. 엄마는 꾀도 없고, 융통성도 없으며, 꽉 막혔다고 한다. 『세계의 명언』집에도 "우리는 조상을 어리석다고 생각하고, 자손은 우리를 어리석다고 생각한다." 영국의 시인 포프Alexander Pope가 한 말이다. 아빠도 협조하며, 간소화할 수도 있을 텐데…. 장녀 딸은 50대 중반이다. 영어영문학을 전공하였고, S 대학에서 가르치고 있다. 큰아들 작은아들도 나이가 50대이고, 둘 다 대학에서 가르치고 있다. 손주들도 6명이나 되는 데 그중 4명이 대학생이다.

필자는 옳거니! 하고 용기를 얻어 남편에게 반기를 들었다. 우리나라의 관혼상제 예법은 중국의 송나라 주자朱熹(1130~1200)가 사대부 집안의 예법과 의례에 관한 책 『주자가례(朱子家禮)』인데, 조선 시대(1392~1897, 518년간)에 우리나라에 들어와 사림파士林派 선비들이 그 이론을 심화시켜 제도화했다. 필자는 사림파 양반들을 곱게 보지 않는다. 서구사회가 산업혁명으로 빠르게 전환할 때 조선의 양반은 빗장을 걸어 잠그고 정치적 반대파를 서로 몰아내고 죽이는 사화士禍*에 열

---

* 신임, 무오, 갑자, 기묘, 을사사화

을 올렸다. 그리고 40여 년 후에 임진왜란이 일어났다. 필자가 존경했던 원주 치악산 자락의 박경리 여사도 살아계실 때 조선 양반들을 높게 평하지 않았다. 필자는 한때 자주 뵐 때가 있었다.

우리의 논제로 돌아오면, 왜 우리가 1000년 전의 송나라 사회풍습을 지켜야 하느냐? 그렇다면 한가위를 차례茶禮라고 하는데 말 그대로 차茶를 올리는 예이다. 왜 우리는 큰 상이 무너지랴 떡 벌어지게 차려놓고 효도하는 척하는가? 명절 때마다 며느리들이 몸살을 앓아도 남성들은 부엌에 얼씬도 하지 않는가? 목에 힘주고 큰기침만 하면 권위가 서는가? 지금이 어느 때인데? 우리도 간소화해야 한다고 힘주어 말했다.

루소가 한 말이다. "인간은 태어났을 때 자유스러웠으나 사회 속에서 무수한 쇠사슬에 얽혀져 있다."라고. 참으로 맞는 말이다, 역사를 거슬러 올라갈 것도 없다. 필자가 나의 어머니 시절을 돌아보면, 가슴 아프다. 남녀 간에 성차별이 너무 심했다. 남자는 부엌에 들어오지 않았고 물론 음식을 하지 않았으며 육아도 여성의 전유물이었다. 남자는 상에서, 여자는 바닥에서 밥을 먹었다. 남편은 아내에게 반말하고 아내는 남편에게 존댓말을 했다. 여성은 재산상속을 받지 못했다. 아직도 보수적인 대가족 집안에선 이런 분위기가 조금은 남아있을 것이다.

몽테뉴의 『수상록』에 이런 말이 있다. 결혼과 사랑에 대하여 언급하면서 "여자들이 세상에서 행해지는 생활 규칙을 용납지 않는 것은 전적으로 그녀들의 잘못은 아니다. 왜냐하면 그 규칙은 여자와 상의하지 않고 남자들이 만들었기 때문이다."(몽테뉴의 『수상록』 p.50) 이 말이 여성의 심정을 정확하게 읽는 말이라고 믿는다. 장 자크 루소도 법에 복종하는 인민이 그 법의 제정자이어야 한다고 했다. 석가모니도 한 집안의 계획은 화목함에 있다고 하였다. 시대와 형편과 처지에 맞게 형식보다는 가족의 화목을 도모하기 위하여 서로 양보하고 조정하며, 웃으며 해결할 수 있어야 하리라.

이런 내용을 필자는 e-mail로 딸과 두 며느리에게 띄웠다. 부글거리는 감정을 이불 밑에서 만세 부르고, 결국 큰아들네 식구 4명만 불러서 격식을 갖추어 간소하게 차례를 지냈다. 코로나 팬데믹 속에서…. 결혼생활 56년이 지났지만, 아직도 권위주의적인 남편의 눈치를 보며 산다. 절차가 많이 축약되었다고는 하지만, 아직도 허례허식이 많다. 조금씩 한 발짝 양보하면 안 될까? 양보하는 쪽이 큰 그릇이다. 너그럽게 사랑으로 감싸 안는 것이 포용이다. 명언하나를 인용한다. "나약한 자들을 결코 용서하지 않는다. 용서라는 것은 강한 자들만이 할 수 있는 일이다." 허구한 날 티격태격하며, 양보 없는 우리 부부는 쩨쩨하고 옹졸한 졸자들일까? 여기까지 읽으신 여성 독자께서는 한 번 웃으시길 바란다. 모녀간에 오간 e-mail 편지 내용이다.

프랑스 대혁명의 사상적 토대가 된 『사회계약론』(1762)

"루소가 나의 왕국을 무너뜨렸다" – 프랑스 왕 루이Louis 16세(재위 1774~1792) 때 프랑스 대혁명(1789.5~1799.11.9)이 일어났다. "루소가 나의 왕국을 무너뜨렸다"고 했다. 루이 16세는 미국 독립혁명을 지원하여 경제적 어려움을 겪는 중에 1788년에 기후로 인한 대흉작으로 국민은 굶주림에 시달렸다. 사치와 낭비를 일삼는 왕비 마리 앙투아네트 Marie Antoinette를 비롯한 왕정의 사치는 계속되어 프랑스경제를 파탄으로 몰았다. 프랑스는 1791년 9월 혁명으로 입헌 군주국으로, 1792년 9월에는 공화국을 선포했다. 시민혁명단체에 의해 1793년 1월에 반역자로 파리의 혁명광장 단두대에서 루이 16세와 왕비 등 관련자들은 처형되었다.

『사회계약론』표지 뒷면에는 "각 개인은 자유와 평등을 최대한으로 확보하면서 공동이익을 지키기 위해 하나의 약속을 하고 국가를 형성한다." 이 약속이 사회계약이다. 1762년 출간된 이래 격렬한 논쟁을 불러일으켰던 이 책에서, 군왕은 권력을 행사할 자연권을 가진다는 통념에 반발해, 국가와 시민 사이에는 사회적 계약이 존재할 뿐이라고 주장했다. 이로 인해 왕권신수설王權神授說에 기초해 전권을 휘두르던 절대군주들의 권력 기반은 송두리째 흔들렸고, 사회계약론은 프랑스 대혁명의 사상적 토대가 되었다.

핵심 내용은 "사람들은 체력이나 타고난 능력에서 불평등할 수 있지만, 계약에 의해 법적으로 모두가 평등해진다."(p.34) 국가의 힘을 공익이란 국가 수립 목적에 맞춰 관리할 수 있으며, 사회는 오로지 이 공통의 이해에 기초하여 다스려져야 한다. 그래서 주권자는 집합적인 존재 자체에 의해서만 대표될 수 있다. (p.35) 사회계약은 통치체의 모든 구성원에 절대적인 힘을 부여한다. (p.41) 자신에게 남겨진 재산과 자유를 전적으로 처분할 수 있다. 사회계약은 계약자들의 생명 보존을 목적으로 한다. 그래서 국가가 위기에 처했을 때 방어하기 위해 목숨을 바치는 것이다.

'군주정치'와 '공화국'에 관한 비교 (p.87~93)

군주정치에서 세습군주 왕은 국가조직의 모든 공권력이 한 사람의 손아귀에 있다. 그런 자리에 오르는 사람들은 대개 정신이 혼란스럽고 교활하며 모사를 잘 꾸미는 보잘것없는 인간들이다. 머리가 둔하고 편협하거나 지독한 군주 치하에서 해결법은 "신이 분노하여 무능하고 고약한 왕을 내려주셨으니, 하늘의 벌로 알고 그들을 감내해야 한다"는 것이다. (p.93) 여기까지 읽으신 독자님 한번 울어보세요.

법에 의해 다스려지는 모든 국가를 공화국이라 부른다. 공화정치에선 여론이 식견이 있고 능력 있는 사람이 아니면 절대로 명예로운 최고의 자리에 앉혀주지 않는다. 공화정치의 높은 직책에서 바보를 찾아보기는 드물다. 마키아벨리의 『군주론』은 왕에게 교훈을 주는 척하면서 인민에게 커다란 교훈을 주었다. 『군주론』은 공화주의자들의 책이다. (p.90)

루소의 주요 명저들

루소가 33세 때 쓴 『인간 불평등 기원론』(1755) 논문에서는 사유재산의 소유와 부유한 자가 가난한 자를 대상으로 거짓 계약을 했기에 진정한 사회계약을 맺어야 한다고 했다. 문명의 진보가 부와 권력과 사회적 특권이 불평등을 초래하여 인간의 행복과 자유를 타락시켰다고 했다. 이때 부유한 계몽주의 철학자들은 분노로 들끓었다.

1762년에 교육사상을 표출한 『에밀』과 『사회계약론』을 출간했다. 어린이의 개성과 취미와 경험을 중시하는 아동 중심적 자연주의 교육사상을 전개했다. 루소는 "인간은 태어날 때 자유로웠는데, 어디서나 노예가 되어있다." "한 인민이 복종하지 않을 수 없어 복종하는 것은 잘하는 일이다. 그런데 그 속박에서 벗어날 수 있을 때 벗어나는 것은 훨씬 더 잘하는 일이다,"고 했다. (사회계약론 p.13)

『에밀』에서 교사 중심의 전통적 교육관을 부정하고, 어린이의 개성과 취미와 경험을 중시하는 아동 중심적 자연주의 교육사상을 전개했다. 루소는 이리하여 사회의 여러 분야에서 기존의 가치관과 체제에 반론을 제기하며 교육계 종교계 고위 권력자들을 들끓게 했고 불안하게 했고 반항하게 했다. 프랑스 정부는 루소를 위험인물로 생각하여 체포영장을 발부했다. 제네바 역시『사회계약론』과『에밀』을 판매금지령을 내렸다. 루소는 프로이센 왕국으로 도피하여 프리드리히 대왕의 보호를 받았다. 여기서도 또 피신해야 했다. 그러면서 정부와 사법부에 대해 항의하는 시민들의 자유로운 집회를 강력하게 옹호했다.

루소는 노년에 영국을 떠나 다시 프랑스로 돌아와 향년 66세로 파리교외에서 뇌출혈(1778.7.2)로 숨을 거두었다. 자연으로 돌아가라. 자연은 절대로 우리를 기만하지 않는다. 인간은 본래 선하게 좋은 성질을 가지고 태어났지만, 문명이(인간의 손길이 닿자) 인간의 본성을 나쁘게 만들었다"는 계몽주의 사상가 루소! 그는 위대한 정치사상가, 교육이론가, 음악가, 소설가였다. 그가 떠난 후 11년 만에 프랑스 대혁명이 일어났다. 세월이 흐른 후 그의 유해는 파리의 팡테옹Pantheon 국립묘지에 묻혔다.

부모에게 효도하지 않으면 돌아가신 후에 후회한다

◆ 자식들의 「반포지효(反哺之孝)」

중국 명나라 약학서 『본초강목(本草綱目)』(이시진 · 1596)에 까마귀의 습성을 살핀 내용에서 '반포지효反哺之孝'란 말이 유래됐다. 까마귀는 알에서 부화한 지 두 달 동안은 어미가 새끼에게 먹이를 물어다 준다. 새끼가 다 자라면 먹이 사냥이 힘든 늙어 어미에게 새끼가 먹이를 물어다 준다. '까마귀의 효성'이란 의미로 자식이 자라서 어버이의 은혜에 보답하는 효성을 이르는 말이다. 그래서 까마귀를 '반포조反哺鳥' 또는 '인자한 까마귀 자오慈鳥'로도 불린다.

중국 고사 이야기다. 진무제晉武帝가 관료 이밀李密의 인품을 높이 인정하고 높은 벼슬을 내렸는데 늙은 할머니의 병환을 돌보기 위하여 사양했다. 이에 진무제는 크게 노하였다. 이때 이밀은 자신의 처지를 '반포지효'의 마음으로 늙으신 할머니를 돌아가시는 날까지만 봉양하게 해주십시오 하고 진정사표陳情事表를 올렸다. 내막인즉 이밀이 부친을 일찍 여의고 조모 밑에서 양육되었다. 부모에게 효도하지 않으면 돌아가신 후에 후회한다, 부모불효사후회父母不孝死後悔란 내용이었다. 이에 진무제는 감동하여 노비와 식량을 하사했다고 한다.

우리나라에 첫 코로나 환자가 발생(2020.1.20)했다. 세계보건기구 WHO(2020.3.11)는 「코로나바이러스, Covid 19」의 팬데믹Pandemic을 선언했다. 그 후 2년이 지나도록 세계시민의 발은 족쇄로 묶어져 있었다. 코로나 3년째 접어드니 요즘(2022.6. 현재)은 오미크론 5, '원숭이 두창'하지만 한결 누그러졌고 마음에 여유도 생겼다. 이제 한강공원의 인파들은 마스크 벗고 모임을 즐긴다. 백신 접종 4차까지 맞아서인지 한결 안정되어가는 분위기다. 2021년, 작년까지만 해도 좌불안석이었다.

인류가 코로나바이러스의 팬데믹 족쇄에 끌려가기, 3년으로 접어들었다. 열심히 마스크를 쓰고, 온갖 위생 규칙을 지키며 면역 백신 화이자 Pfizer, 모더나Moderna, 아스트라제네카AstraZeneca 등을 맞았다. 그러나 바이러스는 변형을 거듭하며 위협적이었다. 우리 부부는 80 넘은 고령인데 지병까지 있어서 위험군에 속한다. 이에 자식들은 긴장하며 노부모 돌봄에 효성을 다하고 있다.

장녀는 평소에도 친정 노부모의 건강과 집안 처리에 온갖 정성과 사랑을 쏟아왔다. 따로 살지만, 친정을 향해 안테나를 세워 두고 관심과 사랑을 보낸다. 우리 부부는 여의도에서 지난 45년간 한 번도 이사하지 않았다. 대대 장손 집이라 오래된 살림살이라 정리할 것도 만만찮다. 아파트도 지은 지 50년이라 배수관 누수로 위아래층 사이에 문제도 자주 발생한다. 한마디로 집도 사람도 고령에 이르렀다.

장녀는 계획하고 벼려 딸과 아들을 데리고 친정에 와서 구석마다 차지하고 있는 사용하지 않는 물건 등을 구세군을 불러 트럭 두 대에 실어가게 했다. 집안을 넓혀주고 정리해주었다. 딸은 또 고령에 체중을 많이 잃은 아버지가 편히 TV 보시라며 최신식 의자까지 새로 사주었다. 집안 관리에 문제가 생길 때마다 장녀는 소매 걷고 도와준다. 딸은 딸 아들 4식구와 대학에서 가르치고 있어서 눈코 뜰 시간이 없는데도 친정 부모에 부드러운 육류 계통의 고기나 온갖 소화 잘되는 요리들을 준비하여 자주 찾아온다. 부디 밖에 나가지 말고 '거리 두기' 지키라며 온갖 식품들을 이삼일이 멀다하고 찾아왔다.

큰아들은 2020년 2월부터 코로나 대 역병으로 외식과 외출을 자제하자 매 일요일에는 저들 아버지가 유난히 좋아하는 알래스카 큰 게나 바닷가재를, 때로는 일반 음식을 주문하여 어깨가 늘어지게 들고 왔다. 남편의 고향이 광주라 자랄 때부터 해물을 유난히 좋아하였다. 코로나 거리 두기부터 매주 일요일이면 큰아들은 갖가지 음식을 양손 가득 들고 왔다. 말릴 수도 없었다. 음식 사 오기가 2년 내내 이어졌다. 면역 주사 3번 다 맞았고, 독감 주사도 맞았다. 코로나 거리 두기 2년이 넘자 이제는 2주 간격으로 음식을 사 들고 온다. 미안하고 고마워서, 때로는 한 주 띄우자고 상의할 때도 있다. 큰며느리도 시부모 섬기기에 온갖 성의를 다한다. 며느리 같지 않다.

하루는 큰아들에게 필자가 조용히 왜 이렇게 열심히 섬기느냐고 물었더니, "아빠가 돌아가시고 나면 후회하지 않으려고," 했다. 가슴이 찡하여 다시는 같은 질문을 하지 않았다. 순간 풍수지탄風樹之嘆이란 말이 떠올랐다.

나무는 고요히 지내려고 하나 바람이 그치지 않고 (樹欲靜而風不止)
자식이 봉양하려 하나 어버이가 기다려주지 않는다 (子欲養而親不待)

코로나와의 전쟁 3년째 접어드는데, 큰아들은 아직도 음식을 들고 오든지 아니면 부모 거처로 와서 함께 외식하러 간다. 공대 교수인 큰아들은 엄마가 글 쓰는 컴퓨터 문제나 복사기 문제, 노부모가 사용하는 핸드폰 문제 등을 아무리 바빠도 주말이면 들려 문제를 해결해 주고 갔다. 큰아들은 노부모를 위해 온갖 심부름과 돌보미 역할을 하는 머슴 중에도 상머슴이다. 또 큰아들은 필자가 뼈와 관절 질환으로 앓을 때 혈액순환과 통증을 완화하는 크고 작은 마시지 기계 등을 사 와서 사용법을 알려주는 등 세세한 면까지 신경 써주는 큰아들이다. 늘 자상하고 부드럽게 노부모를 공경하는 큰아들 내외에게 고마움을 전하고 싶다.

며느리와 시어머니 사이의 문제는 온 집안의 분위기를 좌우한다. 집안 분위기가 부드러운 데는 큰며느리의 역할이 크다. 큰며느리는 알아서 먼저 상의하고 계획 세우며, 힘든 일은 도맡아서 한다. 필자가 고령으로 접어들자 명절 때 제수 음식 대부분은 큰며느리가 장만하여 들고 온다. 참으로 고맙고 착하다.

서울에서 좀 떨어져 사는 작은 아들네도 코로나로 외식할 수 없을 때 집에서 먹을 수 있게 갖가지 요리된 음식을 사 왔다. 아버지의 건강 상태와 노모의 식상 차림을 염두에 두고 간단히 데워 먹을 수 있는 냉동식품을 사 오기도 하고, 아버지가 유난히 좋아하는 과일을 들고 오기도 했다. 공휴일이나 명절이 겹칠 때는 교통체증으로 한 번 오가는 데 편도에 2시간 이상 걸린다. 손녀들이 아직 어려서 한겨울이나 한여름에는 자주 왕래하기가 힘들다. 벼르고 벼르다가 만나는 처지라 노부모 만나러 올 때는 여러모로 신경을 많이 쓰는 것 같다.

누나와 형이 주도하여 부모 침대나 TV, 안락의자 등을 새것으로 교체할 때 작은 아들네는 침대 이불과 매트리스 요를 장만해 동참한다. 작은 며느리는 매운 음식을 못 잡숫는 시아버지를 위해 백김치를 만들어 오기도 했다. 황사 먼지가 심할 때. 코로나 바이러스가 극성일 때 마스크를 우편 소포로 보내기도 했다. 작은며느리도 가사에 충실한 노력 형이다.

작은아들이 대학생일 때 필자에게 컴퓨터 사용법을 가르쳐주었다. 성품이 자상하고 차분하여 인내성 있게 가르쳐주었다. 필자가 80세가 넘어서까지 글쓰기를 취미로 하고 있다. 책을 출판할 때마다 속으로 막내야 고맙다 할 때가 있다. 3년째 코로나와의 전쟁 속에 자식들의 효성으로 잘 견디고 있다.

이스라엘 다윗왕(King David) 반지에 새긴 말

◆ '이 또한 지나가리라!(This Shall Pass Away!)'

「이 또한 지나가리라」에 얽힌 가족 이야기

필자가 '이 또한 지나가지 않겠습니까'란 말을, 작은아들의 이메일 (e-mail)에서 처음 읽었다. 코로나 위협 속에 희망적인 아름다운 표현 이라 듣는 순간 환희를 느꼈다. 작은아들은 2019년 8월에 서울 K 대학 에서 안식년을 얻어, 미국 텍사스주의 한 대학에서 1년간 한두 과목 강 의하고, 책을 쓰기 위해 가족을 동반하고 미국으로 떠났다.

다음 해 초, 우한발 코로나바이러스의 침공으로 한국은 2020년 2월 초부터 거리두기와 마스크 착용으로 비상에 걸렸다. 그때만 하더라도 미국은 안전한 줄 알았다. 손녀 2명이 초등학생이라, 작은아들네가 서 울을 잘 떠났다고 한국의 부모와 친척들은 기뻐했다. 웬걸, 2020년 4 월부터인가? 미국도 트럼프 대통령의 행정부 아래서 걷잡을 수 없이 코로나가 퍼지는 바람에, 오히려 방역이 잘되는 한국으로 돌아오려고 안간힘을 썼다. 그러나 이미 때는 늦었다. 항공편 티켓을 정가보다 더

주겠다고 해도, 미국에서 한국으로 서둘러 귀국하려는 행렬로 비행기 예약을 할 수 없었다.

코로나 팬데믹과 제노포비아(Xenophobia)

당시에 미국의 슈퍼마켓마다 생필품은 동이 났고, 화장지와 마스크는 구할 수도 없었다. 유학생들이고 일반인들이고 다 발이 묶였다. 동시에 미국에서 아시아인에 대한 증오감은 상상을 초월했다. '제노포비아'는 이민족 증오, 배척, 혐오증을 말한다. 여러 지역에서 '차이니스Chinese'라 며 남녀노소 없이 무차별 공격당했다. 동양인은 무서워 공공장소나 슈 퍼, 지하철이나 거리를 다닐 수 없을 정도였다. 한국 일간지마다 미국에 서 당하는 동양인의 수난은 한국에 있는 가족들의 피를 말렸다. 어떻게 하면 조국으로 무사히 귀국할 수 있을까? 어떤 방법으로 미국을 벗어날 수 있을까, 비행기표 구하기에 촉각을 세웠다.

텍사스주 곳곳에는 사회적 거리 두기와 모임 규제에 반항하는 시민 들이 난동을 부려 무법천지가 되어갔고, 거리에는 무장 경찰이 집 밖을 나다니는 시민들을 규제하는 바람에 독에 갇힌 쥐의 형편이었다. 문제 는 다투어 생필품을 사재는 바람에 슈퍼마켓 선반은 물로 씻은 듯 아무 것도 남은 것이 없었다. 화장지와 물, 식품 재료를 구할 수 없었다.

너무 염려 마십시오. 「이 또한 지나가지 않겠습니까」

이때 애간장을 태우는 한국의 노부모께 작은아들은 직행이 아닌, 돌 아서 가더라도 항공편 예약을 하려고 다각적으로 알아보고 있습니다.

너무 염려 마십시오. "이 또한 지나가지 않겠습니까," 했다. 이 위급한 시기에 작은아들의 이 말이 안도감을 주었고, 큰 그릇의 인물로 의지의 사나이로 보였다. 우여곡절 끝에 작은아들네는 2020년 4월 중순에 인천공항에 안착하여 2주간 자가격리에 들어갔다. 한국의 가족들은 가슴을 쓸어내리며 안도의 숨을 쉬었다.

'이 또한 지나가리라! (This too shall pass away)'

'이 또한 지나가리라!'란 말은 이스라엘 왕국의 다윗왕King David(재위 BC 1010~BC 970)의 반지에 새긴 말이다. 어느 날 다윗왕이 궁중의 보석 세공인을 불러 명령을 내렸다. "나를 위해 아름다운 반지를 만들어 다오. 그 반지에는 내가 전쟁에서 승리를 거두어 환호할 때 교만하지 않게 하며, 내가 절망에 빠져 낙심할 때 좌절하지 않고 용기와 희망을 줄 수 있는 글귀를 새겨다오," 했다.

세공인은 다윗왕의 명에 따라 아름다운 반지를 만들었지만 정작 반지에 새길 마땅한 글귀가 떠오르지 않아 몇 날 며칠 고민하다가 지혜롭기로 소문난 솔로몬 왕자를 찾아가 도움을 요청하였다. 이때 솔로몬은 "This too shall pass away! 이 또한 지나가리라" 했다. 세공인이 이 글귀를 새겨 올리니 다윗왕은 크게 기뻐하였다. 다윗왕은 하프를 칠 줄 아는 음악가, 시편을 지은 시인, 정치가, 예언자이기도 했다. 다윗왕은 시온성과 예루살렘을 정복하고 그곳에 성전을 세웠으며 이스라엘 종교를 국교로 만들었다. 다윗왕은 통치 기간 중 전쟁으로 영토를 확장했으며, 큰 번영을 누렸다.

지구촌 시대, 교통정보기술의 발달로 76억 인류가 하나의 공동운명체가 되었다. UN을 중심으로 인종, 성별, 국적, 종교 계급에 상관없이 지구촌 사회가 겪고 있는 공통문제의 해결을 위해 공생방안을 모색해야 한다. '이 또한 지나가리라'란 말이 코로나와 관련하여 그 어느 때보다도 간절한 인류의 바람이 되었다.

디지털(Digital)시대, 노인은 서럽다!

"난 가만 있는데 세상이 자꾸 바뀐다"

우주 과학 시대에 아날로그 세대는 디지털시대의 세찬 물결에 떠내려 가면서도 아직은 의식이 멀뚱히 살아있어서 슬프다. 미국의 스티브 잡스Steve Jobs(1955~2011)가 2007년에 애플 혁명 아이폰을, 2010년에 아이패드를 출시했다. 2009년 6월 29일 삼성전자가 한국에서 아이폰을 출시한 후 2016년에 한국인의 삼성 갤럭시 스마트폰 보급률이 90%가 넘었다. 기껏 13년 동안에 이렇게 변했다.

『동아일보, 2020.9.1.』 횡설수설, 서영아 칼럼에 「노인에겐 서러운 일이 많다」라는 칼럼을 읽었다. "난 가만 있는데 세상이 자꾸 바뀐다"는 탄식도 그중 하나이다. 내용에 '노인의 금융'이란 부제가 딸려 있었다. 2020년부터 은행에 입출금 종이가 없어졌다. 해서 컴퓨터 앞에서 화면에 뜨는 칸을 메워야 했다. 당황했다. 적응 능력이 없기에 두렵기도 했다. 81세 된 필자는 아직도 은행에 도장과 통장을 들고 가고, 카드로 결제하고 물건을 살 때도 꼭 영수증을 받아야 마음이 편하다. 당장 확인할 수 있으니까.

　노인들은 무인기기가 공포의 대상이다. 열차표 예매 방법이 인터넷 중심으로 바뀌고, 햄버그 가게나 푸드코트에서 음식을 주문하기도 어려워졌다. 식당, 카페, 병원, 호텔, 주차장 등 생활 전반으로 무인기기가 설치돼 있다. 코로나 위기 재난지원금도 은행에 줄서서 신청하는 사람 대부분이 고령자들이다. 우리나라도 초고령사회를 맞고 있다. 혼자 앱 깔 줄 아는 노인 18%뿐…대부분 전화·문자만 사용한다고 했다. (2021.6) 한국의 스마트폰 보유율은 2021년 6월 기준 93.1%로 세계 1위이고, 65세 이상 노인 역시 둘 중 하나는 스마트폰을 가지고 있지만, 실제 활용도는 낮다. 배우고 싶지만 자식들은 바쁘고, 동년배는 모른다. 가르쳐 주는데, 인내와 시간이 필요하다. 반복하여 설명하고, 연습시키는 훈련 과정이 쉽지 않다. 자식들이 차근히 설명하여도, 다음 날이면 노인들은 기억하지 못한다.
　『조선일보, 2021.9.17.』 디지털 무료교육 신청하세요(02-570-4690), 대상 65세 이상, 서울시민 누구나, 장소: 복지관 등에서 상담 가능, 신문을 잘 잘라서 벽에 붙여 두었다. 코로나 때문에, 거동이 불편하여, 귀찮고 귀가 어두워 설명을 해도 잘 알아들을 수도 없고 보니 벼르다가 벌써 한 해가 가버렸다. 필자는 벽에 붙어있는 신문 쪽지를 보며 정지용 시인의 「별똥」 시가 떠올라 웃었다. "별똥 떨어진 곳 마음에 두었다. 다음날 가보려 벼르다 벼르다 이젠 다 자랐오."

늙으면 화를 잘 내고 쉬이 충격을 받기도…

김형석 노철학자는 그의 저서 『백세를 살아보니』에서 늙으면 화를 잘 내고, 충격을 잘 받기도 한다. 장년기에는 이성과 감정이 균형을 이루지만, 늙으면 이성 기능이 약해지고, 감정은 그대로 남아 있으니까, 감정조절을 잘하지 못한다. 아무것도 아닌 것으로 화를 내기도 하고, 충격을 받기도 한다고 했는데 정확한 말이라고 생각한다.

영국의 극작가 셰익스피어의 노인에 관한 혹평이다. "괴팍한 노인은 허약하고 싸늘하다. 절뚝거리며 허리는 굽었다. 늙으면 무르익어야 하는데 풋내기보다 더 떫고, 거칠고, 메마르다," 라고 했다. 듣기는 거북해도 필자의 자화상 같아 인용했다.

노인들이여, 한 번 웃어보세요!

화제를 바꾸어 엉뚱한 소리를 하려한다. 필자는 80세 이상은 노인이라고 생각한다. 자고 나면 매스컴은 새로운 낱말을 출산하는 샘터이다. 노인들도 삶의 터전을 떠날 때까지 유행어와 신조어를 배워야 손주들과 재미있게 대화를 할 수 있다. 언젠가 『동아일보』에 '20대에게 말을 건네는 방법'을 읽고 필자는 새벽 5시경에 홀로 웃었다. 더 영young하게 보이는 유행Trendy하는 말투를 알면 더 재미있게 대화할 수 있다. 20대는 줄임말을 많이 쓴다. 귀여워(ㄱㅇㅇ), 알아서 잘 딱 깔끔하고 센스 있게(알잘딱깔센), 약을 올리고 싶을 때(ㅋㅋ루삥뽕) 이런 표현을 쓴답니다. 메모지에 써서 핸드백에 넣었다가 손주들과 대화할 때 한 번 써보시길….

법은 우리가 키우고 돌보아야 하는 생명체다!

◆ 『법치란 무엇인가』(마리아나 발베르데 · 우진하 옮김)
 * 대헌장 마그나 카르타 * 동해보상법(同害報償法)

『법치란 무엇인가?(What is the Force of Law?)』는 캐나다 토론토 대학에서 법학을 가르치는 마리아나 발베르데Mariana Valverde 교수가 쓴 책이다. 청소년, 청년, 시민을 위한 민주주의 교양입문서로서 215쪽 분량이다. 책의 끝에는 기원전 27년부터 2010년까지 법치에 대한 연대기표와 참고문헌이 게재돼 있어서 공부하기에 좋은 참고서라고 생각한다.

이 책의 앞면 표지에 있는 말이다. "법은 정의와 도덕의 다른 이름일 것입니다. 인간이 진화해 가듯 법도 자라고 늙고 죽고 새롭게 태어납니다. 법은 우리가 키우고 돌보아야 하는 생명체입니다. 법은 어린아이와 같아서 스스로 판단하거나 옳고 그름을 분별하지 못합니다. 법이 가야할 바른길을 인도해 주고 넘어지면 일으켜 세워야 하는 과제가 오늘 이 시대를 살아가는 우리에게 주어진 의무이자 권리입니다." 저자가 법을 생명체에 빗대어 쉽게 설명한 글이 이색적이었다. 내용에 대헌장 「마그나 카르타」, 성문법과 관습법, 영국 국왕 헨리 8세, 나치독일의 비밀경찰 게슈타포Gestapo, 스탈린의 정보기관KGB, 미연방 수사국 FBI 등에 관하여 폭넓게 서술했는데 필자의 지적 호기심을 자극했다.

TV 저녁 뉴스 후 역사드라마를 보고 있는 그이에게 우리나라에도 옛날에 간관諫官 역할을 하는 정치인이 있었는데, 요즘은 보기 힘들다고 했다. '직속 상관이나 권력자에게 바른말 하기는 어렵다. 옛말에 통치자가 옹졸하거나 편협할 때 그 아래 충성된 신하가 없다고 했는데….'했다. 그이는 "글쎄 말이다. 우리나라로 치면 13세기 고려 시대에 이미 영국에선 대헌장 마그나 카르타Magna Carta가 나왔다고 생각하면 도저히 믿어지지 않는다,"고 가벼이 말했다. 순간 필자는 귀가 번쩍 열렸다. 바로 얼마 전에 읽었던 내용이었다.

「대헌장 마그나 카르타! (The Great Charter of Freedom, 1215)」 (p.42)

'마그나 카르타'에 대하여 설명 좀? 했더니 한편 놀라며 반갑다는 듯이, "아니, 그 나이에 마그나 카르타 알아서 뭐 하게?" 했다. "방금 당신이 말했잖아요!" "공짜로 좀 배웁시다!" 했더니 쉽게 설명해 주었다.

13세기 초 영국의 존 국왕John이 왕권신수설王權神授說을 내세워 의회를 무시하고 맘대로 세금을 올렸다. 왕권은 신이 내린 것으로 언제나 법 위에 있으며, 법의 지배를 받지 않는다고 했다. 이에 귀족 봉건 영주들은 절대권력을 행사하는 왕권을 축소하고, 의회를 무시하고 맘대로 세금을 올리지 못하며, 국왕을 포함하여 누구도 법 위에 존재하지 않는다는 대헌장 문서를 만들어(1215.6.15) 영주들'이 몰려가 압력을 가해 왕의 서

* 귀족대표

명을 받아냈다.

그 시대에 왕의 권리를 법으로 제한한다는 문서(계약서)에 서명하도록 강요했으니, 어디 상상이나 가느냐? 고 하였다. 필자는 '와우, 진짜 멋있다,' 했다. 국왕은 할 수 없이 서명은 했지만, 도저히 분노를 참지 못하여 로마 교황 인노첸시오 3세에게 알리고 서명한 문서를 취소하게 해달라고 간청했다. 당시 교황권의 절정기였다. 교황은 대헌장을 파기하라는 칙령(1215.8.24)을 내렸고, 대헌장은 취소되었다. 존왕은 1216년에 사망했다. 우여곡절 끝에 대헌장은 권리청원(1628), 권리장전(1689)으로 이어져 영국헌법의 기초가 되었다. 법의 지배를 천명한 최초의 문서라는 점에서 세계적으로 유명하다. 『법치란 무엇인가』에 법이 어느 특정 집단의 지배 도구가 아닌 공정성을 지녀야 한다. (p.9) 한마디로 법은 국민의 생명과 재산을 지키기 위해 존재한다.

법치 제도의 핵심요소

법치 제도를 처음으로 구체화 시킨 나라가 영국이다. 법치라는 개념은 마그나 카르타(1215, 대헌장)에서 비롯된다. 영국의 명예혁명 다음 해에 공포된 권리장전 의회 제정법(1689), 그리고 프랑스 대혁명(1789)으로 인해 유럽 대부분의 나라와 미국의 권력 구조에 대변화가 일어났다. (p.41) 국민의 대표로 구성된 입법기관이 생겨났다. 헌법의 고유목적은 정부의 지나친 개입에 대항하여 국민의 기본적인 권리를 보호하는 것이다. 올바른 법이란 바로 성문법을 의미한다. 특히 프랑스『나폴레옹 법전(Napoleon Code Civi) 1804』의 민법전은 오늘날 많은 국가에서 사법제도의 근간을 이루고 있다. (p.43)

법의 평등원칙에 어떤 특정한 나라, 어떤 특정한 문화권에서는 아버지의 자격으로 딸을 사회로부터 격리시키거나 본인이 원하는 사람과 결혼하는 일을 막는 것이 '이상적인' 행동으로 간주 되는 경우가 있다. '분별력 있는 인간'의 기준은 남자의 기준이란 것이다. (p.56) 이 말은 법에서 말하는 평등의 원칙은 명확하게 결론지을 수 없음을 알게 된다. 중국과 인도의 관습법은(p.74), 때로 성문법보다 판결에서 유연한 모습을 보일 수도 있다. 코에 걸면 코걸이, 귀에 걸면 귀걸이가 되기도 하는 것일까.

이 책에는 세계 여러 나라, 여러 민족, 세계사에 크게 알려졌던 사건, 인물, 정치적 이변, 법과 관습법 그리고 편견, 불공정한 법, 정의를 위해 불의不義와의 투쟁, 마약 거래 아편과 코카인, 성매매, 심지어 동성애와 수간법獸姦法의 존속문제까지 다루었다. 수간법은 정상적인 성행위가 아닌 모든 성행위를 금지시키는 법이다. 여기서는 정상적이지 않은 성행위에는 자위행위나 짐승과의 성행위도 포함된다. 영국 왕 헨리 8세는 1533년에 수간법을 만들었다. (p.89)

'국가란 폭력을 합법적으로 휘두를 수 있는 유일무이한 존재'

독일의 사회학자 막스 베버Max Weber는 '국가란 폭력을 합법적으로 휘두를 수 있는 유일무이한 존재'란 정의를 내렸다. 경찰의 신뢰와 법 권위의 추락이 가져오는 결과로 마피아가 영향력을 행사하는 미국 시카고 남부지역, 이탈리아 일부 지역의 사람들은 누가 법을 지배하는지 아무도 의문을 제기하지 않는다고 했다. 국가의 폭력이 비합법적이고 통제 불능이기 때문이라 했다. 그러면서 남아메리카 여러 나라를 예로 들었다. (p.101) 일종의 무법지대 말이다. 지역공동체의 치안 유지를 어떻게 할 것인가가 대두되었다.

민주주의 교양입문서로 이보다 더 다양하게 소개해준 책이 또 있을까 싶을 정도로, 쉽게 법과 정의에 관한 지식을 얻을 수 있다.

동해보상법(同害報償法) · 탈리오법칙(Lex Talionis)―고대 「함무라비 법전 · Code of Hammurabi」

요즘 신문과 TV 뉴스에 입에 담을 수도 없는 끔찍한 범죄가 횡횡하니 별의별 생각이 든다. 친부모, 의 부모, 입양 부모의 어린이 학대와 어린이 성추행과 살인 등이 매스컴에 자주 보도되고 있다. 심지어 어린이집 교사들의 어린이 학대 장면을 CCTV로 보여줄 때 도덕성은 고사하고, 양심마저 없는 것 같아 무섭다. 필자는 그이에게 '저 악랄한 범죄자를 더 강하게 벌을 줄 수는 없을까요?' 하고 물었다. 필자는 속으로 쉽게 다스려지지 않는 범죄자에게 징벌적 책임추궁을 해야 한다고 생각했다. "진짜, 그런 생각이 들 때가 있지!" 하며 말해준 것이 고대 「함무라비 법전」이다. 그이도 순간적으로 느낀 바가 많았는지, 아니면 같은 생각을 했는지 형법 내용에 " 눈에는 눈, 이이빨 · 齒에는 이로 갚는 것이다," 라고 했다. 필자는 속으로 '글감이다' 싶어서 메모했다.

기록에 의하면, 함무라비 법전은 기원전 18세기(BC 1792~BC 1750)에 오늘날 이라크의 고도 바빌론을 중심으로 한 제국을 통치한 함무라비 왕이 선포한 법전이다. 이것을 '동해보상법' 또는 '반좌법反坐法'이라 한다. 인류사상 매우 오래된 성문법전**이다. 고대 바빌로니아(BC 2300 ~BC 612)는 현재 이란, 이라크, 시리아 등 중동지역이다.

프랑스와 이란의 합동발굴단에 의해 1901년 이란의 고대도시 수사에

** 쐐기문자, 설형문자

서 발굴됐다. 높이 2.25m의 현무암 돌기둥(비석)에 새겨져 있는 그 유물은 현재 프랑스 루브르박물관에 보관돼왔다. 함무라비 왕은 정의를 이 땅에 세워 악한 자와 사악한 자들을 없애고, 약자들이 강자에게 상해를 입지 않도록 법전을 만들었다고 했다.

예문에 도둑이 소, 양, 당나귀, 돼지 염소 등 하나라도 훔쳤다면 그 값의 10배로 보상해 주어야 한다. 도둑이 보상할 돈이 없으면 사형을 당할 것이다. 동해보복의 원칙에서 눈에는 눈, 이에는 이, 이빨에는 이 빨로…. 즉 다른 사람의 눈을 멀게 했다면, 그 자신의 눈알을 뺄 것이다. 이빨을 부러뜨렸다면 그 사람의 이도 부러뜨릴 것이다. 소아유괴, 미성년자를 훔쳤으면 그를 죽인다. 모든 폭력 범죄에 똑같은 폭력으로 보복한다는 원칙으로 만들어졌다.

잔인한 것 같지만 그 당시에는 인류가 유목이나 수렵 같은 떠돌이 생활을 끝내고 정착 생활을 시작했을 때라, 외부와의 투쟁이나 내부 간의 분쟁에도 폭력의 정도는 지극히 동물적이고, 감정적인 발로에서 시비가 붙거나 싸움이 일어나면 현장에서 판가름 났다. 이를테면 방목지가 겹치거나 가축에게 물을 먹이다 시비가 붙는다든지, 보복의 악순환이 발생하면 공동체가 공멸해버린다고 했다.

인도의 간디가 한 말이다. '눈에 눈으로 대응하면, 모든 이가 장님이 될 것이다, 라고 했다. 악을 악으로 갚는 악순환, 상상하기도 어렵다. 아무리 나쁜 짓을 해도 법이 정한 절차와 한계를 넘어 처벌할 수 없다. 그것이 국민의 기본권을 보호하기 위해 국가가 정해둔 법치주의이다. 민주주의 사회는 법이 최소한 적용되는 사회를 말한다. (『법치란 무엇인가』 p.11) 영미권에서는 보상적 손해배상으로 죄가 다스려지지 않는다고 생각하고 징벌적 손해배상punitive damage으로 훨씬 무겁게 가해자를 응징하는 법을 1760년 영국에서 만들었고, 미국에도 도입됐다.

우리의 본제로 돌아오면, 독일의 사학자 막스 베버가 말한 '국가란? (p. 100),' 나치독일의 '反 유대인 법 (p.82),' 배우자 성폭행 (p.56), 어떤 문화권에선 아버지가 딸자식을 감금, 결혼 강제로…(p.58), 수간법獸姦法*** (p.89), 돈을 빌려준 이자貸出利子 등 알고 싶은 지식을 충족시켜준다.

　돈 이자에 관한 왈가왈부에 아리스토텔레스의 '화폐 불임론'에 '소를 빌리면 새끼를 낳을 수 있으므로 그 대가의 지급이 정당하지만, 돈은 새끼를 잉태할 수 없으므로 대가의 지불이 불가하다,'고 했다. 돈이란 거래에 쓰이도록 만들어졌지, 이자를 불리기 위한 게 아니라고 했다. 이자를 법적으로 금지하는 나라도 있다. 유대인 사회에선 빌려준 돈을 제대 못 갚으면 위약금 무는 것을 인정했다. 『법치란 무엇인가』란 세계 여러 나라의 법과 역사, 세계적인 사건 등을 예를 들어서 설명했는데 지식의 충족을 안겨주는 좋은 참고서 역할을 한다고 믿는다.

*** 비정상 성행위 짐승과의 성행위도 포함

생각의 역발상(逆發想)

실패하면 지원금 20% 더 준다. 실패는 성공의 디딤돌

요즘 매스컴에 역발상Reverse Idea이란 말이 자주 등장한다. 위대한 성공은 역발상에서 나온다. 역발상은 스테레오타입의 고정관념固定觀念을 깨는 데서 시작된다고 했다. '반대로 생각하기, 상식의 배반, 상식을 뒤집어 보는 발상, 기존의 생각에 비판적인 문제 제기' 등으로 강조했다. 무한 경쟁 시대를 살아가는 지혜, 창의적인 인물들의 대다수는 뛰어난 재능을 타고났다기보다는, 강렬한 흥미와 호기심에서 나온다고 했다.

연륜과 더불어 굳어진 선입견과 편견 때문에 '생각을 바꾸면 세상이 바뀐다'는 논리, 즉 '아, 내 생각도 틀릴 수 있구나'하는 하는 가능성을 열어놓으라는 말은 신선한 충격을 준다. 진리도 세월 속에 진리가 되지 않을 수도 있다. 언젠가 유대인의 천재교육에 대하여 읽었을 때, '아, 이렇게 생각이 다르구나' 하고 감명을 받았다.

창업가 부활의 땅, 이스라엘

「실패하면 지원금 20% 더준다…」 창업가 부활의 땅, 이스라엘이란 『조선일보』 칼럼을 읽었다. 실패는 성공의 디딤돌, 스타트업 강국이 된 비결이랬다. 유대인 공동체에서, 주로 스타트업 대표들이 자신이 실패한 원인을 분석하고 나의 실패를 공유하고 남의 실패에서 배우는 모임 '펔업 나이트FuckUp Night'을 통해 배운다고 했다.

실패와 도전에서 혁신이 나온다. 약점 인정하고 장점을 찾아 키운다. 이는 이스라엘 교육법이다. 실패를 두려워하게 되면 창의력까지 잃게 된다. 유대인이 주도하는 실리콘밸리Silicon Valley에는 실패를 공유하는 문화가 있다. 미국 캘리포니아주 샌프란시스코만 남부지역이다. 도시 이름은 실리콘칩 제조회사들이 많이 모였는 데서 생겼다. 실리콘은 전자산업의 핵심인 반도체를 만드는데 널리 쓰인다.

역발상의 12가지 법칙

요즘 역발상 투자에 관련된 내용이 신문에 자주 나온다. 기업 혁명의 열쇠는 역발상이란 제하에 스탠퍼드 대학 로버트 서튼Robert Sutton 경영학과 교수의 저서 『역발상의 법칙(Weird idea that work)』 12가지를 네이버 블로그에서 읽었다. '사물을 거꾸로 보기'도 하고, 아니면 '뒤집어라'고 했다. 이것이 세상을 변화시키는 역발상의 지혜라고 했다. 옛날에는 경험에 의한 검증된 방법으로만 경영했지만, 지금은 뭔가 색다른 탐험적 방법으로 경영해야 한다니 충격적이라 옮겨본다.

기업 코드에 적응 못하는 '고문관'을 고용하고, 당신이 싫어하는 사람, 당신을 불편하게 하는 사람을 채용하라. 면접에서 사람을 보지 말고 아이디어를 보라. 상사나 동료를 무시하고, 자신의 주장을 굽히지 않는 사람, 반정합反正合의 원칙이 적용되는 상황에서 지적 충돌을 유발시켜 더 완전한 내용을 도출할 수 있도록 한다.

성공하든 실패하든 상을 주고, 나태한 사람만 처벌한다. 언제든 실패할 수 있다. 모두에게 성공한다는 확신을 주는 것이 중요하다. 돈만 밝히는 사람이면 지위고하를 막론하고 따돌린다. 말도 안 되는 것을 생각해내고, 실행계획을 세운다는 것이다.

인공지능AI 로봇 시대에 과학도 손주들과 대화하려고 공부해도 속도 면에서 족탈불급이다. 문장 300개만 말하면 AI 인공지능이 목소리의 변화, 입 주변 근육과 눈 움직임까지 세세히 분석해 일주일 만에 실물과 꼭 같이 생겼고, 말하는 「AI 가상인간」을 만들어 내는 시대이다. 과학 만능시대에 구세대 할머니가 '고전을 읽자'고 젊은이들에게 말하는 그 자체가 시대를 등진, 상식을 벗어난 역발상이 아닐까? 젊은이들이 혹시 비웃음으로 일소할까 고민하고 있다.

—— 부부, 연인간 충돌과 갈등의 90%는 남녀의 대화방식 차이에서 온다

◆ 『남자를 토라지게 하는 말, 여자를 화나게 하는 말』(데보라 태넌 · 정명진 옮김)

나에게 이래라저래라하지 말라! 바쁘니 용건만 간단히!

『남자를 토라지게 하는 말, 여자를 화나게 하는 말』(2001)의 저자 데보라 태넌Devorah Tannen(1945~)는 미국 조지타운대학 언어학과 교수요 철학박사이다. 그는 세계적으로 저명한 언어학자이자 베스트셀러 작가이다. 특히, 남성과 여성의 미묘한 심리와 대화 방식의 차이점을 명쾌하고 날카롭게 분석했다. 책은 315쪽에 달하는데 실생활에 부부간에 대화를 예문으로 들어서 많이 깨닫고 뉘우치게 해준다. 책 앞표지 맨 위에, 그리고 책의 뒤 표지에 「You Just Don't Understand」라고 적혀 있다. 이것이 이 책의 핵심 내용이다. 서로 이해하지 못한다는 말이다.

부부, 연인 간 충돌과 갈등의 90%는 남녀의 대화 방식 차이에서 온다고 했다. 서로의 대화방식을 알면 사랑이 보인다. 왜 남녀의 대화는 그토록 어긋나는 것일까? 남자와 여자의 너무 다른 언어 세계? 신은 남자와 여자를 달리 창조하셨다. 남자와 여자는 몸뿐만 아니라 생각도 언어도 너무 다르다. 여자는 대화를 통해 서로의 친밀감을 확인하려는 반면에 계급구조에 익숙한 남자들은 대화를 통해 우위나 독립을 획득하려 한다.

대화에 여자는 은유법을, 남자는 직유법을 사용한다. 여자는 말의 속뜻을 생각하지만, 남자는 해결책을 제시하거나 충고를 하려 든다, 결론은 서로의 성性 방언을 이해하라고 조언한다. 언어를 알면 사랑이 보인다고 했다.

『남자를 토라지게 하는 말, 여자를 화나게 하는 말』에서 인용한다. 남녀의 대화 방식을 두고 '같은 문화적 배경과 같은 언어를 쓰는 만큼 세계관이나 언어이해가 같을 것이라.'는 인식 때문에 일반적으로 오해를 하지만 실제로는 엄청난 차이가 있다.

성(性) · 성품 방언을 이해하고 관계 개선에는 많은 도움이…

상대방이 자기와 다른 대화 스타일을 가지고 있다는 사실을 파악하기만 해도 서로 비난하는 사태는 일어나지 않으리라. 많은 사람이 저지르고 있는 가장 큰 실수가 말을 하고 듣거나, 대인관계를 유지하는데 한 가지 정도正道 밖에 없다고 믿는 점이다.

스타일의 차이를 인식하지 못하면 상대방의 개성에 대해서 비논리적이라거나 자신감이 결여되어 있다거나 자기 집중적이라는 결론을 쉽게 내리게 된다.

오해도 스타일이 사람마다 다르다는 것을 인정하면 금방 해결될 성질의 것이다. 그렇지 않고 당신은 나에게 관심이 없어. 당신은 내가 당신을 위하는 것만큼 나를 위하지 않아. 당신은 나를 억압하지 못해 안달이야, 라는 식으로 느낀다면 그 사실 만으로도 불행하다. 애정을 표

시하는 방법은 나와 다르다는 인식을 가지고 대화에 임하면 그 대화는
언제나 성공을 거두게 될 것이다.

비밀을 털어놓는 대상, 남성과 여성은 이렇게 다르다!

각자의 일상에서 일어나고 있는 일들을 누군가에게 털어놓는 행위
는 사춘기 소녀들이나 여성들에게 우정의 근간이 되는 비밀고백과 같
은 것이다. 자기 마음에 간직된 비밀을 말하는 것은 신뢰감을 드러내
는 행위이며, 우정의 증거가 되기도 한다. 친구에게 자기가 처해있는
모든 상황을 알려준다는 것은 여성들에게 있어서 일종의 의무와도 같
은 것이다. 비밀을 이야기한다는 것은 여성들끼리의 우정에서 가장 중
요한 부분이다. 여자들에게 있어서 비탄이나 고통을 호소하는 행위는
조언을 구하는 게 아니고 대화를 유지하기 위한 방편으로 통한다.

남자들은 여자들의 말을 길게 경청하지 않는다!

남자들은 자신의 이야기에 끊임없이 맞장구Feedback를 쳐대는 여성들
을 호들갑스러운 사람으로 여길 수도 있다. (p.160) 또 일부 남자들의 경우
에 남의 말을 들어야 하는 상황에 놓이면 상대방보다 지위가 낮은 것으
로 느끼기 때문에 여자들의 말을 길게 경청하려 하지 않는다. 대부분의
남자들은 지위를 놓고 협상을 벌이는 데는 투쟁이 불가피하다고 생각한
다. 그런 만큼 남자들은 투쟁적인 대화를 추구하고 한편으론 즐기기도
한다. 누군가와 언쟁을 벌인다는 것은 그만큼 그 사람과 친하다는 것으
로 인식하기 때문이라고 했다.

가정에서 부인이 남편에게 요구하는 것이 아니고 다만 암시를 주는 것에 불과한 말에도 '무엇을 하라고 지시하는 것 같아서 싫어한다. 이처럼 남자들은 자신의 독립과 자유가 침해당한다고 생각할 때 불평을 하는 경우가 많다.'고 지적했다.

『유대인의 처세술』에 "자기를 돌봐주고 있는 사람보다도, 자기가 돌봐주고 있는 사람에게 보다 강한 호의를 갖게 마련이다. 남의 보살핌을 받는다는 것은 자부심을 상처받기 때문이 아닐까. 자신이 남의 밑에 있음을 인정하고 싶지 않기 때문이다." (유대인의 처세술, p. 161) 부인의 한마디가 남편의 자부심에 상처를 준다는 것을 배웠다.

남녀는 자랄 때부터 너무 다르다!

학교에서 소년들이 자기가 잘났다고 자랑하는 것과는 달리, 소녀들의 경우에는 과시하거나 뽐내려 한다는 이유로 비난의 대상이 되었다. 소년들은 명령을 내리는 데서 그치지 않고 서로 모욕을 주기도 하고 위협을 하기도 한다. 불만이 있으면 그 아이의 면전에서 불평을 털어놓는다. 소녀들의 불만은 전형적으로 상대방이 없는 자리에서 이루어지는 게 보통이다. 세계 여러 나라에서 논쟁을 친밀도를 나타내는 하나의 게임으로 여기고, 언쟁도 우정의 표현이 될 수 있다고 했다. 남자아이들이 여자아이들에게 집적거리는 것도, 여자아이의 머리카락을 잡아당기는 장난도 어떻게 보면 관심이 있다는 표현이 될 수 있다는 지적에 공감이 갔다.

젊은 부부들이여, 『남자를 토라지게 하는 말, 여자를 화나게 하는 말』을 꼭 일독하시길 바란다. '칭찬은 말의 선물'이라고 했는데 앞으로 돈 들이지 않고 자주 기분 좋게 하는 선물을 남편에게 안겨주시려면….

생활 속에 일어나는
흥미로운 법칙들

살아가다 보면 생활 속에 반복적으로 일어나는 현상들이 있다. 인간의 생활이 얼마나 대동소이大同小異하고 경험과 느끼는 감정이 얼마나 비슷하면 이런 이론이 생겼을까? 이런 법칙들을 읽고 필자는 크게 공감하며 웃다가, 끈적―끈적하고 무더운 여름 날씨에 한 번 읽고 웃어보라고 자식들(딸 사위, 아들 며느리, 손주들)에게 e-mail을 띄웠다. (구글, 네이버 블로그 등에서 옮겨적다) (2019.6.25. 할머니)

하인리히 법칙(Heinrich's law)

허버트 하인리히(1886~1962)는 미국의 산업안전 연구의 선구자다. 『산업재해 예방: 과학적 근거』(1931)를 출간했다. 큰 재해는 우연히, 갑자기 일어나는 것이 아니라 그 전에 작은 피해들이 일어나서 조짐을 보이는데, 그 징후(징조)를 무시하고 방치할 때 일어난다. 모든 재난과 위기의 88%는 인간이 만든 것이다. 작업상의 사고 가운데 95%가 안전하지 않은 행위로 기인한다. 우리나라에서 일어난 예로 삼풍백화점 붕괴(1995.6.29), 1970년(전남 여수, 남영호 침몰), 2014년(전남 세월호 침몰)도 그 예이다.

머피의 법칙(Murphy's law)

미국의 항공 기술자 머피Edward Murphy가 공군기지에서 일어난, 충격 완화 장치 실험이 실패로 끝났을 때(1949), 일이 좀처럼 풀리지 않고 갈수록 꼬이고, 되는 일이 없을 때, 우연히도 나쁜 방향으로만 일이 전개될 때 나온 표현이다.

열심히 시험공부를 했지만, 운이 나쁘게도 자신이 놓치고 공부하지 않는 곳에서 묘하게 시험문제가 출제되었을 때, 버스가 늘 늦게 와서 늦게 나갔더니, 그날은 제시간에 와서 이미 떠나버렸다. 하릴없이 다음 버스를 기다리는데, 길 건너엔 같은 버스 번호가 잇달아 지나가건만, 이쪽엔 감감무소식이다. 줄을 섰는데, 다른 줄이 더 빨리 줄어들기에 얼른 다른 줄에 가 섰더니, 아까 그 줄이 더 빨리 줄어들기 시작한다. 정체가 되고 있던 차선은 당신의 차가 빠져나오자 말자 소통되기 시작한다. 어떤 물건을 살까 말까 망설이다가 큰마음 먹고 샀더니, 어디선가 세일sale을 하고 있다고 한다. 이런 일이 연달아 일어날 때는 자신만 불운하다고 생각되지만, 누구나 당하는 일이다. 원하는 일은 그 간절함에 반비례하여 일어나고, 기회는 늘 가장 적절하지 않은 순간에 찾아올 때가 많다.

샐리의 법칙(Sally's law)

미국의 로맨틱 코미디 영화 『해리가 샐리를 만났을 때』(1989)의 여주인공의 이름을 딴 데서 왔다. 엎어지고 넘어져도, 결국은 해피엔드 Happy-end로 나가는 샐리를 두고 생긴 말이다. 머피의 법칙과 반대로, 우연히도 자신에게 유리한 쪽으로 연일 좋은 일만 일어나는 때에 쓰는 표현이다. 시험 직전에 펼쳐본 교과서 내용이 문제로 나온다. 맑은 날에 우산을 들고나왔는데, 갑자기 비가 쏟아질 때처럼…. 우리말에도 일이 잘될 땐 넘어져도 떡함지에 엎어진다는 말이 있다.

줄리의 법칙(Jully's law)

마음속으로 간절히 바라고 원하는 일은 언젠가 이루어진다는 법칙이다. '줄리'는 그리스 신화에 나오는 조각가 피그말리온Pygmalion의 이름에서 유래한 심리학 용어이다. 피그말리온은 아름다운 여인상*을 조각하고, 그 여인을 진짜 연인 듯 사랑했다. 美의 여신 아프로디테의 축제 날, 피그말리온은 조각상을 진짜 여자로 변하게 해달라고 소원을 빌었다. 그의 사랑에 감동하여 조각 여인상에 생명을 주었다.

타인의 기대나 관심으로 인해, 능률이 오르거나, 결과가 좋아지는 현상을 「피그말리온 효과(Pygmalion-effect)」라고 하는데, 실제로 교사의 관심이 학생에게 긍정적인 영향을 미치기도 한다. 막연한 행운을 기대하는 게 아니라, 마음속으로 간절히 기원하고 노력하는 자에게는 언젠가 소원이 이루어진다는, 일종의 경험 법칙을 의미한다.

이 외에도 재미있는 법칙이 많다. 몇 개만 옮겨본다.

---

* 비너스

* 와그너의 스포츠 관전 법칙: 카메라의 초점을 맞추는 순간, 남자 선수들은 으레 침을 뱉거나, 코를 후비거나, 사타구니를 긁거나 한다.

* 일급부하의 제1법칙: 상사보다 자신이 더 유능하다는 사실을 절대로 상사가 깨닫게 해서는 안 된다.

* 미제트의 일요 목수 법칙: 찾지 못한 도구는 새것을 사자마자 눈에 보인다.

* 잔가모르타의 미용실의 법칙: 머리 스타일을 바꾸려고 작정하면, 갑자기 머리 스타일(Hair-style)이 멋지다고 칭찬이 쏟아진다.

* 편지 법칙: 기가 막히는 문구가 떠올랐을 때는 편지 봉투를 봉한 직후이다.

* 바코드의 법칙: 물건을 살 때 좀 창피하다는 생각이 드는 물건일수록, 계산대에서 바코드(Barcode: 컴퓨터가 판독할 수 있게 고안된 코드)가 잘 찍히지 않는다.

* 인체의 법칙: 들고 갈 물건이 무거울수록, 옮겨야 할 거리가 멀수록, 코는 그만큼 더 가렵다.

사랑하는 독자 여러분, 참으로 공감하시죠? 한 번 크게 웃어보세요.

「고추의 힘」이란 남자아이의 특성 에너지다!

◆ 『작은 소리로 아들을 위대하게 키우는 법』(마츠나가 노부후미 저 · 이수경 역)

저자 마츠나가 노부후미Matsunaga Nobufumi(1957~)는 일본 최고의 교육설계사며, 기적의 과외선생으로 알려졌다. 주사위 학습법, 단기 영어학습법 등 독창적인 프로그램을 개발했다. 오랫동안 남학생들을 지도하면서 '어렸을 때 충분히 놀아본 아이일수록 공부를 잘한다'는 사실을 깨달았다. 역사상 위대한 정치가나 과학자, 예술가 대부분이 어릴 적 장난꾸러기였다는 사실만 봐도 실감할 수 있다고 했다. 이를 바탕으로 학생들의 객관적인 학습상황을 파악했다고 한다. 하기야 미국속담에도 '공부만 하고 놀지 않으면 아이는 바보가 된다.'는 말이 있다.

고추의 힘이란? (머리말 중에서)

'고추의 힘'이란 사내아이의 산만함과 엉뚱함을 고추에 비유해 한말이다. 한순간도 얌전히 있지 못하고 머릿속에 떠오른 모든 일을 행동으로 옮겨야 직성이 풀리는 남자아이만의 특성 에너지이다. 쓸데없는 일을 벌이는 힘, 엉뚱한 일을 생각해내는 힘, 어쩌면 엄마나 학교 선생님 눈에는 침착하지 못하고 눈에 띄고 싶어서 안달하는 것처럼 보일지 모른다. 그러나 이런 에너지야말로 남자의 자주성과 자립성, 창조성, 지성, 추진력의 원천이 된다. 인류 진화의 바탕이 되었던 고추의 힘이 학원과 학교에서 억압당하고, 사교육이나 지나친 학교숙제로 놀이시간을 빼앗겨 발달에 장애를 받고 있다. 작은 소리로 고추의 힘을 북돋워 주면서 아들을 위대하게 키우라고 했다. 저자 노부후미는 1남 1녀의 아버지다.

좋아하는 과목에 집중시켜라. (p.98)

아이가 수학은 못 하지만 국어는 잘한다고 하자. 그러면 부모는 국어는 그냥 둬도 잘하니까 어려워하는 수학에 집중해야 한다는 생각에 "국어는 됐으니까 수학공부를 좀 더 하라"고 다그치기 쉽다. 이럴 때 부모는 못하는 과목을 더 열심히 하라고 말한다. 그러나 못하는 과목에 집중하다 보면 잘하는 과목까지 망칠 수 있다. 게다가 공부 자체를 싫어하게 되어 성적도 점점 떨어진다고 했다.

그런데 이렇게 하면 역효과만 난다. 자신 없는 과목만 붙들고 있으면 공부가 어렵게 느껴지고 결국은 공부가 지겨워진다. 게다가 좋아하던 국어마저 싫어하게 된다. 이런 식의 공부법은 일부러 아이의 머리를 나빠지게 하려고 노력하는 것과 같다. 아이의 능력을 키워주는 공부법은 '잘하는 과목, 좋아하는 과목부터 철저히 시키는 것' 외는 없다. 아이가 좋아하고 잘하는 과목부터 공부시키고, 오히려 못하거나 싫어하는 과목은 그냥 내버려둔다.

가령 수학을 좋아하는 아이는 구구단 표를 보고 일의 자리수와 십의 자리수를 더하면 언제나 9가 된다는 법칙을 스스로 발견하면 재미있게 공부한다. 이런 발견은 공부를 더욱 재미있게 만들고 나아가 수학에 특별한 자신감을 갖게 한다. 자신감은 '다른 과목도 잘할 수 있다'는 생각으로 발전해 자신 없는 과목에도 도전하게 만든다.

저자는 위의 방법을 부모에게 설득시키기 위해 이런 말을 했다. 다른 사람이 자신의 단점을 들추는 걸 좋아하는 사람은 없고, 무엇보다 단점을 지적해줘서 고마워하기란 정말 어렵다. 따라서 단점을 못 본 체 넘어가고, 장점만 칭찬해주면 좋은 관계를 형성할 수 있다. 공부도 마찬가지다. 워낙 일반적인, 누구나 부모라면 그렇게 생각하기 쉽기에 필자가 책의 내용을 그대로 옮겼다.

부모의 학벌 콤플렉스로 아이의 미래를 결정하지 말라. (p.136)

자녀가 지망학교를 결정할 때 아이의 개성을 존중하기는커녕 의사조차도 물어보지 않은 채 부모가 다닌 학교니까, 부모가 다니고 싶었던 학교니까, 부모가 갖지 못한 간판을 딸 수 있으니까, 현실에는 많은 부모가 이런 잘못을 저지른다. 행복한 인생은 성적순으로 결정되는 것이 아니다.

아들을 위대하게 키우는 교육의 기본?

아들을 위대하게 키우는 교육의 기본은 가르치기에 앞서 아이를 잘

관찰해서 아이의 개성과 적성을 제대로 파악한 뒤에 지도해야 한다. 아이가 무엇을 하며 노는지? 어떤 일에 집중하는지 냉정하게 관찰해야 한다. 부모 마음대로 이상형을 그리지 않고 아이를 있는 그대로 보고 인정하는 것, 이것이 가장 좋은 교육이다. (p.149)

스스로 해결하지 못하는 마마보이

외동딸은 엄마와 친구 같은 모녀 관계를 바란다. 그런데 외동아들을 둔 엄마는 외동딸을 둔 엄마보다 아이에게 집착한다. 너무 잘해준다. 확실히 아들은 딸보다 야무지지 못하다. 엄마는 지나치게 간섭한다. 아들이 좀 자라서 거친 놀이를 하며 흙에서 모래에서 뒹굴며 거친 놀이할 때 아들의 본능을 금지하는 부모가 많다. 엄마의 허락 없이 스스로 해결하지 못하는 마마보이가 되기 쉽다.

그러다가 사춘기가 접어들면 아들은 '성욕 덩어리'다. 이 무렵 사내아이는 어쨌든 여자친구를 사귀어 배설하고 싶다! 대부분 야한 책을 숨겨놓고 보거나 인터넷 성인 사이트를 찾아서 스스로 해결한다. 아들을 지나치게 간섭하는 엄마는 아이 방을 청소할 때 찾아내어 나쁜 짓 한다고 심하게 꾸짖어 아이에게 정신적 외상(트라우마)을 남긴다. 자위는 건강한 남자라면 누구나 경험하는 생리 같은 현상이다. 자칫하면 정상적인 성생활을 못하는 남자로 성장할 수도 있다. 형제가 많으면 피해가 분산되지만 외동이라면 혼자서 엄마의 모든 화를 받아내야 하니 문제가 된다. 아무도 마마보이에게 매력을 느낄 여자는 없다. (P.64)

집안일을 시키면 공부에 요령이 생긴다 (p.66)

중학생이 되기 전부터 집안일을 가르치면 좋다. 집안일 돕기, 식사 후 빈 그릇 옮기기, 식탁 정리, 간단한 요리를 가르쳐 준다. 요리는 아이의 호기심과 탐구심을 불러일으켜 공부하는 데도 큰 도움을 준다고 했다. 요즘 여성들은 요리 잘하는 남자를 이상형으로 꼽는다. 남자도 한두 가지 잘하는 요리 방법을 알아두라고 조언한다. 아이가 음식을 만들었을 때 엄마의 칭찬이 꼭 따라야 발전한다고 했다.

경험에서 얻은 자신감의 중요성

이 책의 맺음말에는 엄마가 외아들을 키우기는 참으로 어렵다. 남자의 가치는 바보나 천재 같은 기준으로 정할 수 없다. 모든 일의 기본이 되는 능력은 시험점수로 따질 수 없다. 행복한 인생은 성적순으로 결정되는 게 아니다. 고추의 힘을 끌어올리기 위해서는 '경험에서 얻은 자신감'을 빼놓을 수 없다고 했다.

아이를 멋지게 키우는 방법은 나쁜 짓을 저질렀다면 반드시 사과하게 가르쳐야 한다. 설령 일부러 한 일이 아니더라도. 이것은 평소 부모의 태도에 달렸다. 반성하지 않는 아이는 성적이 오르지 않는다. (p.172) 아이는 부모 하기 나름이다. 아이들의 사소한 이야기에도 재미있어하고, 귀를 기울여라. 실없는 소리라고 쏘아붙이거나 그만하라고 짜증내지 마라. 아이가 웃기려고 할 때 웃어주자. 공감은 의사소통의 기본이다. 부모의 반응이 아이의 표현력을 풍부하게 길러주는 비결이다. (p. 179)

아이는 부모의 윤리관을 그대로 물려받는다 (p.190)

올바른 윤리관을 가진 부모 밑에서 자란아이는 '나만 잘되면 다른 사람은 아무래도 상관없다.'는 그릇된 사고를 하지 않는다. 세상 인류의 정신세계를 이끌었던 성인들의 공통 정신은 '다른 사람을 돌아볼 줄 아는 마음'을 중요시 한다. 기독교의 주된 가르침은 '이웃 사랑'이다. 이슬람교는 자신에게 소중한 것을 주위 사람에게 나누어주는 마음 '희사喜捨'다. 불교는 남을 사랑하고 가엾게 여기는 '자비'이다. 유교는 어진 마음으로 주위를 사랑하는 '인애仁愛'이다. 우리가 가장 위대하다든가, OOO…의 가르침을 믿지 않는 자는 어리석고 살 가치가 없다고 주장하는 사이비 종교에 빠지지 않는다. (p.193)

미래의 아버지상에 어울리는 남자로 키워라 (p.201)

젊은이들이 결혼하기를 싫어하고 결혼하더라도 아이를 낳지 않는 시대이다. 자기를 닮은 아이를 낳는 것은 행복한 일이다. 그런데 대를 잇지 못하는 사람은 허무함에 슬프고, 자식을 애지중지 사랑으로 키워보지 못한 부부는 진실한 사랑이 무엇인지 배우지 못하기 때문에 불행하다. 그런데 이제 저출산은 국가의 존망까지 위협하는 단계에 이르렀다. 통계에 의하면 자식이 없어도 자신의 유전자를 남기지 않아도 상관없으며, 오늘을 즐기며 살아가기를 원하는 젊은이들이 많아졌다. 이제는 여성도 경제 능력이 생겼고, 결혼 후에도 직장을 계속한다. 남편의 경제력은 그다지 신경 쓰지 않는다. 그래서 육아도 가사도 부부가 서로 도우며 꾸려가야 한다. 요즘 여자들은 요리 잘하는 남편을 이상형으로 꼽는다.

바야흐로 일류대학, 명문대 환상에서 깨어날 때?

끝으로 세계에서 자식에 대한 교육 욕심 높은 한국 어머니들, 가난 때문에 자신이 못 배운 한을 자식에게 푸는 어머니들! 명문대에만 가면 인생의 부와 명예 출세와 행복한 일생이 보장된다는 환상에서 깨어날 때란 내용을 읽고 같은 동양권이라서 인지 공감대가 커서 필자는 크게 웃었다. 책 내용은 이러하다. '명문대' 환상은 줏대 없는 남자를 만든다 (p.141)

2005년 일본의 TV 드라마에 "도쿄대학에 들어가기만 하면 세상이 인정하는 성공한 사람이 되고 인생관도 바뀐다." 이게 과연 올바른 현상일까? 저자는 '줏대 없는 남자를 만든다,'고 강력하게 비판했다. 이유인즉 이러하다. 어렸을 때부터 공부만 하느라 호기심도 감수성도 충분히 기르지 못했다. 새로운 것을 만들어 내는 창조력과 판단력은, 그리고 배우고자 하는 불타는 의지가 없다. 이런 인간 로봇들은 낡은 시스템은 유지할 수 있어도 새로운 시스템을 구상하거나 구축하지는 못한다. 오늘날과 같은 변혁기에 그들에게 새로운 비전을 바란다는 것은 도저히 불가능하다는 것이 일본 최고 학력자들에 관한 실태이다.

반면에 고등학교 때까지 동아리 활동에 열심이었거나 충분히 놀아 본 아이들은 동아리 활동을 하면서 느낀 좌절, 인간관계에서 느낀 쓴맛, 일류대학에 떨어진 패배감을 모두 맛본 그들은 인간미 넘치는 사람이 될 가망성이 훨씬 높다. 고정관념을 깨고 새로운 가치관을 구축할 힘이 넘치는 인재다. 주입식 교육으로 유연한 발상력과 기력을 잃은 권위주의자가 과거의 유물이 될 날이 그리 멀지 않았다. 사회에 도움이 되지 않는 주체성 없는 남자들을 만들어 내지 않기 위해 이제 부모가 눈을 떠야 한다.

4부

—

초라해진 서재(書齋)와 화려한 소비문화

아날로그 시대(1920~2000년)에는 가정의 장식품 중에 책이 왕자였다. 반짝이거나 화려한 빛깔은 아니어도 고래로 인류의 문화를 이끌었던 큰 인물들의 생각이 담긴 책들이 진열되어 있었다. 2010년대에 스마트폰이 대중화되며 디지털 혁신으로 가정의 서재에 전과같이 책이 쌓이지 않는다.

1980, 90년대에 서울 종로와 시내 도로변에서 헌책을 팔았다. 1~2천 원이면 빛바랜 명저를 쉽게 골라 살 수 있었다. 쉽게 번 돈 헤프게 쓴다는 말이 있듯이, 책장정리를 할 때면 헌책들을 묶어 재활용으로 처리했다. 요즘 독후감 쓰려니 책이 없어서 후회스럽다.

20세기 중후반기 청소년 시절에 괴테의『젊은 베르테르의 슬픔』이나 오 헨리의『마지막 잎새』, 모파상의『진주 목걸이』같은 책을 안 읽은 고등학생이나 대학생이 있었을까? 친한 사이면 책을 빌려주고, 바꿔 읽고, 모이면 독후감을 말하며 즐겼다. 가난했어도 살아가는 맛과 감성이 있기에 좋았다고 그때를 그리워하기도 한다.

1980년대 90년대까지도 크리스마스 때나 중고등학교 졸업식 때 책 선물을 많이 했다. 연인들 사이에는 책 제목이나 내용이 마음에 들고 사랑을 고백하는 내용의 책을 선물하기도 했고, 책 속에 4잎 클로버나 아름답게 물든 단풍잎이라도 꽂아주는 추억과 낭만이 있었다. 20년 전만 하더라도 기차나 지하철을 타면 책을 읽는 사람이 있었는데 요즘은 남녀노소 하나같이 휴대폰을 들여다본다. 젊은이들이 십자로 보도를 건널 때도 핸드폰을 들여다보는 이도 있다.

시대의 세찬 물결 속에서 정신적 안정과 생각의 여유를 갖기 위해 책을 읽자고 제안한다. 책을 읽는 그 시간만이라도 마음의 평정을 되찾고 생활의 속도를 늦출 수 있는 심리적 치료라고 생각한다.

인간의 생로병사(生老病死)가 윤회하는 고통에서 벗어나려고 출가…

◆ 『석가(釋迦)의 생애와 사상』(武者小路實篤 著 · 朴敬勛 譯)

　필자는 중고등학교 때 불교의 전래와 석가모니에 대하여 익히 배웠다. 필자는 40대에 불교 서적을 몇 권 읽었다. 그중 하나가 400페이지에 가까운 분량의 『석가의 생애와 사상』이다. 이 책은 지방에 있는 필자의 시가집 서재에서 골라온 것인데, 이 책 속에 독실한 불교 신자였던 시부님의 메모를 발견했다. "정말 좋은 책을 얻은 것 같다. 부처님의 인도하심이라 믿는다. 인연 따라 걷다가 들린 불교책 서점에서 얻은 날(1978.12.3) 읽기 시작하여 3번 다 읽은 날(1997.10.6)"이라고 적혀 있었다.

　필자가 한때 불교 서적을 많이 읽을 때 「반야심경(般若心經 · 마하반야바라밀다 경)」을 암송했다. 번뇌와 집착에서 벗어난 경지에서, 자유자재로 사물을 볼 수 있게 할 수 있다고 하기에…. 「반야심경」은 한문으로 269자나 되는 내용이라 이해하고 익히는 데 상당한 시일이 걸렸고 어려웠다. 한때 장편소설 『화엄경(Little Pilgrim)』, 『법화경과 신약성서』, 『공자, 노자, 석가 三聖會談』 등도 흥미롭게 읽었다. 불교와 기독교와의 관계, 인도의 설화, 불교가 기독교에 미친 영향, 그리고 불교의 자비와 기독교의 사랑 등을 비교해 보는 공부는 재미있었다.

필자는 기독교인이다. 살아가면서 마음이 슬프고 외로울 때 혹은 한꺼번에 몰아닥치는 힘든 일들을 처리할 수 없을 때 필자는 조용한 곳에서 성경의 「시편 23편」을 소리 내어 읊는다. 외로움을 씻고 마음의 평정과 편안함을 되찾는다.

우리의 논제로 돌아오자. 석가모니*는 불교의 창시자로 세계 4대 성인의 한사람이다. 본명은 고타마 싯다르타이다. 인도의 히말라야산맥 기슭에 도읍한 가비라 성城에서 장남으로 태어났으며, 아버지는 정반왕, 어머니는 마야부인이다. 석가모니의 부인 이름은 야수다라, 아들 이름은 라후라이다. 석가모니는 29세에 출가하여 35세에 성도成道 · 正覺했다. 그동안에 부인, 아들, 붓다를 키워준 계모(마하바쟈바디)도 다 출가하여 한데 섞였다. 출가한 지 12년 후에 석가모니는 41세에 가비라성으로 돌아왔다.

불교는 고구려 소수림왕 때(AD 372) 인도, 중앙아시아, 중국을 통해 우리나라에 전래 되었다. 석가탄신 태몽 이야기는 교과서에서 배웠지만 오래되어 인용한다. 싯다르타(석가모니)의 어머니 마야부인의 태몽(p.22) 이야기에 '6개의 뿔을 가진 빛나는 흰코끼리가 오른쪽 옆구리로 해서 태안에 드는 꿈을 꾸었다. 하도 꿈이 이상하여 해몽 잘하는 바라문에게 물어보니, 태어날 왕자님은 출가하시면 부처님이 되어 인천人天의 스승이 되시겠다고 해몽했다. (중략) 마야부인은 꽃이 만발한 봄에 달이 차서 친정인 구리성으로 가는 도중에 산기를 느껴 화원으로 들어가서 무우수無憂樹 아래서 왕자를 탄생했다. 태자는 건강했으나 마

---

* 세존, 석존, 불, 여래 등의 존칭

야부인은 산후 7일 만에 후유증으로 세상을 떠났다. 왕자는 계모에 의하여 원만하고 건강하게 잘 자랐다.

인생무상에 대한 끝없는 번민

석가모니가 12세 때 왕이 태자와 함께 농사짓는 것을 시찰하였다. 농민들이 뜨거운 햇빛 아래서 땀을 흘리며 흙투성이가 되어 일하는 농군, 채찍질에 괴로운 숨을 몰아쉬며 쟁기를 끄는 소, 보습 끝에 파헤친 흙 속에서 벌레들이 나와 허둥대며 몸을 숨길 곳을 찾고 있는데, 새들이 날아와 다투어 쪼아먹는 것을 보았다. 태자는 그 처참한 광경에 전율을 느꼈다. (p. 28) 그리고 생각에 잠겼다.

"육체는 괴로움이 쌓이는 그릇이다." 그리고 피할 수 없는 인간의 생로병사生老病死를 충격적으로 받아들였다. 출가한다고 죽음을 면할 수는 없지만, 참 깨달음을 얻으면 죽음을 두려워하지 않게 된다고 믿었다.

「낡은 우물에 빠진 나그네의 비유」(p.36)

석가모니는 19살 때 집장 대신의 딸 야수다라와 결혼했다. 결혼을 앞두고 싯다르타는 나에게 시집오는 아내는 결코 행복하지 않으리라. 만약 자식이 태어난다면 그 애들도 불행할 것이란 염세주의적 사색에 잠겼다. 결혼 후 10년의 세월이 흘렀다. 싯다르타가 29살 때, 야수다라가 임신했다고 하자, 싯다르타는 '인간으로 태어난 이상 누구나 불행하다.'고 했다. 아내가 그렇지 않다고 반박하자, 석가모니가 한 말이다.

야수다라. 당신은 「낡은 우물에 빠진 나그네」가 한 가닥의 칡덩굴에 매달려 있는 이야기를 모르오. 그 우물의 밑바닥에는 커다란 독사가 있었소. 그리고 그 나그네가 떨어지면 한입에 삼킬 듯 혀를 널름대고 있었소. 그것을 본 본 나그네는 놀라 위를 쳐다보니 거기에는 희고 검은 쥐가 돌아가며 그가 매달려 있는 칡덩굴을 갉고 있지 않겠소. 야수다라는 오, 싯다르타, 그 얘긴 그만 하세요, 했다. 이야기는 그치지만 사실은 그와 다름이 없는 것이오. 인간은 다 죽는다. 삶이 너무 짧다. 생로병사로 우리의 뜻과는 다른 인생을 살고 있다.

얼마 후 아내(야수다라)로부터 아들을 낳았다는 소식을 접했을 때 싯다르타는 장애(障礙, 라후라!)가 생겼다고 탄식했다. 아들의 이름을 '장애'라고 지었다는 말을 듣고 왕은 노했고, 아내는 슬픔을 깨물었다. 부왕이 싯다르타의 생각을 돌이키려고 출가 이외의 모든 소원을 들어주겠다고 했지만 실패했다. 싯다르타의 소원은 첫째 늙지 않는 일, 둘째는 병들지 않고, 셋째는 죽지 않으며, 넷째는 서로 이별하지 않는 일입니다. 라고 했을 때, '그런 무리한 얘기가 어디 있느냐며' 왕은 분노로 이지러졌다.

(p.42)

극심한 육체적 고통을 통하여 도를 닦는 불교도

석가모니는 궁전 밖으로 산책했다가 인간의 생로병사生老病死가 윤회하는 고통을 보고 이를 벗어나기 위하여 결심하고 29세에 출가했다. 출가하여 처음으로 스승 바아르가바를 찾아갔을 때 그의 제자들이 고행하고 있는 광경이었다. 싯다르타가 처음 느낀 인상은 실망에 가까운 것이었다. 도를 닦는 과정 묘사는 이러하다. (p. 56~57)

어떤 사람은 가시 위에 누워있었다. 가시가 몸을 찔러 피가 흐르고, 흐른 피는 검게 굳어있었다. 그것을 참고 누워있었다. 어떤 고행자는 쓰레기 더미 속에 누워있었다. 더럽고 냄새나는 것에 무관심한 듯하였다. 또는 타오르는 불가에 몸이 빨갛게 달아 있는 사람도 있었다. 그리고 한쪽

발을 들고 서 있는 사람, 물속에 몸을 담그고 있는 사람도 있었다. 어떤 고행자는 풀잎으로 옷을 지어 입었고, 혹은 나무껍질로 몸을 가리고 있었다. 그들 가운데는 하루에 한 끼 먹는 자도 있고, 이틀에 한 끼, 사흘에 한 끼를 먹는 자도 있었다. 혹독한 고행을 하는 사람일수록 사람들에게 존경을 받고 있었다. 인간의 고통을 인내하는 힘을 과시하고 있는 것 같았다. 싯다르타는 그 인내력에 감동하였다.(p. 57) …그러한 고행 수도가 납득納得이 가지 않았다.

석가모니는 선인에게 '무엇 때문에 이런 고행을 해야 합니까?' 선인은 고행이 당연하다는 얼굴로 '하늘에 태어나기 위해서다' 란 말을 듣고 싯다르타는 더욱 실망하였다. 위의 내용을 읽었을 때 필자는 마음이 편치 않았다. '인간으로 생명을 부여받아 태어나서 무슨 죄를 지었다고, 고작 짧은 생애에 이런 고행을 찾아서 할까'란 강한 의문이 들었다. 너무 집중하여 읽고, 생각해서인지 이 책을 읽는 동안 필자는 밤에 악몽을 꾸기도 했었다.

여자의 3가지 장애와 10가지 악? (p.192)

여자의 3가지 장애는 어렸을 때 부모에게 자유를 억압당하고, 결혼하여 남편에게 자유를 빼앗기고, 늙어서 자식으로 인하여 자유를 억압받는다. 이는 유교에서 말하는 삼종지도三從之道와 비슷하다.

10가지 악이란 태어났을 때 부모가 기뻐하지 않고, 귀여움받고 자라지 못하며, 결혼하여 부모에게 걱정을 끼치고, 마음이 항상 사람을 두려워하고, 부모와 이별하여 몸을 남의 집에 의탁해야 한다. 임신하는 고난, 해산하는 고난, 항상 남편을 두려워하고, 언제나 자유롭게 지냄을 얻지 못한다고 했다. 석가의 부도婦道에 남편과 시부모 섬기라는 가르침은 유교의 가르침과 흡사하다.

석가모니의 아들 라후라 17세 때 (p. 255)

석가모니의 아들 라후라가 장난할 나이 17세 때 붓다에게 귀의한 세속의 신도가 '아버지가 어디 계시느냐'고 물으면 라후라는 아버지가 있지도 않은 곳에 있다고 거짓말을 한 후 사람들이 헛걸음하는 것을 보고 기뻐하였다.

붓다는 라후라가 있는 곳으로 갔다. 라후라는 기뻐 날뛰며 아버지를 맞이하였다. 붓다는 아들에게 물을 떠오게 하였다. 아버지의 발을 씻게 한 다음 말했다. 라후라, 너는 이 물을 마실 수 있느냐? 마실 수 없습니다. 왜? 아버님의 발을 씻어 더러워졌기 때문입니다. 너도 이 물과 같다. …너는 국왕의 손자로 태어나 세속의 영화를 버리고 사문이 되었는데 수도에는 힘을 쓰지 않고 마음을 청정하게 갖지도 않고 계행을 지키지도 않는다. 삼독三毒[**]의 때를 가슴에 가득 안고 있어 마치 이 물과 같이 더럽혀져 있다.

…라후라, 너는 이 그릇에 음식을 담아 먹을 수 있느냐? 없습니다. 왜? 손발을 씻는 물그릇이기 때문입니다. 라후라, 너도 이 그릇과 같다. 사문이면서 거짓말을 하고 마음속에 도를 닦는 뜻이 없으므로 더러운 물을 담은 그릇과 같은 것이다. 뜻을 가다듬어야 한다. 라후라는 전신에 진땀을 흐리며 준엄한 붓다의 꾸중을 새겨들었다. (p.257)

육체를 괴롭히는 것은 육체에 집착하는 것이다! (p.69. 成道)

석가모니는 6년간의 고행과 선정을 수행하여 35세 때 부다가야의 보리수 아래에서 깨달음得道, 正覺 즉 성도成道 했다. '나고 죽는 것이 결

[**] 욕심, 성냄, 어리석음

코 둘이 아니다. 바다에서 파도가 일었다가 꺼졌다 하는 것과 같다.' 부다Buddha가 된 후, 인도의 여러 지역을 편력하며 포교의 교화에 힘썼고, 80세에 쿠시나가라에서 열반涅槃, Nirvana에 드셨다. 열반은 탐욕, 번뇌, 어리석음이 없는 이상적인 경지를 말한다.

붓다가 열반(p.367)에 들 때다. 비구들아, 슬퍼하지 말아라. 내가 몇천년 산다고 하여도 언젠가 죽을 것이고, 그 죽음은 같은 것이다. 이제 더 산다고 하여도 나는 아무런 얻는 바가 없다. …육체는 괴로움이 쌓이는 그릇이다. 생노병사生老病死의 바다에 빠져야 할 것에 불과한 것이다. 진실로 버려야 할 죄악이니라. 이것을 버릴 수 있는 것을 누가 기뻐하지 않을 것인가. …붓다는 참회하듯 나직하게 말하였다. 만약 너희가 나의 '신구의삼업身口意三業, 몸 입 마음이 지은 행위가 저지른 잘못을 안다면 말해다오. 나는 방일하지 않았으므로 정각正覺을 얻었느니라. 너희는 노력하고 잘 정진하여 빨리 생사의 화갱火坑에서 벗어나야 한다. 이것이 나의 마지막 말이니라.' (p.369) 이 책에는 참으로 기막힌 실화가 가득하다. 독자가 어떤 종교를 지녔든 관계없이 일독을 권하고 싶다.

이상 국가이자
신천지 섬나라 유토피아

◆ 이상향 『유토피아(Utopia)』(토머스 모어 · 김남우 옮김)

『유토피아』(1516)의 저자 토머스 모어Sir Thomas More(1478~1535)가 인류의 공존과 복지의 실현을 꿈꾸며 쓴 소설이 이상향 『유토피아』이었다. 226쪽이다. 이 책에는 유토피아 지도(1515년 그림 작품) 2장이 게재돼 있다. 토머스 모어는 영국의 하원의원과 하원의장, 런던 부시장과 대법관을 두루 역임했다. 대법관 임기 때 영국은 로마 가톨릭으로부터 단절하고 잉글랜드 성공회聖公會로 종교 개혁을 하던 시기였다.

영국 국왕 헨리 8세(재위, 1509~1547)는 왕비가 아들을 낳지 못한다는 이유로 이혼을 강요했고, 로마 교황청의 허락 없이 시녀와 결혼했다. 헨리 8세는 교황청에 반발하였다. 그리하여 영국국교회 성공회는 1534년에 로마교회로부터 분리 독립되었다. 영국 성공회 신부는 결혼할 수 있게 되었다. 헨리 8세는 6번 혼인한 기록을 가졌다. 토머스 모어는 헨리 8세의 결혼이 정당하지 않음을 끝까지 천명했다는 이유로 처형(1535)당했다. 그러나 토머스 모어는 영국에서 덕망이 높은 위대한 인물로 평가되었고, 로마 교황청에 의하여 성인으로 추대되었다.

'유토피아'란 '아무 데도 없는 장소' 혹은 '현실에는 없는 이상향,'같은 부정의 뜻을 내포하는 사회풍자 소설이다. 『유토피아(U-topia)』(1516)는 애초에 라틴어로 쓰였다. 이상 도시이자 신천지 섬나라 유토피아는 본래 섬이 아니었는데, 대륙과 맞닿은 협로를 끊어 운하를 만들어 섬을 만들었다. (유토피아 지도 p.28~29) 이곳을 정복한 자의 이름을 따 유토피아라고 불렀다고 한다. 이 세상에 이상향이 있을까? 젊었을 때 필자는 흥미롭게 읽었다.

유토피아는 극단적인 평등사회

이상적인 정치체제를 가진 상상의 섬나라 유토피아! 시민은 누구나 하루에 6시간 일하고, 나머지 시간은 각자 취미 따라 즐기고 독서 등으로 시간을 보낸다. 여가선용으로 문화센터에서 원하는 맞춤 강좌를 들을 수 있다. 시민은 누구나 2년 동안 농사를 지을 의무가 있다. 사유재산이 없는 공유제, 생산, 소유, 분배에서 평등의 원리를 적용하는 평등사회이다. 누구도 가난하지 않으며, 구걸하지 않는다. 화폐가 없고 계급이 없으며 은밀한 공간이나 밀회의 장소 또한 없다. 공동으로 식사한다. 시민 각자는 시장에서 필요한 물건은 가져간다. 국가는 확장된 가족공동체이다. 유토피아 섬에서 탈출을 시도하거나 간통한 자는 자유인의 권리를 박탈당하고 노예가 된다. (p.169) 판이한 제도의 영향으로 유토피아 사람들은 판이한 사고방식을 가지게 되었다. 그래서 공산주의 혁명가 카를 마르크스와 엥겔스의 사회주의 철학자들의 사상에 영향을 미쳤다는 비판을 받기도 했다.

포도주 가게와 맥주 가게가 없다. 유곽이나 타락의 기회가 존재하지 않는다. (p.170) 전쟁에 대비하여 용병을 두고 있다. 집 구조는 다 같고,

같은 옷, 같은 음식을 먹으며, 문에는 자물쇠가 없다. 지나가던 사람이 아무나 밀고 들어올 수 있도록 되어 있어 사생활이란 존재하지 않는다. (p.148) 타성에 젖지 않도록 10년마다 이사 간다. 여기까지 읽었을 때 필자는 이곳이야말로 영국의 사학자 존 스튜어트 밀John S. Mill이 말한 디스토피아Dystopia가 아닐까 생각했다. 천태만상의 인간이 어떻게 획일적인 공동생활을 할 수 있단 말인가.

이곳에선 관직보다 사제직책을 존경한다. 사냥행위는 잔혹한 쾌락이라며 자유민에게는 적합하지 못한 행위라고 판단한다. 필자는 이 대목에서 떠올려본다. 스페인이나 16세기 스페인의 식민지 남미 멕시코에선 '투우鬪牛 놀이'가 500년 전통 스포츠였다. 투우사가 소를 일부러 흥분시켜 서서히 죽이는 방식이다. 공공 도살이요, 잔혹 행위였다. 이를 유토피아 사람들은 어떻게 해석했을까? 역사에 가정if 이란 없다고 하지만…. 여기까지 읽으신 독자님 한번 웃어보세요.

금(金, gold)에 대한 위대한 조롱 (p.174~176)

내용 중 몇 가지만 인용한다. 인간은 금과 은을 매우 귀하게 여기고 지키는데 혼신의 힘을 쏟는다. 황금을 전혀 쓰지도 않고 누가 볼까 봐 악착같이 숨겨놓고 다시는 이를 보지도 않는 사람들! 잃어버리지 않으려고 숨겼다지만 결국 잃어버린 것이나 다름없다. 유토피아에선 긴요한 가재도구로 황토 접씨와 유리그릇을 사용한다. 유토피아에선 요강과 허드레 그릇, 노예를 구속하는 사슬이나 족쇄를 금과 은으로 만들어 쓴다. 죄인들에게 금과 은으로 만든 귀고리와 반지를 착용하게 한다. 그리하여 금과 은을 불명예의 상징으로 취급한다. 상거래를 통해 섬에서는 생산되지 않는 물품을 받아오는데 막대한 양의 금과 은을 받아오기도 한다. 그래서 금과 은을 많이 축적하고 있다.

진정한 정신적 쾌락

유토피아 사람들의 진정한 정신적 쾌락은 앎과 진리에 대한 관조에서 얻어지는 기쁨, 더 좋았던 시절에 대한 기억과 앞날에 대한 확신을 꼽는다. 육체적 쾌락은 음식과 음료를 통해 소진된 몸의 기력이 회복될 경우, 몸 안에 쌓인 배설물을 방출하거나 2세를 생산하기 위하여 방사房事*하거나, 감각을 자극하고 흥분시켜 쾌락으로 이끌어간다. 이를테면 음악을 듣는 것이다. 육체적 쾌락은 고요하고 조화로운 육체 상태를 의미한다. 건강은 고요한 쾌락 속에 있다. 동물 가운데 어떤 것도 세상의 아름다움과 황홀함을 누리지 않는데 인간은 누린다.

석가모니의 사상과 토머스 모어의 사상 비교 (p.182~184)

자연에 감사할 줄 모르는 사람, 타인의 공익을 돌보는 경우가 아니라면, 육신의 아름다움을 훼손하거나, 민첩함을 둔화시키거나, 굶주림으로 육신을 소진 시키거나, 건강을 해쳐 자연이 선사한 즐거움을 해하는 것들은 지극히 정신 나간 짓이라고 믿습니다. 쓸데없이 용기를 자랑하려 하거나, 오지도 않는 역경을 대수롭지 않게 견딜 수 있음을 과시하려고 자신에게 위해를 가하는 것은 어리석을 일이라고 그들은 생각합니다. 그런 사람은 자기 자신에 가혹한 영혼이며, 자연에 감사할 줄 모르는 영혼으로, 자연의 모든 은혜를 거부하는 어리석은 사람

* 성교

입니다. 유토피아 사람들은 건강한 쾌락을 행복의 측도로 삼았다. 덕은 자연에 따르는 삶이라 정의했다.

『유토피아』 중에서 석가의 사상과 토머스 모어의 사상(P.58)이 이런 면에서 서로 반대되는 것 같아서 비교해 보았다. 유대교에서도 삶의 기쁨을 부정한다는 것은 죄가 되었다. 돈, 술, 노래, 섹스, 즐거움은 인생에 필요한 것이라 했다.

에덴동산과 무릉도원

필자는 '유토피아' 하면 성경 창세기에 에덴동산과 중학교에선가? 배운 도연명의 「도화원기(桃花源記)」가 떠오른다. 에덴의 뜻은 기쁨의 동산, 행복 동산, 극락極樂의 정원 등으로 해석한다. 에덴동산의 현재 위치는 이란 이라크 접경지대라고 추정한다.

조선인들도 유토피아를 꿈꿨다. 조선 시대 화가들이 몽유도원도를 그렸다. 안평대군安平大君은 인왕산 자락 종로구 부암동에 별장을 짓고 주위에 대나무와 복숭아나무를 심어 무계정사武溪精舍라 명했다. 지금은 무계동武溪洞, 1974년 서울시 유형문화재로 지정한 바위에 3자 새겨진 석물이 남아 있다.

뉴질랜드에 부동산을 사들여 벙커를…

근래 『조선일보(2021.7)』 칼럼을 읽고 필자는 웃었다. 영국 일간지 『가디언(The Guardian)』에 따르면 현 지구상에서 기상이변과 전염병에서 마지막 살아남을 수 있는 피난처는 섬나라 뉴질랜드라고 했다.

다음으로는 아이슬란드, 영국, 아일랜드 등의 순서였다. 내용인즉 섬 나라들이 생존에 필요한 전력을 안정적으로 공급할 수 있고, 대규모 난민으로부터 국경을 보호할 수 있다고 했다. 미국 실리콘밸리 부호들이 이에 대비하여 뉴질랜드에 부동산을 사들여 벙커를 짓는다고 했다.

　서울대 주경철 서양사학과 교수는 토머스 모어가 그린 유토피아와 가장 가까운 현실 국가로 크메르 루주Khmer rouge가 만들어 낸 혁명 캄보디아를 예로 들었다. 모든 생활이 공동체적이고, 화폐도 없고, 월급도 없고, 각자 하루에 쌀 1kg과 1년에 소금 600g, 옷 한 벌(검은 바지와 블라우스) 받는다. 밥을 먹기 위해 하루 8시간 일하고, 한 달에 3일 쉬는데, 쉬는 시간은 정치 교양, 훈육에 바쳐진다. 유토피아와 놀라울 정도로 유사하지만, 실제로는 4년 집권 중, 전 국민의 4분의 1인 100만 명 이상을 살해한, 인류역사상 최악에 속하는 디스토피아가 구현됐다는 『조선일보』 칼럼(2022.1.4)을 읽었다.

　불현듯 2004년 1월에 우리 부부가 베트남과 캄보디아를 여행했던 기억이 떠올랐다. 세계 7대 불가사의 중 하나인 앙코르와트Angkor Wat와 앙코르톰이 있는 신비스러운 나라 캄보디아! 9세기부터 15세기까지 동남아시아에 군림했던 최강의 왕국 크메르제국! 지금은 세계 최빈국 수준이다. 캄보디아 제1의 관광도시 씨엠립은 밤이 되니 가로등이 없어 암흑천지였다. 다음날 여행단체는 캄보디아 공산 무장단체 크메르루주(Khmer rouge)군에 의하여 캄보디아 인구 7백만 중에서 1/3가량, 200만 명이 학살당한 킬링필드Killing Field(1975~1979) 현장을 관람했다. 그곳에는 기념관이 있었는데, 투명한 유리로 된 홀에 회골 바가지를 모아 적재해두었다. 몸에 소름이 끼쳐 곧 고개를 돌렸다.

인류가 함께 극복해야 할 지구촌 재앙

지구온난화로 지구촌 곳곳에 홍수, 가뭄, 토네이도, 지구의 북극 대륙과 그린란드에 있는 빙하가 녹고 있으며 관측 사상 처음으로 비(2021.8)가 내렸다. 캐나다 밴쿠버는 1년 내내 에어컨이 필요 없을 정도로 여름에도 섭씨 20도 안팎을 오르내리는데 최근에는 30도를 넘었다. 아프리카 최고봉 칼리만자로(5895m) 빙하가 20년 뒤면 완전히 사라질 수 있다는 세계 기상 기구(WMO. 2021.10)의 전망이 나왔다.

세계 최대 연어 서식지인 미국의 컬럼비아강은 2021년에 수온이 38도를 웃돌며 연어들이 떼죽음을 당했다. 호주 동해안에 있는 세계 최대의 산호군락인 그레이트배리어리프Great Barrier Reef에 해수 온도 상승으로 역대 최악의 백화白化현상이 진행 중이다. 호주의 산불(2019 가을~2020년 봄)은 기후변화로 인한 고온 현상과 해수면의 온도변화와 가뭄으로 수억 마리 동물들이 죽었다. 생태계의 보고인 남아메리카 아마존강 열대우림 정글이 난개발과 산불로 빠른 속도로 파괴되고 있다. 21세기에 유토피아와 디스토피아에 대한 개념은 그 범위부터가 어느 한 나라의 정치형태가 아니라 인류 공동의 중차대한 과제가 되었다.

스웨덴의 환경운동가 소녀 그레타 툰베리Greta Thunberg가 2019년 9월 24일 UN 세계지도자 기후공약 장소에서 사람들이 죽어가고 있고, 생태계 전체가 붕괴하고 있는데 여러분은 전부 돈과 영원한 경제 성장의 이야기뿐이라고 울먹였다. '우리가 여러분을 지켜볼 것입니다,'란 눈물겨운 호소를 우리 세대는 해결해야 할 의무가 있다.

자본주의 자체의 모순과 사회주의 혁명에 관하여

◆ 『자본론 (Das Kapital)』(카를 마르크스 · 손철성 풀어씀)

『자본론』은 카를 마르크스Karl Marx(1818~1883)가 자본주의 사회의 정치 · 경제학 비판을 독일어로 집필하고 프리드리히 엥겔스Friedrich Engels(1820~1895)가 편집한 방대한 정치 경제학 연구서이다. 총3 권인데 첫권은 1867년에 출간했고, 2권과 3권은 마르크스 사후 엥겔스가 마르크스의 유고를 정리하여 1885년 제2권, 1894년에 제3권을 발간했다. 필자는 손철성 교수가 청소년을 위해 핵심 내용을 간추려 쓴 책을 읽어보았다.

자본주의 경제체제에서 자본가의 지나친 이윤추구로 사회는 빈부격차가 심해지고 노동자는 비인간적인 노동 착취를 당한다. 당시 노동자들의 비참한 현실을 목격하고 노동자들을 강제적 억압에서 벗어나게 하는 방법을 찾기 위해 마르크스와 엥겔스는 함께 영국 런던 대영 박물관 열람실에서 자본주의 경제체제의 구조와 모순을 철저히 연구했다.

근대의 시작인 영국의 산업혁명

산업혁명의 출발점은 기계공학자 제임스 와트James Watt 증기기관의 동력과 기계발명으로 상상할 수도 없을 정도로 생산력의 증대를 가져왔다. 영국은 1789년에 방직기의 기술을 처음 도입하였다. 영국은 기계와 동력에 필요한 석탄과 철이 풍부했고, 소규모 토지를 합병하는 운동을 통하여 풍부한 노동력을 보유했으며, 식민지 지배를 통해 자본도 많이 확보했기에 세계의 산업혁명을 주도할 수 있었다. 세계사에서 근대의 시작은 일반적으로 산업혁명(1760~1820) 이후부터라고 본다. '산업혁명'이란 용어는 1844년 엥겔스가 처음 사용했다고 한다.

마르크스와 엥겔스는 사상적 동반자

마르크스는 마르크스주의Marxism라는 사상을 낳은 독일의 사회학자요 공산주의 혁명가였다. 마르크스의 아버지는 유대인으로 변호사였다. 마르크스와 함께 거론되는 엥겔스는 독일의 사회주의 경제학자였으며 그의 아버지는 방적 공장장이었다. 마르크스와 엥겔스는 꼭 같이 종교, 철학, 역사 문학을 좋아했다. 마르크스와 엥겔스가 절친한 친구가 되기 전에 신문에 사회 비판적인 글을 기고하면서 지면으로는 알고 있었다. 정치신문『라인 신문』편집실에서 처음(1842.11) 만났고, 프랑스 파리 카페(1844.8)에서 역사적 만남이 다시 이루어졌다. 당시 마르크스는 26세, 엥겔스는 24세였다. 엥겔스는 마르크스가 정치적 저술로 필화를 입고 여러 나라에서 쫓겨나 오랫동안 무국적자로 떠돌아다니며 가난했을 때 경제적 후원자였다

마르크스와 엥겔스는『독일 이데올로기』를 공동 저작(1832년 출판)

했고, 공산주의 동맹을 조직하고 『공산당 선언』(1848)을 발표했다. 기록에 의하면 『마르크스의 자본론』은 엥겔스의 도움 없이는 불가능했다고 한다. 마르크스가 향년 65세로 사망한 후에도 12년 동안 엥겔스는 『자본론』 간행에 몰두했다.

당시 노동자들의 비참한 생활 묘사

책에는 공장주가 노동자의 식사시간과 휴식시간에서 몇 분씩 훔쳤다. (p.109) 어느 소규모 공장에서는 "10세 아이들이 새벽 2시에서 4시 사이에 일을 시작하여 밤 10시나 12시까지 입에 풀칠하기 위해 노동했다. 그들의 팔다리는 말라비틀어졌고 신체는 왜소하며 얼굴은 창백하다. 그들의 인간성은 목석처럼 완전히 무감각 상태로 굳어져 보기만 해도 소름이 끼칠 지경이다." (p.110)

영국의 면공업이 왕성하게 발전하던 시대에 기계제 대공업이 노동자에게 미치는 영향은 컸다. 노동자는 남녀 성인들과 아동들로 구성되었는데 아동과 소년들은 8세부터 18세까지였다. 노동시간은 주야 교대제와 돌아가면서 차례로 하는 윤번제로 하였다. 기계에 의해 실업자가 많아졌어도 공장 수와 규모확대로 노동자 수가 더 많아졌다. 한 기계에 봉사하는 것이 평생의 전문직이 된다. 기계는 노동자를 특정 기계의 한 부분이 되도록 이용한다. 똑같은 과정을 수없이 반복하는 권태롭고 단조로운 고역을 엥겔스는 그리스 신화에 나오는 시지푸스Sisyphus의 형벌에 비유했다. (p.164)

1800년대 초반에 방직기계가 도입되면서 전통적 수공업자들이 몰락했고, 많은 사람이 굶어 죽었다. 마르크스 경제학자들은 자본주의는 실업 문제, 인플레이션 문제, 환경파괴 문제, 인간소외 문제, 사익과 공익의 대립 등 자체내의 문제로 몰락할 것이다. 마르크스는 이러한 노동소외를 극복하기 위해 이윤만을 추구하는 자본주의의 사적 소유를 없애고, 공동으로 생산하여 분배하는 공산주의 사회건설을 주장했다. (p.240) 이 사상은 토머스 모어의 『유토피아』에서 주장한 내용과 비슷하다.

20세기의 거시경제학자 케인스의 『자본주의의 미래』

카를 마르크스가 죽은 해에 20세기의 거시경제학자 영국의 존 메이너드 케인스John Maynard Keynes(1883~1946)가 태어났다. 만약 그가 한 30년 일찍 태어나서 마르크스와 엥겔스 앞에서 이런 '행복 경제학 낙관론'을 펼쳤다면 신상에 어떤 일이 일어났을까? 상상해 본다. 역사에는 가정이란 것이 없다고 했지만….

케인스는 경제 성장의 핵심은 기술혁신과 자본축적에 있다고 보았다. 케인스의 에세이 「행복 경제학」에 「우리 손자 세대의 경제학 가능성(Economic possibilities for our grandchildren)」(1930)에 낙관론을 펼쳤다. 향후 100년 후의 소득수준은 4배~8배 높아지고, 주당 15시간만 일하더라도 충분할 것이라 했다. 기술진보는 새롭게 창출한 일자리가 더 많아졌고, 기업들은 자동화에 따른 비용 절감과 가격 인하로 수요가 커진 상황에서 직무들에 더 많은 노동자를 고용했으며, 신기술에 힘입은 새로운 산업도 출현했다. 그의 경제학 이론은 21세기에 들어맞고 있다.

1980년대 학생민주화운동과 마르크스『자본론』

　1980년 광주민중항쟁 이후, 우리나라 1980년대 학생민주화운동 때 대학생들이 왜 마르크스『자본론』에 심취하였고, 노동자와 연대勞學連帶를 형성하여 함께 투쟁했던가? 돌아보면 노학연대 시작은 1970년 서울평화시장 청계피복노조 운동가 전태일의 분신 사건에서 점화되었다. 1980년대 학생들은 지하 골방 같은 데서 삼삼오오 모여서 마르크스의 책들과 북한 김일성金日成의 주체사상을 탐독했었다.

　학생들은 민민투民民鬪와 자민투自民鬪를 결성하여 '무엇이 프롤레타리아Proletarier 노동자 계급의 혁명적 진군을 막고 있는가?' 반미反美 자주화, 반파쇼反 Fascio* 민주화를 외치며 '민족해방'을 외쳤다. 우리나라가 미국 제국주의의 식민지가 되었으며, 자본가 계급 부르주아Bourgeois 매판자본과 군부 독재를 타도하여 노동자, 농민, 도시 빈민이 주인이 되는 민중민주주의를 이룩해야 한다고 주장했다. 노학연대는 「노동자의 길」이란 정치신문과 「민족 민주 선언」 등을 발간하며 민중해방 노동해방을 부르짖으며 노동자와 함께 시위를 벌였다. 결국 '직선제 개헌 요구'를 받아들여 1987년 6.29선언, 민주화 투쟁 승리로 끝맺음했다.

　　우리나라에 민노총(民勞總)은 1995년 11월 11일에 창립되었다. 김대중 대통령 때 노사(勞使)간담회를 열고 민노총을 합법화했으며, 최저임금법 확대와 인권위를 신설했다. 노동 존중과 친기업적 정치 행정이 상생(相生)할 수 있는 날이 오길 고대한다. 오늘 아침 신문에도 '존경받는 기업인이 많아져야 한다,'는 사회적 공론이다, 라고 김형석 노철학자는 말했다.

　　　　　　　　　　　　　　　　　　　　　　　(『동아일보』 2022.6.3)

---

* 반독재정치

─── 종교와 창조(Religion & Creation) 찰스 다윈의 진화론에 대한 EBS TV 논쟁

◆ 『종(種)의 기원(The Origin of Species)』(1859년)

　지난밤 EBS TV에서 '종교와 창조'라는 주제로 토론했다고, 그이는 아침 식탁 (2009.3.10)에서 말해주었다. 성경에서 말하는 천지창조설과 영국의 진화생물학자 찰스 다윈Charles Darwin(1809~1882)의 진화론에 대한 논쟁이었다. 2009년은 다윈의 탄생 200주년 되는 해였다.

　진화론은 종교적인 믿음과 모순되기 때문에 1859년에 『종의 기원』이 출판되었을 때 세상을 놀라게 하였다. 출판한 지 며칠 만에 1500부가 다 팔렸다고 한다. 진화론적인 입장에서 가장 논박하기 어려운 점은 '최초의 생명'에 대한 설명이다. 진화론에 관해서는 중고등학교에서도 배웠다. 기록에 의하면 찰스 다윈이 1835년 9월에 대탐험선 비글호를 타고 갈라파고스 제도Galapagos Island에 닿았다. 지질학과 생물학을 연구하기 위해 세계 일주 탐사를 계획했다. 다윈은 이곳에 1개월 이상 머물렀다. 갈라파고스 제도는 남미대륙 에콰도르에서 1000km 떨어진 태평양에 자리한 20여 개의 화산섬이며, 에콰도르 영토이다. 갈라파고스란 이름은 '거북이 섬'이란 의미이며, 1978년에 유네스코 자연유산에 등재됐다.

갈라파고스 제도에는 독자적으로 진화된 희귀한 고유종 동식물이
서식하고 있는데, 대륙과 격리돼 있고, 육식 포유류가 없으며, 토착민
이 없었다고 한다. 그래서 고유종이 진화할 수 있었다. 땅 거북이 사진
이 유난히 많이 수록돼 있다.

적자생존適者生存, survival of the fittest 진화론 이론에 종의 가변성으로 5가지
를 들었다. 생물계 포함, 모든 것은 시간이 지남에 따라 변한다. 지구상
의 모든 생물 종들이 단 하나의 공동조상으로부터 유래되었다. 진화에
의해 새로운 종들이 나타나면서 생물의 다양성이 증가했다. 진화는 점
진적으로 이루어진다. 생존 경쟁 속에서 자연에 적응하는 것은 살아남
고 그렇지 못한 것은 도태된다는 적자생존 이론이다.

진화론이 생물학, 종교, 철학, 사회과학, 경제에까지 큰 영향을…

진화론은 사회 전반에 격론을 불러일으켰다. 종교적인 측면에서 초
자연적 창조론을 주장해 왔던 사람들은 강하게 비판했다. 여기 재미있
는 통계가 나와 있다. 미국인을 조사대상(2008.6. 기준. %)으로 진화
론을 지지하는 불교(81), 힌두교(80), 유대교(77), 천주교(58), 종교 없
음(72%), 주요개신교(51), 이슬람(45), 몰몬교(22), 여호와의 증인(8)
이다. 2009년 퓨 리서치 센터 설문 조사결과에 따르면 거의 모든 과학
자 97%가 인간과 다른 생명체들이 시간에 걸쳐 진화했다고 했다. (위
키백과)

우주의 '빅뱅(Big Bang)' 대폭발 기원설

우주의 '빅뱅' 대폭발 기원설은 1946년 러시아 출신 미국 천문학자 가모프George Gamow가 말한 설로 태초에 우주가 초고온 초고밀도 상태였는데 팽창하여 대폭발함으로써 수많은 행성이 생겨났다고 했다. 태초에는 불덩어리들이 한 점에 모여있었는데 계속 팽창하고 있다. 계속 팽창하면서 평균 밀도는 끊임없이 감소하고 현재같이 성글게 되었다. 우주는 75% 수소와 25% 헬륨으로 형성되었다고 한다.

미국의 천문학자 허블Edwin P. Hubble이 우주팽창의 증거를 발견하였다. 허블은 천문관측용 망원경을 발명하여 윌슨 천문대에서 100인치 구경의 우주망원경으로 은하를 연구하다가 은하들이 우리에게서 자꾸 멀어지고 있음을 발견하였다. 이 주장은 1978년 미국의 아노 펜지어스A. Penzias와 로버트 윌선R. Wilson이 우주배경복사를 관측함으로써 증명하여 노벨 물리학상을 받았다. (위키백과)

우리가 사는 우주는 약 180억 년 전에 태어나 지금까지 계속 팽창하고 있으며, 지구의 나이는 약 50억 년이라고 한다. 오늘날 지구상의 모든 인종과 민족은 생물학적으로는 인류의 조상인 유인원 호모사피엔스Homo Sapiens가 15만 년~25만 년 전에 아프리카에서 시작되었다는 설과 5만~10만 년 전에 중동·아시아에서 시작하여 유럽 등으로 이동하였다는 주장도 있다. (두산백과)

종교적 맹신과 편견

종교와 창조에 관한 이야기로 돌아오자. 몽테뉴의 『수상록』에 "우리들의 신앙심은 증오심, 잔혹함, 야심, 탐욕, 중상모략을 조장할 때 참으로 놀라운 힘을 발휘한다. 종교는 악덕을 근절하기 위하여 만들어졌는데, 오히려 악덕을 부추기고 있다"고 했다. 지금도 지구촌엔 민족·종교분쟁의 비극이 계속되고 있다.

나라와 민족에 따라 다른 종교를 가지고 있다. 종교적 편견과 맹신이 인간의 자유와 존엄을 위협하기에 관용이 필요하다고 믿는다. 서로 다른 사고방식과 행위 양식을 존중하고, 자유롭게 승인하는 태도가 필요하다.

스위스에서 열린 종교회의에서 채택한 「바아르 선언문(Baar Statement: 1990.1)」에서는 종교의 다원주의를 표방하였다. 구원의 유일성唯—性을 포기하고, '기독교 밖에도 구원이 있다.'고 공식 선언했다. 하나님의 임재가 모든 나라와 백성 가운데 항상 존재하듯이 성령을 통한 하나님의 구원의 역사가 타 종교에도 있다는 것이다. 그의 사랑과 구원의 은혜 또한 전 인류와 종교들을 포용하며, 유아론唯我論적인 신앙만을 고집할 수 없음을 확인했다. 지구공동체 내에서 정신과 마음을 타인에게 개방하는 자세가 필요함을 함께 인식하였다고 한다.

민족이 다르면 종교대상과 예배형식이 다르다. 불교의 불상, 천주교의 성모 마리아상, 개신교의 십자가 등을 우상이라고 말할 수 없다. 경전의 말씀이 그 시대에만 국한된 것이 아니라면, 우리 시대에 적용할 수 있도록 바르고, 융통성 있게 해석해야 한다. 문화와 생활양식의 다양성은 존중되어야 하지만, 민주적 개인주의의 원칙을 공공연하게 침해하는 종교적 광신이나 민족적 광신, 종교적 분열로 인한 전쟁은 억제되어야 한다. 2차 대전 때 나치독일의 유대인과 집시에 대한 학살*은 종교와 이념 차로 일어난 제노사이드Genocide 자행의 대표적인 예이다.

인도의 간디가 한 말이다. '진실은 하나고, 진실에 이르는 길은 많다 Truth is one, paths are many'고 했다. 신앙의 궁극 목적은 하나지만, 각종 종

---

* 홀로코스트

교를 통하여 정상에 오르는 길과 방법은 다양하다고 생각한다. 지구촌 시대에 종교적 광신이나 민족적 광신은 억제되어야 한다고 생각한다.

─────────── 18세기 영국의 상류사회에서 결혼을 위해 여성이 겪어야 했던 우여곡절

◆ 『오만과 편견(Pride and Prejudice)』(Jane Austen · 유지관, 전승희 옮김)

『오만과 편견』(1813)의 저자 제인 오스틴Jane Austen(1775.12.16~1817.1.18)은 셰익스피어 뒤를 이어 영국인이 가장 사랑하는 소설가로 손꼽힌다. 제인 오스틴은 교구 목사의 딸로 8남매 중 둘째 딸로 태어났다. 그는 16세 때 희곡을 쓰기 시작했고, 21살(1796)에 『첫인상』이란 장편소설을 완성했다. 『오만과 편견』은 『첫인상』이란 제목으로 완성했던 것을 완전히 새로 써서 발표한 것이다. 『오만과 편견』(1813)은 18~19세기 영국 여성의 결혼에 있어서 오만과 편견에서 일어나는 사랑의 엇갈림을 그린 560페이지에 달하는 연애소설이다.

『오만과 편견』을 왜 세계시민들은 그토록 애독했나? 재산은 없어도 아름다움과 미덕을 두루 지닌 두 여주인공이 우여곡절 끝에 사랑과 조건이 일치하는 성공적인 결혼을 한데에 많은 이들의 소망을 대리 충족했을 것이라고 평한다.

영국의 소설가 버지니아 울프는 '제인 오스틴은 풍자의 회초리를 들어 사정없이 인물들을 매질했는데, 이러한 풍자는 옳고 그름을 판별하는 그녀의 완벽하고 예리한 감각이 실려있다고 평했다. 제인 오스틴은 250년 전에 태어났다. 영국이란 전통적인 나라에서 이렇게 시대에 앞선 작품을 썼다는데 감탄하지 않을 수 없다.

　　제인 오스틴은 41세에 요절했지만 『오만과 편견』 외에도 『이성과 감성』, 『맨스필드 파크』, 『에마』 등을 출판했다. 『설득』과 『노생거 사원』은 사후 1818년에 출판되었고, 작품들은 영화화되었다.

영국 특유의 전통적인 상속제도

　　18세기 영국 특유의 상속제도에는 장남에게 전 재산을 물려줌으로써 부모 세대에서 자식 세대로 같은 재산과 지위가 계승되었다. 그 결과 차남 이하의 아들들은 군인이나 목사가 되어 생활이 넉넉하지 않지만, 양반의 지위와 생계를 유지할 수 있었다. 상속재산이 없는 딸들은 남자의 성격이나 인품, 사랑을 고려하기보다는 재산과 지위를 우선시하는 정략결혼을 할 수밖에 없었다. 그래서 부자 사위를 고르려고 딸을 가진 집안에서는 갖은 노력을 다하였다. 당시 사회제도와 관습 때문에, 여성이 비록 훌륭한 성품과 자질, 미덕과 판단력의 소유자라도 꼭 성공적인 결혼으로 이어지지는 않았다. (p.536)

소설 속의 다양한 인물 배치와 재미있는 표현(Plot)

　　이 책의 주인공 베넷 가家의 딸들은 제인, 엘리자베스, 메리, 캐서린, 리디아이다. 베넷 가 첫째 딸 제인은 뛰어난 미모에 온유하고 착한 성격의 소유자였고, 둘째 딸 엘리자베스는 예쁘고, 지적이며, 유머 감각,

예리한 통찰력, 쾌활하고, 상냥했다. 메리는 못생겼고, 지적 허영심에 똑똑한 척했고, 캐서린과 리디아는 가볍고 이성적이지 않았다. 베넷 부인은 여생을 오로지 딸들 시집보낼 궁리에 신경을 썼다.

남자주인공 빙리와 다아시, 그리고 미혼 처녀 여러 명이 등장하는데 무도회(사교댄스)로 이야기는 시작된다. 등장하는 여러 젊은 남녀의 성격과 심리묘사를 어쩌면 이렇게도 잘 묘사했는지, 책을 읽으면 현실 장면을 보는 것 같다. 미국의 문학비평가 해럴드 블룸은 제인 오스틴 이 구사하는 재현의 기술은 셰익스피어에 비견할만하다고 했는데, 필 자는 참으로 재미있게 읽으며 감탄했다.

소설에 나오는 남자주인공 빙리와 다아시는 잉글랜드 북부출신, 대단한 가문의 재산가 집안의 미혼 청년들이었다. 남자의 인물도 반반 하여 이 지방 딸을 가진 집안에서는 온통 신경을 집중하는 청년들이었 고다. 빙리와 다아시는 절친한 친구 사이었다. 얼마나 계획적으로 인 연을 맺으려고 딸을 가진 엄마들이 애를 썼는지 한 유치한 예를 인용한 다. 제인이 빙리집에 초대받아갈 때 비가 오려는데, 제인의 어머니(베 넷 부인)는 제인이 마차가 아닌 말을 타고 가면 비를 맞게 되고, 비를 맞 고 온 손님을 젖은 채 돌려보낼 수 없으니 빙리 가家에서 묵고 가라며 제인을 붙잡을 것이란 계획을 하고 보냈다. 제인은 예상했던 대로 감기 에 걸려 빙리가에 며칠 묵는 사이에 빙리와 애정이 싹트기 시작했다.

다아시의 오만과 엘리자베스의 편견

시간이 흐름 속에 오만한 인상을 주었던 다아시 씨는 변했다. 그동 안 엘리자베스를 얼마나 사모하고 사랑하는지 오랫동안 품어왔던 감정을 모두 고백하였다. 그러나 엘리자베스는 다아시씨에 대하여 신랄한 비난을 퍼부으며, 냉정하고 매몰차게 청혼을 거절했다. 이는 엘리자베스의 잘못된 전제에서 나왔던 편견이었다. 내막은 이러하다.

엘리자베스가 다이시를 가장 처음 만난 무도회에서 다아시는 친구 빙리에게 엘리자베스가 자기와 춤출 만큼 아름답지는 못하다고 하는 소리를 엿들었었다. 그때부터 그를 싫어하고 있었다. 그리고 빙리가 엘리자베스의 언니 제인에게 청혼하려는 것을 방해하고 떼어놓기 위해 공작했다고 오인했다. 엘리자베스는 결혼의 조건이 오직 진정한 사랑이라고 믿었기에 제인이 명망 있는 가문 출신이 아니라는 이유로 반대한 것으로 알게 되자, 그를 오만과 편견에 가득한 속물로 여겨 분노했다.

다아시 씨는 긍정적인 대답을 의심하지 않고 사랑을 고백… (p.268)

엘리자베스는 "…저로서는 한 번도 당신의 호감을 원한 적이 없습니다. 그리고 분명 당신께서도 정말 마지못해 제게 호감을 품으신 거고요. 제가 누구에게 고통을 주었다면 미안한 일입니다. 그렇지만 그것은 제가 의식하지 못하는 상태에서 일어난 일이고…" 다아시의 안색은 분노로 창백해졌고, 표정 하나하나에 당혹스러운 기색이…. (P. 269) 엘리자베스는

> 당신을 처음 알게 되었을 때 당신이 거만하고 잘난체하며 자기 생각만 하면서 남의 감정을 무시하는 사람이라는 인상을 받았습니다. …누가 뭐라 해도 저는 당신 같은 사람과 결혼할 수 없을거라고 생각했어요.
>
> (p.274)

그 후에 엘리자베스의 심리묘사는 재미있다.

> 한 번 거절당했던 남자인데! 그이의 사랑이 다시 되살아 날것을 기대
> 하다니, 이런 바보가 어디 있어? 같은 여자에게 두 번이나 청혼하는 그
> 런 쓸개 빠진 인간이 어디 있을라고? 모욕치고도 남자들의 감정을 그렇
> 게 상하게 하는 모욕도 없을 거다!
>
> (p.467)

이런 일이 있었던 후 엘리자베스가 다아시의 영지에 갔을 때 다아시
를 칭찬하는 하인들의 증언과, 장사꾼이라고 경멸당하는 외삼촌 부부
를 예의 바른 태도로 대했으며, 동생 리디아의 패가망신 큰 화를 다아
시의 노력으로 해결되었음을 뒤늦게 알았다.(중략) 엘리자베스는 뉘
우쳤다. 그에게 호감이 갔고, 존중과 존경, 감사하는 마음으로 변했다.
또한 다아시는 지난날 자신의 성장 과정에서 신분에서 오는 가정적 분
위기와 부모님의 가르침과 지도에 대한 냉정한 성찰과 뉘우침, 그리고
사랑을 고백했다.

> 어린 시절에 옳은 것이 무엇이라는 가르침은 받았지만, 제 성격을 고
> 치라는 가르침은 못 받았어요. 훌륭한 원칙들을 가지게 되었지만 오만
> 과 자만심을 가지고 그것들을 실행했지요. 불행하게도 외아들이었던 까
> 닭에 부모님들이 버르장머리 없이 가르치셨던 것이지요. 그분들은 참 좋
> 으신 분들이었지만(특히 제 부친은 더할 나위 없이 자비롭고 따뜻한 마
> 음씨를 가지셨는데), 제가 이기적이고 거만하도록 내버려 두고 부추기고
> 심지어는 가르치기까지 하셨습니다. 제가 가문 혈족 외에는 아랑곳하지
> 않도록, 적어도 그들의 생각과 가치가 제 것에 비해서 비천하다고 생각
> 하길 원하도록 말입니다. 여덟 살 때부터 스물여덟 살에 이르기까지 그
> 런 사람이었습니다. 그리고 사랑하는 그대 엘리자베스가 아니었다면 여
> 전히 그랬을 것입니다. 당신에게 진 빚을 어찌다 말할까요!
>
> (p.505~506)

우여곡절 끝에 빙리와 제인 그리고 다아시와 엘리자베스는 청혼이 받아들여지고, 한쪽이 다른 한쪽을 일방적으로 지배하는 것이 아니라, 서로의 장점을 인정하고, 약점을 보완하는 동등한 파트너의 관계로 신데렐라 꿈의 성취가 경사스럽게 이루어졌다. (p.550) 이렇게 재미있는 소설책을 또 발견할 수 있을까?

우리의 삶은 단 한 번이기에 비교도 반복도 되지 않아 가볍다

◆ 『참을 수 없는 존재의 가벼움』(밀란 쿤데라 · 송동준 옮김)

소설 『참을 수 없는 존재의 가벼움』(1984)은 체코슬로바키아의 시인 소설가 밀란 쿤데라Milan Kundera(1929~)의 자유 민주화운동인 '프라하의 봄(1968.1.5~8.21)'을 배경으로 한 380여 페이지 분량의 철학적인 소설이다. 2차 세계대전 이후 체코가 독립(1918)했으나, 또다시 소련군이 점령하여 강압은 날로 더해갔다. 밀란 쿤데라는 프라하의 봄을 경험했다. 시민권이 박탈당하자 프랑스로 망명해 파리에서 작가 활동했다.

이 책은 제목부터 철학적인 명제로 독자를 이끈다. 인간존재의 본질인 자유, 사랑과 성, 육체와 영혼의 갈등 속에서의 삶을 다룬 소설이다. 삶의 의미와 무의미, 존재의 가벼움과 무거움, 우연과 운명, 육체와 영혼, 인간의 사랑과 인간과 애완동물과의 사랑에 대한 비교, 주인공 남녀의 역할을 정밀한 표현으로 독자를 이끌어간다. 권택영 평론가는 "포스트모더니즘의 실험적인 기법을 통해 인간의 욕망과 아픔과 삶의 한계를 표현하고 있다,"고 했다. 주인공은 2명의 남성과 2명의 여성이 이야기를 엮어가는데 중간에 무거운 철학적 명제를 툭툭 던지면서 추상적으로 때로는 은유법으로 묘사하여 어려운 부분이 있다. 부담 없이 읽어내려갈 소설은 아니다.

소설의 주인공, 외과 의사 토마스

소설은 7부분으로 나누어 2명의 여성과 2명의 남성이 주역을 맡는데, 이들은 에로틱한 우정이라 생각하고, 비정상적인 성과 사랑을 깃들보다도 가볍게 성관계를 맺으며 살아간다. 프라하의 유명한 외과의사 토마스는 출장 갔다가 고향의 작은 술집에서 우연히 만난 여종업원 테레사에게 명함 하나 줬는데 그녀는 어느 날 프라하의 토마스를 찾아왔다. 토마스는 테레사를 마치 이집트 파라오의 딸이 모세가 담긴 바구니를 강물에서 건져낸 것같이, 토마스는 테레사를 받아들였다. 테레사와 토마스 간의 사랑은 동정심으로 시작되기에 무거움으로 그려진다. 그때부터 그들은 평생 함께한다.

또 한 쌍은 토마스의 옛 애인이었던 여류화가 사비나와 교수인 프란츠이다. 프란츠는 부인이 있는, 평온한 삶을 살던 학자인데 외국 강연에 초청받은 계기로 사비나와 동행하여 관계를 맺는다. 프란츠와 사비나는 결국 서로 배반한다. 이들의 삶은 가벼움으로 대비를 이룬다.

서양미술사에서 초현실주의자들은 '기이함'을 아름다움美이라고 정의한다. 그래서 필자는 아무리 소설이지만 이 소설은 특이하고 '기이奇異'하다고 생각되어 초현실주의적이란 생각을 해보았다. 기독교의 성경, 니체와 데카르트의 철학을 비교하여 인간의 사랑과 인간과 동물 간의 사랑을 다룬 것도 이채롭다. 프랑스 혁명과 히틀러의 강제노동수용소에 관한 관찰, 때로는 에세이 같은 서술을 한 부분도 있다.

'오이디푸스 왕' 신문기사와 토마스

소설의 이야기로 돌아오자. 주인공 토마스는 프라하에서 병원의 유명한 외과 의사였다. 주인공 토마스는 소련군의 체코 점령 전에 자신의 내면적 순수성을 변호하는 공산주의자들의 외치는 소리를 듣고, 작가연맹이 발간하는 주간지에 "이 나라가 수백 년 동안 자유를 상실하고 만 데 대한 죄가 있다. 그런데도 너희들은 결백하다고 외쳐? …너희들이 눈이 있다면, 그 눈을 파내고 테베왕국(오이디푸스 왕)을 떠나야 한다,"란 자아 반성하는 차원에서 기사를 써서 신문의 편집부로 보냈다. 그런데 글의 내용 중 3분의 1 정도가 삭제되어 공산주의를 비판하는 내용이 돼 버렸다. 이 왜곡된 기사가 1968년 봄, 독자란 앞면에 크게 실렸다. (p.229)

체코에 알렉산데르 둡체크(1921~1992)가 집권하며 민주화 개혁 바람이 일자 소비에트는 장갑차와 탱크를 앞세워 체코를 침공하여 둡체크를 축출하고 무고한 시민을 죽였으며 1989년까지 소련이 점령했다. 당 회의에서 개혁 지지를 표명한 작가를 행정처분 했으며, 체코에는 대규모 이주 물결이 일었다. 당시 병원 과장과 주위 사람들이 '오이디푸스 왕 기사'를 취소하라고 여러 번 권고했으나 응하지 않았다. 「프라하의 봄」 선언에 서명한 체코의 화가, 철학자. 작가들이 직장을 잃고 창문닦이, 공원지기, 야간수위, 공공건물의 난방 화부, 택시기사가 되었다. (p.257) 토마스는 병원에서 쫓겨나 '창문 닦이'로 일했다. (p.214~225)

우여곡절 끝에 토마스는 테레사를 위해 결혼하고 암캉아지(이름 카레닌) 한 마리를 선물했다. (p.34) 이들은 스위스 취리히로 옮겨가 숨어살았다. 결혼 후에도 토마스는 사랑과 섹스는 별개라고 생각하고 많은 여인과 가볍게 성관계했다. 테레사는 남편의 외도에 질투와 괴로움으로 고뇌하다가 스위스를 떠나 프라하로 돌아왔다. 토마스는 테레사 때문에 프라하로 따라왔다. 이들은 서로 사랑했지만 하나의 지옥을 만들고 말았다. (p.95) 테레사는 그녀와 관계를 맺은 한 남성이 자신을 기술자라고 했는데 알고 보니 비밀경찰이었다.

사비나와 유부남인 프란츠도 가볍게 처신하며 서로를 배반했다. 이들도 불운한 조국과 처참한 역사의 무거운 짐에서 벗어나 자유로움을 갈구하는 인물들이었다. 위의 주인공들은 다 불우한 인생을 마감했다.

필자는 독후감보다는 이색적인 내용을 인용하려 한다. 이 소설의 첫 문장이 니체Friedrich Nietzsche(1844~1900)가 말한 '영원한 재귀'는 무거움이지만 실제요 진실이다. 반면에 우리들의 삶은 단 한 번이기에 비교도 반복도 되지 않아 가볍다고 했다. (p.10)

다시 돌아오지 않는 삶은 하나의 그림자에 불과한 것

"영원히 사라져가는, 다시 돌아오지 않는 삶은 하나의 그림자에 불과한 것, 그것은 아무런 무게도 없는 하찮은 것이며 처음부터 죽은 것과 다름없는 것을, 삶이 아무리 잔인했든, 아름답거나 찬란했든 그것은 마찬가지다." 인간은 오직 한평생을 살 뿐이기에 자기의 감정에 따랐던 것이 옳았는가, 아니면 잘못되었는가를 결코 알지 못할 것이다. 실험을 통해 증명할 가능성이 없기 때문이다. '우리는 모든 것을 직접적으로 체험한다. 최초로 준비 없이 체험한다. 미리 앞서 연습도 해보지 않고 무대에 등장하는 배우와 같다'고 했다.

스탈린의 아들은 똥 때문에 죽었다!

1980년에 비로소 사람들은 『선데이 타임스』지에서 이오시프 스탈린의 아들 야코프(1907~1943)가 어떻게 죽었는가를 읽어 알았다. 제2차 세계대전 포로(독·소 전쟁)로서 영국 장교들과 함께 독일 포로수용소에 감금(1941.7)되었다. 이 아들의 생모는 야코프를 출산한 후 이듬해 발진티푸스로 숨졌다. 야코프는 14세까지 외가에서 자랐고, 스탈린에게 밉보여 외로운 찬밥신세였다.

포로수용소에 하나의 공동변소가 있었는데, 스탈린의 아들은 변을 볼 때마다 늘 변소를 더럽혀놓았다. 영국군 장교들은 그를 나무랐다. 장교들은 질책을 되풀이하여 그가 변소를 깨끗이 하도록 강요했다. 모욕을 당한 그는 화가 나 다투었고, 그들과 치고받으며 주먹 싸움까지 했다. 여기까지 읽으니 필자는 공중화장실 깨끗하게 사용하기 캠페인 문구 '아름다운 사람은 머문 자리도 아름답다'란 말이 떠올라 불쌍한 마음으로 미소지었다.

그는 수용소 소장이 다툼을 해결해 줄 것을 바랬지만, 독일 소장은 똥에 대해 말하기를 거부했다. 스탈린의 아들은 이 굴욕을 참을 수가 없었다. 거친 러시아 욕설을 하늘에다 외치면서 수용소 주위의 담장을 이루고 있는, 전기가 흐르고 있는 전선을 향해 달려갔다. 그는 철조망 속으로 뛰어들었다. 이제는 결코 영국인들에게 변소를 더럽혀주지 않을 그의 육체가 그 속에 걸려있었다. (p.295)

인간의 사랑과 인간과 동물 간의 사랑을 비교 (p.348~359)

필자는 애완동물을 키워본 경험이 없기에 흥미롭게 읽었다. 철학자 니체가 1889년 정신착란증으로 사람들에게서 소외된 상태였을 때다. 그가 묵었던 호텔을 떠날 때, 한 마부가 말에 채찍질하는 광경을 목격한 니체는 말에게로 다가가 마부가 보는 앞에서 두 팔로 말의 목을 껴안고 운다. (p.351) 그때 그의 정신병이 도졌다. 니체는 실존주의의 선구자로 발을 딛고 있는 땅에서의 삶을 사랑할 것을 주창했다. 현실 삶을 비방하는 자를 퇴락한 인간으로 보았다.

프랑스 철학자 데카르트Rene Descartes(1596~1650)는 "인간이 자연의 주인이요 소유주"라고 선언했다. 짐승에게는 영혼이 없다고 말했다. 짐승은 반대로 한낱 자동기, 생기있는 기계에 불과하다. (p.348) 그런데 이 책의 애완견에 대한 몰아적沒我的 사랑을 보면 테레사는 동물과의 사랑이 그녀와 토마스 간의 사랑보다 신성하다고 느껴서 비교한 대목이다. (p.359)

인간 남녀의 쌍은 그들의 사랑이 최선의 경우에도 사람과 개간의 사랑보다 선천적으로 더 나쁘도록 창조되었다. 그런데 개에 대한 사랑은 개로부터 아무것도 바라지 않고, 요구하지 않으며, 상대방을 괴롭히는 질문을 한 번도 하지 않았다. 그가 나를 사랑하는가? 그가 나보다 어느 다른 누구를 더 사랑했는가? 사랑을 문제 삼고, 측정하고 탐사하며, 사랑을 조사해 보고, 심문하는 질문들은 사랑이 싹트기도 전에 질식시켜 버린다. 이런 면에서 개에게는 있는 그대로 수락하고, 형상에 따라 변경시키고자 하지 않았다. 그것이 지닌 성향에 질투하지 않았다.

"인간 남녀의 쌍은 남편은 부인을, 부인은 남편을 변화시키려고 한다. 개에 대한 인간의 사랑은 자발적이다. 서로가 강요하지 않는다. 인간과 개간의 사랑은 목가적이다. 갈등 없는 사랑이고, 가슴을 찢는 듯한 장면들이 없는 사랑이며, 발전이 없는 사랑이다," 라고 했다.

필자는 애완견을 키워본 적이 없어서 몰랐는데, 암캐인 카레닌에게도 6개월마다 14일 동안 생리 주기가 있으며, 이때 집안을 더럽히지 않도록 멘스팬츠를 입혀야 한단다. (p.358) 이 암캐는 암에 걸려서 수술 후에 죽었는데 그들의 정원에 묻어주었다. 바로 그날 토마스는 이웃 도시 비행장에 도착해야 한다는 소환장을 받았다. 참으로 슬프고 암울하게 끝나는 소설이다.

세계적 서양화가들의
작품 사진과 해설 & 사랑 이야기

◆ 『화가들의 꿈과 사랑과 그림』(최승규 지음)

『화가들의 꿈과 사랑과 그림』은 320페이지에 달하는, 현대 서양미술에 대한 화가들의 미술사조와 작품 그리고 화가들에 관한 미술에세이이다. 저자 최승규 박사는 미국과 독일 등지에서 동양미술사와 서양미술사를 가르친 교수다. 세계적 서양화가들의 작품 사진과 함께 작품해설을 곁들였기에 재미있고, 미술 공부하기에도 안성맞춤이다. 필자는 지면을 줄이기 위하여 단원만 소개한다.

1장에는 '화가와 연인들'에 고갱과 타히티의 여인들, 밤거리의 여인을 성녀로 만든 모로코의 마티스, 피카소의 그림과 여인들, 파리의 고독한 보헤미안 모딜리아니, 사랑과 존재의 환희, 조지아 오키프를 조명하였다.

2장에는 화가들의 고독과 정열을 다루었는데 인상파 빈센트 반 고흐와 고흐 동생 테오에 얽힌 우정 이야기, 샤갈의 그림과 고향 비데브스크를 조명하였다. 3, 4장에는 초현실주의 화가들에 관해 게재돼 있고, 시론과 전시평이 뒤따른다.

피카소(Pablo Picasso, 1881~1972)

스페인 출신으로 19세 때 프랑스 파리에 왔다. 23세 때 파리 센느 강변, 몽마르트르의 허술한 집에 거처를 마련한 후, 헐벗고 굶주린 사회 밑바닥 사람들의 모습을 청색과 검은 색채로 그렸다. 피카소가 가난과 추위에 어렵게 지내던 시절을 청색 시대Blue Period라고 한다. (p.43) 그러다가 애인도 생겼고, 차츰 슬프고 칙칙한 검푸른 색채에서 장밋빛 그림Rose Period을 그리기 시작하였다. 필자는 중고등학교 때 교과서에서 스페인 내전 때 그린 「게르니카」와 6.25 「한국전쟁의 학살, 1951」이란 제목으로 게재된 그림을 보았다. (p.67)

피카소의 미술사조는 큐미즘Cubism 입체파이다. 피카소의 「아비뇽의 색시들」(1907)의 그림은 사창가의 인신매매 진열품으로서 색정적 주제일 뿐만 아니라 기교도 삼각형 사각형, 또는 V자 형태로 육체의 조직을 떼어 여기저기 맘대로 떼어 부친 것 같고, 피부 색깔도 한 몸인데 다르다. 한마디로 기괴Bizarre하다. (p.41~60)

피카소는 23세에 만난 여인으로부터 시작하여 향년 92세로 생을 마감할 때까지 2번 결혼했고, 여인 7명이 아내나 연인이었으며, 여러 여인과 함께했다. 이 여인들을 모두 초현실주의 모델로 작품화했다. 피카소는 살아있는 동안에 유일하게 자수성가한 공산주의 억만장자였다. 피카소는 4만 5천 점의 작품을 남겼다. 회화 1885점, 조각 1228점, 도자기 2280점, 동판화 18095점, 석판화 6112장, 리롤륨판화 3181장, 스케치 4659점이나 된다. 그는 또한 그래픽 디자이너, 보석디자이너, 제도사, 무대디자이너, 삽화가, 사진가였다. 그는 인생이란 한정된 삶을 노력하며 살다간 천재 예술가였다. (p.74)

폴 고갱(Paul Gauguin, 1848~1903)

프랑스의 상징주의 대표 화가이며, 미술사조는 탈인상주의, 원시주의였다. 23세 때 증권회사에 취직하여 증권 중개인으로 10여 년간 일하며, 취미로 그림을 그렸으며, 미술품 거래로 돈을 많이 벌었다. 고갱은 25세 때 덴마크 출신 메테 소피 가드와 결혼하여 10년 동안에 5자녀를 두었다. 1882년 파리의 증권시장 붕괴와 더불어 미술시장도 위축되었다. 생활이 어려워지자 고갱의 부인과 자식들은 1884년 친정이 있는 코펜하겐으로 이주했다. 고갱은 40이 넘은 나이에 전업 화가의 길로 들어섰다.

고갱은 1891년 7월에 원시의 순수성을 찾아 타히티로 떠났다. 최승규 박사는 '원시의 섬에서 죽음과 맞바꾼 예술가의 황홀한 자유와 위대한 고독'이란 제목으로 고갱의 작품을 소개했다. 타히티는 프랑스의 식민지로 폴리네시아Polynesia 민족 중심 거주지였다. (p.18~26)

고갱이 타히티에서 그린 그림 중에서 최고 걸작은 「유령이 그녀를 지켜본다」인데, '신비와 야만성'을 잘 표현한 걸작이라 평한다. 고갱은 타히티 토착 여인들의 순수한 모습을 많이 그렸다. 고갱은 폴리네시아의 13살 된 신부(타하마나)와 살았고, 고갱의 모델이었다. 「망고를 가진 여인」, 「타히티의 목가」, 「마리아 찬양」 등. 고갱은 이 섬에서 66점의 그림을 그렸다. 그림의 특징은 야성적인 황홀감과 정체되지 않는 생동감을 느낄 수 있다고 미술평론가들은 말한다. 고갱은 향년 54세로 매독과 우울증으로 고독하게 지내면서도 그림을 그렸고, 화집을 남겼다.

프랑스의 야수파 화가 앙리 마티스(Henri Matisse, 1869~1954)

1912년과 1913년에 아프리카 대륙 서북단에 있는 모로코Morocco 왕국을 찾았다. 이곳의 최대도시는 카사블랑카이다. 야수파란 겉으로 보기엔 세련되지 않은 색감을 사용했기에 야수파라 불렀다. 혼란한 색채로 생생한 효과를 노렸다. 현대미술의 첫 운동으로 평한다. 마티스가 모로코에 8개월 머무는 동안에 강한 태양광선과 푸른 야채, 다양한 꽃들, 아프리카 토착민들의 의상, 낯선 회교당과 궁전, 지중해의 무성한 식물 등은 마티스를 사로잡았다고 한다. 마티스는 그림의 모델을 찾으러 자기 부인을 동반하고 홍등가에 갔다고 했다. 모로코부인들은 부인과 함께 창녀를 구하러 다니는 마티스를 보고 이상하게 생각했다고 했다. 그의 작품 「모자를 쓴 여인」 1905년은 마티스의 부인이 모델이었다. (p.28)

마티스는 화가, 조각가, 판화가, 제도사, 도예가였다. "나는 균형잡힌 무구無垢한 그림을 그리고 싶다. 지쳐버린 사람에게 조용한 휴식처를 제공하는 것과 같은 그림말이다."했다. 대표작은 「푸른 누드」, 「로사리오 예배당」 등 많다. (p.27~40)

살바도르 달리(Salvador Dali, 1904~1989)

'초현실주의'라면 스페인의 화가 살바도르 달리를 떠올리게 된다. 최승규 박사는 달리를 '정신 착란적 비판의식과 놀라운 기교를 이용해 공포와 욕망, 허약함, 본능, 잔인함, 부패성, 썩는 것을 마치 악몽의 사진처럼 냉철한 눈으로 보여준다'고 평했다. 달리는 가장 비합리적인 생각에서 오는 황당무계한 암시에 자신을 내맡겼다고 했다. 이성을 떠나 생생한 꿈을 상상력으로 보급하는 일이었다. 한마디로 작품이 기이하다.

초현실주의 작가들은 '기이한 것을 아름답다,'고 정의한다. 꿈과 현실, 객관성과 주관성 등의 구별이 없는 자유로운 생각을 표출했다. 작품에 죽은 나뭇가지에 엿가래처럼 늘어진 시계들, 여자의 몸에 달린 무수한 서랍들, 전선 줄에 걸린 새우들은 초현실주의 그림의 대명사로 알려져 있다. 초현실주의는 20세기 초반에 전성기를 맞았지만 1939년 2차 대전이 일어나면서 빛을 잃었다. (p.180~184) 이 외에도 최승규 박사는 역대 미술사에 빛나는 천재 화가들을 많이 다루었지만, 지면 관계로 생략한다.

인상파 화가 마네는 어떤 강(强) 심장을 가졌을까?

필자는 프랑스 인상파 화가로 알려진 에두아르 마네Edouard Manet (1832~1883)의 「풀밭 위의 점심」(1863)은 대낮에 공원에서 나체로 턱을 괴고 한쪽 다리를 세우고 있는 여인의 당돌한 모습이 정장한 남자들 사이에 앉아있는 그림은 감상하기도 좀 쑥스럽다. 아무리 당시 프랑스 사회의 도덕적 타락을 풍자한 사실주의 작품이라지만…. 마네는 같은 해 「올랭피아」라는 침대 위의 누운 여인의 나체 작품을 발표했다. 두 여인 모두 관객을 정면으로(무례하게, 무색하게-) 바라본다. 인상파 그림은 화가들의 개성이랄까 특성에서 나온다고 했지만, 도대체 어떤 강심장을 지녔기에 '시대의 파격을 시도한 그림을 그렸을까,' 생각해 보았다.

인상주의 화가 끌로드 모네(Claude Monet, 1840~1926) (p.109~122)

전형적인 프랑스 인상주의 화가이다. 우리 부부는 그의 작품을 좋아하여 부엌 찬장 문짝에도 붙여놓았다. 「정원의 여인들」(1866)은 낙원을 연상케 해준다. 우리 집 그이가 1980년대 한국 국제정치학회 회장으로 일할 때 국제학술회의 차 프랑스에 갔을 때다. 학술회의가 끝난 후, 교수들 몇 명과 함께 지도와 안내서를 들고 프랑수아 밀레Jean F. Millet와 루소Jean Jacques Rousseau 고장 퐁텐블로에 갔었다.

프랑수아 밀레의 화풍은 사실주의 자연주의다. 자연을 사랑한 화가! 그곳에 밀레의 「만종」과 「이삭 줍는 여인들」을 그린 들녘을 아직도 그대로 유지하고 있는데, 예술을 사랑하는 프랑스 시민에 놀랐다고 했다. 복사 그림 한 장씩 샀다. 거기서 다시 팀을 이끌고 모네의 지베르니Giverny 정원도 찾아가서 「개양귀비 꽃」 풍경화 복사 그림도 한 장 사왔다. 모네가 그림을 그렸던 꽃밭과 연못, 살던 집 등에 관하여 이야기해 주곤 했었다. 그림들을 보며 40년이 지난 지금도 가끔 그때를 회상하곤 한다.

에드바르 뭉크(Edvard Munch, 1863~1944)

노르웨이 표현주의 판화작가로 그림 「절규(Scream)」(1892)는 유명하다. 그림을 보면 절망하여 외치는 소리가 들려오는 듯하다. 뭉크가 해가 질 무렵에 친구들과 길을 걷는데 약간의 우울함을 느꼈다. 그때 하늘이 핏빛으로 물들기 시작하여 곧 불타는 듯한 구름과 암청색 도시를 보았고, 그때 자연을 관통하는 비명소리를 들었다는 글을 남긴 그림으로 유명하다. (p.143~145) 문학작품 속에 절망과 좌절을 은유할 때 자주 인용된다.

빈센트 반 고흐와 동생 테오에 얽힌 이야기 (p.147~160)

필자는 언젠가 네덜란드 출신 빈센트 반 고흐Vincent Van Gogh(1853~1890)의 형제간에 얽힌 우애 이야기를 남편에게 해준 적이 있다. 그 이후로 그이는 TV나 신문에 반 고흐의 초상화나 미술에 관련된 이야기만 나오면 큰 소리로 "당신이 좋아하는 미술가가 나왔네,"하며 빨리 와서 보라고 불러대고, 때로는 신문에 게재된 화가들의 칼럼을 잘라주기도 한다. 필자는 40, 50대에 취미로 문인화文人畵를 집중적으로 그렸다. 당시에 그이가 일본에서 열리는 국제학술 회의차 일본에서 올 때면 품질이 우수하다고 알려진 일제 고매묵古梅墨을 사다 주곤 했었다.

본론의 이야기로 돌아오면, 필자는 중학교 때 교과서에서 고흐의 「감자 먹는 사람」(1885)과 탄광촌에서 일하는 광부들 그림을 보았다. 후기 인상파 화가이다. 고흐와 4살 아래인 테오Theo Van Gogh(1857~ 1891)의 깊은 우애와 경제적(그림 그리기에 필요한 모든 물품, 생활비, 방세까지 전부) 도움이 없었다면 서양미술사상 가장 위대한 화가 중의 한 사람인 빈센트 반 고흐는 존재하지도 않았을 것이다. 고흐는 27세에 테오의 제안 따라 화가가 되겠다고 붓을 들었다. 고흐는 향년 37세로 정신질환(측두엽 기능장애 추측)으로 인해 자살하기 전, 10년 동안에 스케치를 포함해 900여 점 그림들과 1100여 점의 습작을 남겼다.

고흐는 돈 한 푼 없이 동생 테오가 일하는 파리 몽마르트에 있는 구필Goupil 갤러리에 찾아갔다. 폴 고갱도 이 시기에 만났다. 테오는 형이 그림 그릴 수 있는 공간과 함께 있기 위하여 더 큰 아파트로 이사했다. 그러나 형은 보기 싫은 화가들이 많은 파리를 떠나 남부 어디론가 가고 싶다고 했다. 빈센트 반 고흐는 1888년 초에 남부 프로방스 아를Arles로 떠났다. 여기서 그 유명한 「밤의 카페 테라스」, 「해바라기」, 「노란집」, 「별이 빛나는 밤」, 「추수」, 「아를의 방」, 「아이리스(Iris)」란 청보라색 붓꽃Iris과 오렌지 색깔의 금잔화Marigold, 「귀에 붕대를 감고 있는 자화상」등 200여 점 그의 대표작 대부분을 죽기 전 2년 사이에 그렸다.

동생 테오는 네덜란드 여성 요한나 반 고흐 봉허와 결혼하여 다음해 아들을 낳았다. 축하해주고 싶었으나 돈이 없었다. 형 고흐는 정말 기뻐하며 아몬드 꽃나무Almond Blossom을 그려 동생 부부에게 선물했다고 한다.

생 레미(St. Remy)의 요양소 (p.149)

고흐는 외로움에 동생을 통해 고갱을 불렀다. 같이 있기로 하고 고갱은 아를로 왔다. 처음 한두 달 동안 고흐와 고갱은 사이좋게 지내다가 말다툼이 벌어졌는데, 그 이유는 알려지지 않았지만, 고흐가 칼로 고갱을 위협하고, 자신의 한쪽 귀를 잘랐다. 고갱의 전갈을 받고 테오는 급히 내려와 형을 위로 간호하고, 이틀 후에 고갱과 파리로 돌아갔다. 빈센트는 프로방스에 있는 인근 소도시 생 레미St. Remy에 있는 요양소에 입원했다. 고흐의 명작 「아이리스(Iris)」는 생 레미 요양소에 도착한 첫 주간에 그린 작품이다.

빈센트 반 고흐가 동생에게 보낸 편지에 자신의 치료를 담당했던 정신과 의사 가셰트Dr. Gachet는 "의사로서의 경험 때문에 자신의 정신질환을 싸워 이기기에 충분할 만큼 안정되어 있음에 틀림없다. 하지만 가셰트 역시 나만큼이나 심각하게 앓고 있다는 것이 내 눈에 비친다" 고 쓰고 있다. 가셰트는 미술품 수집 등 다양한 취미생활을 하는 건달 의사였다. 저자 최승규 교수는 요즘 미술학자들은 의사 가셰트는 고흐의 치료보다는 고흐의 그림을 탐내며 온갖 부탁을 했었고, 그를 착취했을 것이라고 말하고 있다고 했다. (p.152~154) 고흐는 가셰트의 집과 정원, 가셰트의 정원에 서 있는 딸 마가렛, 가셰트의 초상화를 그려주었다. 고흐가 그린 「의사 가셰트의 초상화」가 세계에서 가장 비싼 그림으로 경매되었다는 것은 널리 알려진 사실이다.

그로부터 1년 후에 1890년 5월에 고흐는 파리 근교로 옮겨왔다. 빈센트는 7월에 27일 파리 근교 들녘에서 그림을 그리던 중 보리밭에서 빌린 총으로 자살을 기도했다. 급성 뇌중후군 기능장애로 환각 증상 Delirium을 이르켰다고 관계전문가들은 말한다. 이틀 후에 빈센트는 세상을 떠났다. 형이 죽은 후, 과로와 우울증, 요독증으로 소변을 누지 못해 독소가 온몸에 쌓여 테오도 6개월 후, 1891년 1월 21일에 세상을 떠나 형 무덤 옆에 나란히 묻혔다. 향년 34세였다. (p.159)

반고흐의 동생의 아내 요한나 반 고흐 봉허는 반고흐 형제가 세상을 떠난 후, 반 고흐를 세계적 불후의 화가로 알리는데 전력을 기울였다. 고흐의 작품을 간수하고, 그들 형제가 주고받은 7백여 통의 편지를 정리하여 『형에게 보내는 편지』란 서간 문집을 1914년에 출간하였고, 영어로도 번역출판했다. 1901년부터 몇 년 동안 반고흐 회고전을 크게 열어 반고흐의 명성은 급속도로 알려졌다. 네덜란드 정부가 암스테르담 국립박물관에 반고흐 전문 미술관을 세운 데도 공이 컸다. "천재(대가)는 자기 시대로부터 너무 앞서가기 때문에 배척받는 것은 천재의 표상이다."(p.190) 했는데 필자도 꼭 그렇게 느꼈다.

신분의 굴레를 벗어날 수 없었던 조선시대 두 천재 여류시인의 삶

◆ 『조선 시대의 여류시인 황진이와 허난설헌』(허미자)

필자는 『조선시대의 두 여류시인』 허난설헌과 황진이에 관해 깊이 있게 연구한 문학 서적을 재미있게 읽은 적이 있다. 이 책의 저자 허미자 교수의 남편과 우리집 그이는 친한 친구여서 잘 아는 사이였다. 필자는 시 읊기를 평생 취미로 삼고 있어서 더욱 가슴에 와닿는 저서였다.

허난설헌(許蘭雪軒, 1563~1589)

초당 허엽草堂 許曄의 셋째딸로 둘째 부인 몸에서 태어났다. 아버지 초당, 큰오빠 허성, 작은오빠 허봉, 허난설헌, 그리고 동생 허균, 이렇게 하여 한 가정에서 조선의 오문장가五文章家가 살았다. 같은 엄마 밑에서 태어난 작은오빠 허봉, 허난설헌, 예조판서 허균은 서로 아끼고 사랑하며 남매끼리 문장을 가르쳤다. 딸의 총명한 재주에 놀라서 아버지

허엽은 직접 글과 서예를 가르쳤는데, 후일에 규방閨房 문학의 대표적 시인이 되었다. 허균許筠(1569~1618)은 조선 시대 사회제도의 모순을 비판한 걸작, 우리나라 최초의 국문 소설 『홍길동전(洪吉童傳)』의 저자이다.

황진이(黃眞伊, ?~? 1520~1560)

생년월일조차 모호한 기녀 출신으로 기류妓流문학의 대표적 시인이다. 황진이는 황진사黃進士의 딸이란 말도 있고, 맹인의 딸이란 설도 있다. 명확한 기록이 없다. 조선시대 여성들은 폐쇄된 생활공간 속에서 여필종부女必從夫, 삼종지도三從之道, 칠거지악七去之惡이란 엄격한 사회규범 속에 갇혀 교육의 기회를 갖지 못했다. 잘 알려진 신사임당이나 허난설헌도 어깨너머로 배웠다. 반면에 기녀는 지식계층의 남성들과 접촉함으로써 시, 산문, 거문고, 가야금, 음악 등 예술적 재능을 자유롭게 발휘할 수 있었다. 두 여인 모두 서녀庶女 첩의 딸로 태어났다.

천재 시인 황진이는 경기도 개성 출신, 조선조 중종 때의 명기名妓로 기명은 명월明月, 시·서·음률에 뛰어났으며, 출중한 미녀였다. 황진이가 15살 때 이웃집 총각이 자기를 연모하다가 상사병으로 죽자, 기녀에 투신했다고 한다. 조선시대 첩의 자식을 서얼庶孼이라 하여 서녀란 신분의 굴레를 벗어날 수 없었다. 천하일색 황진이는 당대 제일의 절개 높은, 송도의 천마산 지족암에서 10년간 벽면 가부좌하고 참선하든 지족선사知足禪師를 유혹하여 파계破戒시켰다. 황진이와 하룻밤을 함께한 지족선사는 스스로 패륜 승려로 자책하고, 지족암을 내려와 야인의 길을 걸었다. 당시 지족선사를 수행하는 생불生佛이라 불렀다. (중략)

화담 서경덕花潭 徐敬德 (1489~1546)은 조선 중종 때 도학, 수학, 역학을 연구한 당대 최고의 학자였다. 황진이는 학식과 권세를 겸비한 조선의 양반 사대부도 상놈과 다를 바 없는 인간이란 것을 알리고 싶었을까? 천하일색 기생이 당대 제일의 고절高節과 대학자를 꺾어보고 싶은 심정은 일맥상통하는 것인지도 모를 일이다. 이런 면을 이해하고 황진이의 언행을 살펴보면 야릇한 복수심이랄까 부조리한 사회에 대한 강한 반항 의식을 읽을 수 있다.

황진이는 대 성리학자 서경덕을 유혹하려고 소반을 장만하여 찾아갔다. 비가 오는 날 속살이 비치는 비단옷을 입고 찾아갔을 때 서경덕은 황진이를 맞아들여, 옷을 벗는데 도와주고, 물기를 닦아주며 마른 잠자리를 펴주고, 몸을 말리라고 했단다. 밤에도 황진이가 자는 옆에서 책을 읽었으며, 옆에서 코를 골며 깊이 잠들었다고 한다. 온갖 꾀를 썼지만, 육체적 접근을 허락하지 않았다. 이때부터 흠모지정欽慕之情으로 바뀌었다.

황진이는 그 후 음식을 가지고 서경덕을 찾아가서 제자가 되겠다고 했다. 그때 황진이는 송도松都에서 유명한 세 가지가 있는데, 박연폭포와 서경덕이라 했다. 서경덕이 미소를 지으며 또 하나는? 했을 때 '바로 저올시다'라고 황진이가 대답했단다. 이리하여 송도삼절松都三絶이란 말이 생겼다고 한다.

서경덕도 인간이요 남자였다. 가을밤에 가랑잎이 바람에 끌려가는 소리를 혹시나 누가 찾아오는 발자국으로 착각하는 시가 있다. 「마음이 어리석으니」이다. 황진이를 의식하며 지은 시라고 한다.

마음이 어리석으니 하는 일이 다 어리석다 / 만중운산(萬重雲山)에 어느 임 오리오마는 / 지는 잎 부는 바람에 행여 긴가 하노라 (서경덕)

황진이가 지은 애정 시 두 편, 「산은 옛 산이로되」와 「청산은 내 뜻이요」이다.

산은 옛 산이로되 물은 옛물 아니로다 / 주야에 흐르니 옛 물이 있을소냐 / 인걸(人傑)이 물과 같아야 가고 아니 오노매라.

청산은 내 뜻이요 녹수는 임의 정이 / 녹수 흘러간들 청산이야 변할손가 / 녹수도 청산 못 잊어 울어녀어 가는고.

잘 알려진 시 「청산리 벽계수야」의 상대는 왕실의 종친 벽계도정碧溪都正 이종숙李終淑(1508~?)이다. 한양의 명창 벽계수는 거문고에 능하고 호방한 풍류객이었다. 천한 출신 명기 황진이가 콧대가 높아서 명사가 아니면 대하기 어렵다는 말을 듣고, 명월의 유혹에 넘어가지 않는다고 큰소리쳤다. 이 말은 들은 황진이는 사람을 시켜 그를 개성으로 유인했다. 이때 벽계수는 황진이의 처소 근처 정자에서 노래 한 곡을 불러 황진이를 유혹했다. 황진이가 나타나 달 밝은 밤에 요염한 자태로 즉흥시를 답으로 읊었다.

청산리 벽계수야 쉬이 감을 자랑마라 / 일도(一到) 창해(滄海) 하면 다시 오기 어려워라/ 명월이 만공산(滿空山) 하니 쉬어간들 어떠하리.

이에 벽계수는 나귀에서 내리지 않고 앞만 보고 얼마를 가다가, 결국 황진이를 돌아보았다. 그때 그만 넋을 잃고 낙마落馬했다. 이에 명월은 웃으며, 명사名士가 아닌 풍류랑風流郞이라 조롱하며 돌아가 버렸다. 권력을 가진 왕족마저도 속으로 비웃었다.

황진이의 시 중에서 문인들이 걸작이라고 평하는 시 「동짓날 기니긴 밤」를 보자. 한양 제일의 소리꾼이요, 선전관宣傳官이었던 이사종李士宗이 황진이를 찾아가 6년간 계약하고 동거하였다. 전국을 유람하며 예

술적 동기로, 마음이 통하는 친구로 애정을 나누었다고 한다. 6년간의
동거가 끝나고 떠나보내며 읊은 황진이의 시이다.

> 동짓(冬至)날 기나긴 밤을 한 허리를 버혀 내어
> 춘풍 이불 아래 서리서리 넣었다가
> 어른님 오시는 밤이어드란 굽이굽이 펴리라.

황진이가 죽음을 앞두고 집안사람들께 한 말이다. "나 때문에 천하
의 남자가 자신들을 자애自愛하지 못했으니 내가 죽거든 관을 사용하
지 말고 시신을 동대문 밖 사수沙水에 그냥 내쳐두어 개미와 벌레들이
뜯어 먹게 함으로써 천하의 여자들을 경계 삼으시오"라는 유언을 남겼
다고 한다. 그 유언은 지켜졌으나, 한 사내가 유해를 수습하여 장사지
내주었다고 한다.

황진이는 죽은 후에도 세상의 이목을 집중하는 이야기가 만들어졌
다. 백호 임제白湖 林悌(1549~1587)가 평안도사로 부임하던 길에 황진이
무덤에 들러 시를 짓고, 술잔을 뿌렸다. 이때 읊은 시가 유명하다. 그
러나 이 일이 알려지자 말썽이 되어 파직되었다고 한다.

> 청초(靑草) 우거진 골에 자난다 누웠난다
> 홍안(紅顔)은 어디 두고 백골만 묻혔난다
> 잔(盞) 잡아 권 할이 없으니 그를 슬퍼하노라.

규방(閨房)문학의 대표적 여류시인 허난설헌
여인의 행 불행은 타인에 의하여 정해진다!

난설헌은 호고 본명은 허초희許楚姬다. 조선 시대 규방의 유일한 시인
이자 작가이며, 그림에도 능하여 풍경화와 수묵담채화를 잘 그린 화가

였다. 난설헌은 8살 때 한자로 약 1088자가 넘는 산문 「광한전 백옥루 상량문(廣寒殿白玉樓上梁文)」을 지은 뒤 '여신동'이라 불리었다. 이 작품은 1605년 5월에 허균의 절친한 친구, 조선의 명필 한석봉이 썼고, 11장짜리 목판에 새겨져서 1606년 중국 명나라 사신 주지번朱之蕃에 의해 중국으로 건너갔다. 허균이 공주목사公州牧使로 있을 때 「광한전 백옥루상량문」을 부록으로 끼워 1608년 『난설헌집』을 발간했다. 불후의 명작으로 남았다.

13세 위인 작은 오빠 허봉은 1574년 명나라에 파견되는 수행사신으로 갔다가 두보杜甫의 시집 『두율(杜律)』을 얻어와서 간직했다가 1582년 봄에 누이에게 주었다. 두보의 영향을 받아서인지 난설헌의 작품 중에는 사회를 비판하고, 가난한 이웃을 돌보는 견지에서 쓴 작품들이 있다.

난설헌은 14세 때 김성립金誠立과 결혼하였다. 김성립의 할아버지는 진사에 장원하고, 문과에도 장원한 김홍도金弘度이고, 아버지는 문과에 급제한 허담이었으나, 김성립은 인품과 시재를 겸비하지 못했다. 김성립은 향락생활에 빠져 허구한 날 집을 나갔고, 공부한답시고 떨어져 살았으며, 계절이 바뀌어도 돌아오지 않았다.

난설헌은 한탄하며 '부모님이 낳으시고 기르시며 몹시 고생하여 이 몸을 길러내실 때, 높은 벼슬아치의 배필을 바라지는 못할지라도 군자의 좋은 짝이 되길 바라셨다. 전생에 지은 업보요, 부부의 인연으로 장안의 경박한 사람 꿈같이 만나서 장안유협경박자長安游俠輕薄姿 남편 시중하기를 마치 살얼음 디디듯 하였다'고 했다. 난설헌이 서당에서 글 읽는 남편을 생각하며 지은 시 「기부강사독서(寄夫江舍讀書)」이다.

하늘의 견우성과 직녀성은 은하수가 막혔어도 / 칠월칠석 일 년에 한 번 때를 어기지 않고 만나는데 / 우리님 가신 후 무슨 장애물이 가렸기에 / 온다간다는 소식마저 그쳤을까.

제비는 처마 비스듬히 짝지어 날고 / 지는 꽃은 어지러이 비단옷을 스
치누나. / 동방에서 기다리는 마음 아프기만 한데 / 풀은 푸르러도 강남
에 가신님은 돌아오지 않네.

　　남존여비 사상으로 조선 시대의 여성들은 한숨과 눈물로 세월을 보
내야 했다. 특히 난설헌은 부부간의 금실琴瑟이 좋지 않았고, 고부갈
등도 많았다. 당대에는 시문학에 부정적인 평가를 받았으나, 조선 후
기에 규방의 유일한 시인이자 천재로 작품성과 예술성을 인정받게 되
었다. 1607년 허균은『난설헌집』목판본을 출판했다. 1711년 일본
에서도『난설헌집』이 간행되었다. 저서로『난설헌집』『규원가(閨怨
歌)』『봉선화가(鳳仙花歌)』가 있다.

　　1580년 아버지가 객사했고, 난설헌은 딸과 아들을 1년 차로 둘 다 잃
었고, 뱃속의 태아까지 사산했다. 작은오빠 허봉이 '10만 양병설養兵設'
을 주장한 이이李珥를 탄핵했다가 함경도로 귀양(1583) 갔다가 유성용
의 도움으로 석방되어 조정에 재기용되었으나, 정치에 뜻을 버리고 방
랑 생활하다가 금강산에서 객사(1588)했다. 그래서 애한에 젖은, 애상
적 시풍의 작품들이 많다. 자식 둘을 가슴에 묻고, 울부짖으며 지은 시
「곡자(哭子)」이다.

　　지난해는 사랑하는 딸을 여의고 / 올해는 하나 남은 아들까지 잃었네.
슬프디슬픈 광릉의 땅이여 / 두 무덤 나란히 마주 보고 서 있구나. (생
략) / 너희들 남매의 가여운 혼은 / 생전처럼 밤마다 정답게 놀고 있으리
라. (생략)

　　난설헌은 27세 젊은 나이에 요절했다. 두 아이의 무덤은 난설헌의
묘 앞에 가지런히 자리하고 있다. 난설헌이 죽은 뒤에 김성립은 재혼
했기 때문에 난설헌은 죽어서도 혼자 누워 있다.

◆ 『한국수필 문학 독본』(백철 編)

수필 문학을 배우려는 학도나 글을 써보고 싶은 분, 또는 독서를 통하여 유익한 인생체험을 얻고 싶은 독자를 위하여 한 권의 책을 추천하라면 필자는 『한국수필 문학 독본』(1980)을 추천하겠다. 이 책은 490여 페이지에 달하는데 110편의 주옥같은 수필이 수록돼 있다. 현대의 대표적 수필가의 가장 우수한 명작만을 골라 연대순으로 편찬했다. 한국적인 멋과 맛이 담겨있다. 옛날과 오늘의 넓은 견문과 아름다운 풍물이 글로 스케치 돼 있다. 필자가 중고등학교 때 국어 교과서에서 배운 수필 대부분이 이 책에 실려있다. 이 책의 뒤편에는 작가 약력도 실려있어서 공부하는 데 많은 도움이 된다. 이 책의 편집인은 문학평론가 백철白鐵 선생이다.

서양에서 수필을 에세이隨筆, Essay라고 부르는데, 이 말의 시원은 프랑스의 몽테뉴의 『수상록』(1580) 에세essai에서 나왔다. 수필 문학에 관한 정의를 피천득 시인의 「수필」에서 인용한다.

수필은 청춘의 글이 아니요, 서른여섯 살 중년 고개를 넘어선 사람의 글이며 정열이나 심오한 지성을 내포한 문학이 아니요. 그저 수필가가 쓴 단순한 글이다. …수필은 마음의 산책이다. …언제나 온아 우미하다. 수필이 비단이라면, 번쩍거리지 않는 바탕에 약간의 무늬가 있는 것이다. 수필의 재료는 생활경험, 자연관찰, 인간성이나 사회현상에 대한 새로운 발견 등 무엇이나 다 좋을 것이다. …수필은 독백이다. 수필은 글쓰는 사람을 가장 솔직히 나타내는 문학 형식이다. 그러므로 수필은 독자에게 친밀감을 주며, 친구에게서 받은 편지와도 같은 것이다.

(p.303)

필자는 이제 아득한 옛날, 중·고등학교 시절로 거슬러 올라간다. 현재의 노인들에게 잘 알려진 수필 이양하의 「신록 예찬」과 이양하 씨가 옛 국어책에 소개한 글 견인주의 철학자가 쓴 『명상록』의 내용 중 「페이터의 산문」도 이 수필독본(p.203~211)에 실려있다. 역대 한국문학에의 큰 별들의 수필 대표작은 이 책에 고스란히 담겨있다. 필자는 정비석의 금강산 기행문 「산정무한(山情無限)」에 있는 구절을 지금도 좔좔 외운다. 금강산 비로봉 마의태자의 무덤 앞에서 느낀 내용이다.

태자의 몸으로 마의를 걸치고 스스로 험산에 들어온 것은, 천년 사직을 망쳐버린 비통을 한 몸에 짊어지려는 고행이었으리라. 울며 소맷귀 부여잡는 낙랑 공주(고려 태조의 딸)의 섬섬옥수를 뿌리치고 돌아서 입산할 때에, 대장부의 흉리가 어떠했을까?

흥망이 재천이라, 천운을 슬퍼한들 무엇하랴만 사람에게는 스스로 신의가 있으니, 태자가 망국지 한을 고행으로 창맹에게 베푸신 두터운 자혜가 천년 후에 따습다. 천년 사직이 남가일몽이었고, 태자 가신지 또다시 천년이 지났으니, 유구한 영겁으로 보면 천년도 수유던가! 고작 칠십 생애에 희로애락을 싣고 각축하다가 한 움큼 부토로 돌아가는 것이 인생이라 생각하니, 의지 없는 나그네의 마음은 암연히 수수롭다.

(p.358)

우리 때는 민태원의 「청춘 예찬」, 모윤숙의 「국군은 죽어서 말한다」의 문장을 암송하기도 했다. 항일기 때『동아일보』기자였던 설의식薛義植의 「헐려 짖는 光化門」을 배울 때는 그 여린 소녀들의 가슴을 뜨거운 애국심으로 울컥하게 했었다.

팔도강산의 석재와 목재 인재의 정수를 뽑아 지은 광화문아! 돌덩이 한 개 옮기기에 억만 방울의 피가 흐르고 기왓장 한 개 덮기에 억만 줄기의 눈물이 흘렀던 광화문아! 청태 끼인 돌 틈에 이 흔적이 남아있고 풍우 맞은 기둥에 그 자취가 어렸다 함은, 너는 옛 모양 그대로 있어야 네 생명이 있으며 너는 그 신세 그대로 무너져야 네 일생을 마칠 것이다. …총독부(일본제국 통치기관)에서 헐기는 헐되 총독부에서 다시 지어 놓는다 한다. …서로 보지도 못한 지가 벌써 수년이나 된 경복궁 옛 대궐에는 장림(長霖, 오랜 장마)에 남은 궂은 비가 오락가락한다. 광화문 지붕에서 뚝딱하는 망치소리는 장안을 거쳐 북악에 부딪친다. 남산에도 부딪친다. 그리고 애달파하는 백의인(白衣人)의 가슴에 부딪친다.
(헐려 짖는 光化門 끝부분. p.142)

다양한 형태로 형식에 매이지 않고 자신의 느낌과 지식과 경험을 표출할 수 있는 수필 문학을 필자는 좋아한다. 독서 캠페인의 한 방법으로 필자는『한국수필문학 독본』을 추천한다.

『내 고향 여름의 추억』(문학사계)

『내 고향 여름의 추억』(2022)은 계간 종합문예지『문학사계』의 특별기획으로 5회에 걸쳐 고향의 여름 추억을 모은 330페이지 분량의 단행본 수필집이다. 책의 머리말 중에 함경도에서 제주도까지 한반도를 아우르는 80인 문사의 향토애를 읊은 수필이다. 이 수필 단행본이 태

어나는 데 20년이 걸렸다. 붓에서 연필, 펜, 만년필, 볼펜, 컴퓨터 워드
프로세서, 물레를 자아 옷을 해 입던 가내수공업에서 첨단과학 시대에
한반도를 아우르는 80인의 글로서 가슴마다 샘솟는 향토정서를 노래
했다.

> 마음의 고향은 어머니와 같고, 한없는 사랑을 베푸시는 어머니는 고
> 향과 같습니다. 우리는 어머니와 같은 고향이 아니고는 위로받을 곳이
> 없는 세태에 살고 있습니다. …우리들의 가정이나 사회가 경제적으로
> 윤택해졌을지 몰라도 정서적으로는 메마르고 황폐해진 정신춘궁기에
> 이 기획을 하게 되었습니다.
>
> (책의 머리말 중에서, 황송문 교수)

본문 중에 「압록강 하류의 게와 뱅어 맛」은 고향을 잃어버린 실향민
의 한을 상상케 한다. 「고향 언덕에 묻어둔 추억」과 「원두막 풍정(風
情)」은 상상화와 구체적인 사실화가 오버랩overlap 된다. 제목만 읽어도
부모님과 고향을 그리는 마음을 부채질한다.

유년의 들녘 어디선가 나를 부르는 옛 동무의 소리가 들리는 듯하
다. 필자는 80이 넘은 보릿고개 세대다. 유년 시절에 한여름 밤에 오빠
는 친구 두세 명과 함께 참외 수박밭에 서리하러 가던 모습도 거슬러
올라가는 추억의 강에 아른거린다. 달은 밝고 시골 강마을 자갈밭엔
수많은 반딧불이 명멸하는데….

여름 한 철 독서 거리로 이보다 더 시원한 명저가 또 있을까? 일독을
권한다.

5부

생활 속의 단상(斷想)

필자는 생활공간에 어질러져 있는 좌판을 비우고 버리는 작업을 하는 중이다. 우리 부부는 보릿고개 세대라 늘 아끼든 습성에 젖어 하찮은 물건 하나라도 버리는 작업이 쉽지 않다. 메타버스(Metaverse, 가상 우주)란 말을 흉내 내 보지만 사실 필자는 뜻도 제대로 모른다. 아날로그 시대에서 4차 산업혁명 시대로 비약하는 디지털 문명의 급진적 속에서 이방인이 된 나그네의 서러움을 겪기도 하지만, 문명의 이기(利器)를 어느 정도 누리다가 간다. 특히 자식들이 반포지효(反哺之孝)의 효를 다하니 고마움을 다 표현할 수 없다.

　노년이 얼마 남았나 하루하루 손꼽는데 지난 3년간의 '거리 두기'는 한참 커가는 청소년과 삶이 얼마 남지 않은 고령자들에겐 형벌이었다. 인류가 족쇄에서 풀려나는가 했더니 또 다른 변이가…. 이 또한 지나갈 것이며, 인류 공동으로 노력하면 기후 온난화로 인한 가뭄과 홍수도 완화할 수 있을까. 희망의 동아줄을 잡아본다.

　요즘 우리나라는 남녀노소를 불문하고 어디서고 휴대용 전화기만 들여다보는데 휴식공간에서는 책을 읽자고, 고전을 읽자고 속삭여 본다. 시쳇말로 역발상일 수도 있으리라.

천재적인 나무 심는
정원사(庭園師)

◆ 「종수곽탁타전(種樹郭槖駝傳)」(『古文眞寶』 중에서, 柳宗元)

  필자가 『고문진보』에 수록된 나무 가꾸기에 대한 글 「종수곽탁타전」을 읽다가 꽃 가꾸기를 취미로 하는 그이가 좋아할 것 같아서 수필의 내용을 복사했다. 그이에게 '옛날 중국 장안에 유명한 정원사가 있었는데, 나무 심기에 대한 기막힌 원리 원칙을 설명한 내용이 있는데 한 번 읽어보실래요?' 했다.
  이 글은 나무를 심는 묘리를 설명한 것인데, 비단 나무를 심는 것만 위해 쓴 것이 아니라 천하를 다스리는 데도 이와 같은 도리임을 말한다고 했다. 그이는 글을 읽고 웃으며 '어느 면에서 부모가 자식을 키우고 교육하는 방법도 나무 가꾸기와 일맥상통하는 데가 있지.'했다. 필자의 느낌과 일치했다.
  옛날 지방에 있는 필자의 시가집에는 시어머님이 화초 가꾸기를 좋아하셔서 아파트 베란다에 실내 식물원을 방불케 할 정도로 화초가 무성했다. 50여 년 전의 이야기다. 그 영향을 받아서인지 그이도 정년퇴임 후, 아파트 베란다에 화초를 많이 키우고 있다. 정성이 대단하다.

일 년 내내 꽃이 피고 진다. 가꾸는 꽃이 활짝 피면 사진을 찍어 응접실 창문에 전시장처럼 붙여두고 본다. 아파트 11층에 사는데 겨울에 함박눈이 내렸거나 가을에 단풍이 짙게 들었을 때 베란다 창을 통해 정원을 내려다보고 사진을 찍으며, 설악산 갈 필요도 내장산 단풍 구경도 갈 필요가 없다며 경치를 예찬한다. 그이는 직접 가꾼 화분의 꽃식물 사진으로 작은 앨범도 만들었다. 이제 80 중반의 나이인데 사진첩을 펼치며 이 꽃의 본향을 어디며 대충 몇 년 도에 찍었다며 회상한다.

곽탁타의 나무 심는 묘리(妙理)

나무 심는 이야기로 돌아오자. 옛날 중국의 장안 서쪽에 나무를 잘 심는 곽탁타 라는 사람이 살았는데, 곱사병을 앓아 등이 낙타 등처럼 구부러져서 마을 사람들이 그렇게 불렀다. 그가 심는 나무는 옮길지라도 잘 살고 무성하였으며 빨리 열매를 맺어 번성하지 않는 것이 없었다. 그래서 장안의 부호들이 다투어 초청하여 정원수나 과실수를 심게 하였다. 그에게 나무 심는 비법을 물었더니 이렇게 답했다.

> 대부분 식목자(植木者)는 나무의 뿌리를 주먹 쥔 모양처럼 꼬부려 붙이고, 흙은 본래의 흙과 다른 것으로 바꾸어서 묻는다. 그 북돋는 것도 너무 흙을 지나치게 긁어모으거나, 아니면 너무 모자라게 한다. 아침에 와서 보고 저녁때 와서 어루만지고 이미 갔다가 또다시 와서는 돌아본다. 더욱 심한 자는 나무껍질의 살갗을 손톱으로 찍어서 나무가 살고 죽은 것을 징검(徵檢) 해보기도 하고, 그 뿌리를 흔들어서 뿌리가 묻힌 땅이 성긴가 빽빽한가를 알아본다. 그리하여 나무가 제대로 자라지 못하고 마르게 된다. 비록 나무를 사랑한다고 하지만 실은 나무를 마르게 하는 것이다. 나는 그 같은 짓을 하지 않을 뿐, 내가 무슨 별다른 뾰족한 수가 있겠는가, 했다.

(p.379)

부연하길 처음에 심을 때는 자식을 돌보듯 하고, 심고 나서는 내버린 듯하면 나무는 천성이 온전해지고 그 본성을 살려 잘 자랄 수 있다. 취미로 화초를 가꾸는 분들께는 참고될 것 같아서 옮겨보았다.

본문 속에는 나무 심는 도리道理로써 관官이 백성을 다스리는 데도 관장官長이란 사람이 백성들을 위하는 것 같지만, 수시로 명령을 내리고 독촉하고 마을에 와서 백성들을 불러내고, 농사일을 재촉하며 백성을 못살게 하는 화근禍根이 된다고 비유했다. (p.380 생략)

뜻대로 안 되는 것이 자녀 교육이다

필자는 그이가 말한 나무 심기와 자식 교육의 비유에 대하여 생각해 보았다. 여기서 '지독애舐犢愛'란 말이 나온다. '어미 소가 송아지를 혀로 핥는 것 같은 사랑만으로는 자녀의 양육이 온전할 수 없다.'고 했다. 옛사람은 자식이 귀여울수록 여행을 시키라는 객지풍상客地風霜을 겪게 하고, 호연지기浩然之氣를 가르쳤다. 자식이 귀여워 끼고 사는 것은 어렵지 않다. 그러나 좀 지켜보며 내버려 두는 사랑은 더 어렵다. 방임할 것은 방임하는 데 묘리가 있다고 했다. (p.381)

재미있는 '지독지정의 예'를 말하려고 반복한다.

그이는 자식들이 어릴 때와 마찬가지로, 손주들의 손톱 발톱을 정성 들여 깎아주곤 했다. 자식들이 결혼한 후, 그들 집에 초청받았을 때, 남편은 앙증스럽게 작은 손톱 깎기도 챙겨간다. 특히 한 살도 안 된 손주들은 손톱 발톱을 깎을 때 부단히 움직인다. 아주 조그만 손톱 깎기로 집중하여 깎아주는 모습에 온 식구들은 감탄하곤 했다.

일차적으로 깎고 난 후에 부드럽게 갈아주는 일까지 마무리한 다음, 발을 당신의 코에 바짝 대고 냄새를 맡고는 인상을 쓰며 '카아' 했다.

이때 지켜보던 가족 대소들은 다 폭소를 터뜨리곤 했다. 이 재미가 할아버지 정성의 대가였다. 참으로 자상한 할아버지였다. 팔십 중반에서 돌아보니 바로 엊그제 같기만 한데, 손주들은 대학생이 되어 꾸부정한 할아버지를 부축하여주고 있다.

다시 자녀 교육으로 돌아가자. 필자는 아이들이 어릴 때 집에서 숙제하고 과제물을 챙기는데 잔소리를 많이 한 편이다. 복습과 예습도 강요했다. 지난날을 생각해 보면 아이들을 하나의 인격체로 다루지 못한 것 같다. 교육의 비결은 생도를 존중하는 데 있다고 했는데, 필자는 반대였다.

교육가이셨던 시부님이 지방에서 서울에 올라오시면 손주들이 아파트 놀이터에서 노는 모습을 보시며 스위스의 교육사상가 페스탈로치의 교육이론과 소파 방정환方定煥의 '어린이 예찬'과 놀이의 중요성에 대하여 들려주셨다. 필자가 아이들을 몰아세우며 공부하도록 강요하는 것을 보고 못마땅하게 느끼신 것 같다. 방정환은 '어린이'란 말과 '어린이날'을 만든 아동문학 작가이기도 하다. 「어린이 예찬」에 관한 내용은 학교 교과서에서도 배웠다.

페스탈로치는 "어린이들의 마음이 약한데도 불구하고 어른들의 욕심으로 성급하게 넓은 곳으로 끌어내리려고 해서는 안 된다. 순서를 밟아 차츰차츰 연습을 통해서 이끌어가도록 해야만 된다. 지나치게 엄격하거나 야단을 쳐서, 어린이들을 과로하게 해서는 안 된다. 만약 순서와 연습의 과정을 밟지 않고 성급하게 향상되기를 바라는 마음에서 채찍질한다면, 그로 인해 아이들의 마음도 도리어 약해지고 균형을 잃고 말 것이다."라 했다.

오늘날 초등학생 때부터 대학입시 때까지 집에서 학교와 학원으로 삼각 구도 속에서 쉴 틈 없이 돌아가는 어린이와 청소년들을 보며 참으로 안타깝다는 생각을 하게 된다. 저 나이에 꼭 저렇게 공부에만 매달려야 하나 싶다. 주말에 손주들을 만나서 외식하러 한 번 데리고 가고 싶어도 만만찮다. 학원가고 숙제하느라 시간이 없기 때문이다. 요즘은 코로나로 족쇄가 채워져 아예 오갈 수도 없는지가 2년을 넘어가고 있으니….

교육에 관한 말이 나왔으니 사족蛇足을 달아본다. 미국의 하버드대학에서 동아시아 문명학 박사학위를 받은 임마누엘 페스트라이쉬Emanuel Pastreich의 말이다. 그의 저서 『인생은 속도가 아니라 방향이다』(2011)에서 "한국은 정말 비정상적인 나라이다. 학력고사 점수로 인생이 대부분 결정되는 사회다. 점수에 따라 학교, 직업, 연봉, 사회적 지위가 굳어진다"라고 했다. 학생들이 시험 보는 데만 열중하고 있다고 했다. 학생들 사이에 협력도 중요한데 경쟁이 너무 심하다고 지적했다. 우리나라 교육 현실을 정확하게 읽었는데 놀랍다. 이제는 가정과 학교와 사회가 함께 인성교육에 관심을 기울일 때가 온 것 같다.

———————————— 과학도
손주들에게 (e-mail)

토머스 에디슨의 명언

필자는 딸 아들 며느리 손주들에게 한꺼번에 메시지를 보낼 때는 이 메일e-mail로 한다. 대학생 손주들이 4명, 초, 중 학생 2명, 6명이다. 그들의 전공은 컴퓨터 공학, 기계공학, 생명 화학 공학 등 과학 분야이다. 초, 중교 다니는 손녀들도 수학이나 과학 계통에 특수 재능이 있는 것 같다.

지난 2, 3년간 친구들과 한참 뛰놀고, 물씬물씬 자랄 땐데 코로나에 갇혀 집안에서 맴돌며, 비대면 공부에 열중하는 손주들이 딱하고 짠하다. 의연히 견디며 최선을 다해 적응하는 모습이 대견스럽기도 하다. 어른보다 청소년들이 인내성과 적응력이 더 있는 것 같다.

새해 2022년을 맞이하며 손주들에게 어떤 말을 할까 생각하다가 토머스 에디슨Thomas Edison의 명언 몇 개를 뽑아 이메일로 보냈다. 책상 서랍에 두었다가 가끔 눈길에 마주치면 읽어보라고 했다.

* 천재는 99의 땀과 1의 영감으로 이루어진다. 당신의 성공의 비결은? 물었을 때 에디슨은 99% 노력이다. 하지만 난 그들이 갖지 않는 1%의 영감이 있다.

* 우리에게 있어 최대의 약점은 포기하는 것이다. 그리고 성공하기 위한 확실한 방법은 한 번 더 시도하는 것이다. 운동하면 근육이 커지는 것처럼 머리를 많이 쓰면 두뇌의 힘도 강해진다.

* 나의 발명품은 한 가지 일에 무수한 경험을 축적한 결과물이다. 포기는 대개 성공을 눈앞에 두고 일어난다. 많은 인생의 실패자들은 포기할 때 자신이 성공에서 얼마나 가까이 있었는지 모른다.

* 성공은 정신과 육체를 하나의 대상에 엄격하게 집중시킨 결과이다. 사람들이 실패하고 좌절하게 되는 것은 장래에 대하여 불필요한 두려움을 갖기 때문이다. 모든 성공의 시초는 자신의 성공을 확신하는 것이다. 성공은 열심히 노력하며 기다리는 사람에게 찾아온다.

* 항상 더 나은 방법이 있음을 명심하라. 모든 진보나 업적은 위대한 영감에서 온다. 남에게 비판받는 것을 두려워하지 말라. 비판이야말로 성장과 발전의 밑거름이기 때문이다.

* 내 인생의 가장 기본적인 철학은 모든 것에서 밝은 면을 바라보는 것이다. 우리는 그 어떤 것에 대해서 1억분의 1도 모른다. 그리고 변명 중에서도 가장 어리석고 못난 변명은 '시간이 없어서'이다. 에디슨은 3400여 권의 노트가 있었다.

알베르트 아인슈타인의 100주년 해

2021년 6월에 아인슈타인Albert Einstein(1879~1955)의 노벨 물리학상 100주년을 맞아 '기적의 1905년'이란 『조선일보』 칼럼에 특수 '상대성이론'에 관한 내용이 게재되었다. 그 내용을 필자는 여기에 옮겼다. 그 논문은 아인슈타인이 고등학교 때부터 '상대성이론(원자폭탄 개발의 실마리)'을 끊임없이 고뇌하며 연구해온 결과 1921년에 노벨 물리학상을 받았다.

모두 들 아인슈타인을 천재라고 부르지만, 그는 이렇게 답했다고 한다. "나는 똑똑한 것이 아니라 문제를 오래 연구할 뿐이다"라고. 아인슈타인은 유대인으로 유년 시절, 엄격한 독일의 학교생활에 잘 적응하지 못했다. 16세 때 스위스 취리히 스위스연방 공과대학에 지원했는데, 역사나 지리 같은 과목에 낮은 성적으로 입학시험에 낙방할 뻔했는데, 수학과 물리학에 탁월하여 대학의 특별한 배려로 입학했었다.

반항적인 태도로 교수들과 마찰을 빚었고, 대학 시절에 별로 뛰어난 학생은 아니었으며, 졸업 후(1900) 일자리도 구하지 못했다. 친구 아버지의 도움으로 취직되었고, 일과 후 혼자 연구하여(10년간) 1905년에 논문을 발표하기 시작했다.

1933년 히틀러가 집권하자 미국으로 망명했다. 2차대전이 일어나고, 루스벨트 대통령의 원자폭탄 개발,「맨해튼 프로젝트(Manhattan Project, 1942~1946)」가 진전되었으나 아인슈타인이 직접 개입하지는 않았다고 했다. 이는 2차 세계대전 중에 미국, 영국, 캐나다가 공동으로 참여했던 핵폭탄개발 프로그램이다. 1945년 8월에 일본의 히로시마 나가사키에 원자폭탄이 떨어졌다.

「보고싶은 손주들에게」

잘들 있느냐? 자기 영역에서 열심히 뛰고 있을 줄 믿는다. 시험 때라 날이 가고, 달이 바뀌고 있는 것도 모르겠지. 피로와 스트레스의 누적이 면역성을 떨어뜨릴까 걱정이다. 연일 북방 황사가 한반도로 내려와 10여 년 만에 미세먼지가 최악이라니 조심하여라.

내일이 벌써 4월의 첫날이네.「4월의 노래」에 '빛나는 꿈의 계절아',

'돌아온 4월은 생명의 들불을 밝혀 든다.'란 멜로디가 생각난다. 지구의 온난화로 2월에 진달래가 피고, 3월 말에 여의도 벚꽃이 지고 있다. 코로나로 여의도 벚꽃 길이 차단되고, 보궐선거 부산·서울시장 (2021.4.7) 유세 소음이 간헐적으로 들려오네.

자연은 변함없이 시간의 수레바퀴를 돌리건만, 자연을 임차한 지구촌 인간이 거칠게 생활공간을 활용한 죄로 하나님께서 화가 나서 매질하고 계실까. 홍수, 태풍, 토네이도, 화재 등 끝이 없네. 신문에 자연을 무분별하게 훼손하니 동물에 서식하던 바이러스 코로나가 숙주를 잃고, 새로운 숙주를 찾아 인간세계로 옮아왔다고 하니…. 겁에 질린 인간세계가 쩔쩔매니 재미 붙이고 이제는 아예 넓게 자리 깔고 누웠네. 백신으로 맞서서, 태연하게 웃으면 달아날까? 손주들아, 집에서 답답하지? 거리두기와 마스크 착용, 위생 지키며…. 우리 크게 한 번 웃어보자!

「글쓰기의 요령」

할머니가 독서에 관한 글을 쓰다가 너희들이 생각나서 유명한 대가들의 명언을 몇 개 모아 띄운다. 코로나로 만날 수 없으니 이런 식으로라도 너희들과 대화하려고 한다.

> * 좋은 글쓰기의 비결은 모든 문장에서 가장 분명한 요소만 남기고 군더더기를 걸러 내는 데 있다. 미국의 문학 비평가 윌리엄 진서 (William Zinsser)는 무엇을 쓰든 짧게 써라. 그러면 읽힐 것이다. 명료하게 써라. 그러면 이해될 것이다. 그림같이 써라. 그러면 기억 속에 머물 것이다.
> * 중국의 임어당은 가장 서툰 글쟁이는 온갖 추상적이고 어려운 단어

를 늘어놓지만 가장 완숙한 글쟁이는 단순하고 소박하고 명료하게 쓴다. 지식을 자기 것으로 소화했기 때문이다.

* 미국의 현대언론의 아버지라 일컫는 조지프 퓰리쳐(Joseph Pulitzer)는 아무 역할도 하지 못하는 단어, 이미 있는 동사나 뜻이 같은 부사, 짧은 단어로 표현할 수 있는 긴 단어, 읽는 사람이 누가 뭘 하고 있는지 모르게 만드는 수동형 문구, 이런 것들은 모두 문장의 힘을 약하게 하는 불순물이니 없애라.

* 영국의 작가 조지 오웰(George Owell)은 글에서 '매우' '무척' 등의 단어만 빼면 좋은 글이 완성된다.

* 헤밍웨이(Ernest Hemingway)는 모든 초고는 걸레다. 그는 『바다와 노인(1952)』을 200번 고쳐 썼고, 『무기여 잘 있거라(1929)』를 막장까지 총 39번 새로 썼다고 한다. 그는 글쓰기는 아무것도 아니다. 당신이 할 것은 타자기 앞에 앉아서 피를 흘리는 것이다. 글쓰기가 힘들 때면, 나는 나 자신을 격려하기 위해 내 책을 읽는다. 그러면 글쓰기는 언제나 어려웠고, 가끔은 거의 불가능했음을 기억하게 된다.

시험 때라 다들 피곤하겠다. 모두의 건강을 빌며…. (2021.3.31.수) 할머니가

가장 작은 새, 꿀 벌새 (Bee Hummingbird, 벌새)

    2020년 7월 어느 날 여의도 커피숍에서 컴퓨터공학을 전공하는 외손녀와 딸 그리고 외할머니 셋이서 담화할 기회가 있었다. 손녀가 S 대학 2학년 때 전공과목 수업을 들을 때, 학과의 수업 분위기와 동급생들의 연구 열정에 관하여 이야기했다. 학반 친구는 대부분은 특목고, 과학고등학교 출신인데 자신은 일반 고등학교 졸업생이라 과학기초 실력이 뒤진다고 하며 동료들보다 몇 배의 노력을 한다고 했다. 학반 친구들은 여유롭게 강의 듣고 과제를 연구하는데 손녀는 알아듣고 과제 리포트를 작성하는 데 어려움을 겪는다고 했다. 손녀의 학구열에 관하여 재미있게 들었지만 오로지 그의 노력과 시간이 해결해 줄 수 있는 일이기에 안쓰러웠다. 그때 손녀는 자신을 꿀 벌새에 비유했다.

三代 모녀 그룹 별칭, 벌새

'꿀 벌새'가 어떻게 생겼으며, 어떤 새인데? 싶었다. 제 엄마와 할머니는 눈을 크게 뜨고 손녀의 입만 바라보았다. 손녀가 재미있게 손짓하면서 들려준 이야기다. 벌새를 영어로 허밍버드Hummingbird라고 하는데, 날갯짓을 1초에 60~80번 하기에 워낙 빨라서 '윙윙거리는 소리 Humming'로 들리는 데서 생긴 이름이라고 했다. 생물 역사상 가장 작은 조류이다. 벌새에는 여러 종류가 있는데, 그중에서도 꿀 벌새가 세계에서 가장 작은 새이다. 아무리 날갯짓을 빨리한다지만 초당 60여 회를? 하고 물었더니, 손녀는 그렇다고 했다.

할머니는 너의 대학 상징 새는 두루미인데, 새 중에서도 크고 우아하다. 그 큰 날개로 너울거리며 날아오르는 광경은 환상적이다. 그 두루미 큰 새들이 관장하는 공간에 큰 벌Bee만 한 작은 벌새가 윙윙거린다! 하며 농담까지 했다. 이를테면 연세대는 독수리고, 서강대는 세계에서 가장 큰 새 알바트로스Albatros(날개 길이 3m가량) 하며, 떠오르는 대로 각 대학의 상징적인 동물의 이름을 말하며 함께 웃었다. 하기야 중국의 철학자 장자莊子(BC 369?~286)의 「소요유(逍遙遊: 한가히 노닐다)」편에 붕새鵬는 한 번 날면 북극에서 남극까지 9만 리를 난다고 은유법으로 표현하기도 했지만…. 대화가 극에서 극으로 오가며, 3대 모녀의 대화 내용은 상상의 세계로 비상했다.

벌새의 날개는 전진, 후진, 공중에 머물 수도…

필자는 그날 밤에 벌새에 대하여 인터넷을 검색하며 벌새의 매력에 빠져들었다. 기록에 의하면 이 새는 주로 중앙아메리카와 북아메리카

지역에 서식한다. 몸무게가 1.6g~2g, 길이가 5cm이다 워낙 작아서 큰 벌로 착각하기도 한다. 부리가 길고 다리와 목이 짧다. 벌꿀 새는 날개 근육이 강하여 고속으로 날고, 공중에 정지한 상태로 긴 혀로 꽃의 꿀을 빨아 먹고, 꽃가루를 옮긴다.

벌새의 날개는 특이하여 어깨관절이 어느 정도 회전이 된다. 전진, 후진, 공중에 머물러 있을 수 있는 공중체공空中滯空이 가능한 유일무이한 새이며, 날개 양쪽을 다른 속도로 움직일 수도 있다. 비행물체를 만드는데 벌새의 모든 기술을 구현하는 순간 새로운 시대가 열린다.'고 평가받는다고 했다. 벌새의 상징은 꿈과 메시지다. 많은 잠재력과 가능성을 가지고 있음을 상징한다.

「인생은 한 권의 책과 같다」는 독일의 소설가 시인 장 파울Jean Paul (1763~1825)의 명언이다. "인생은 한 권의 책과 같다. 어리석은 이는 그것(책장)을 마구 넘겨버리지만 현명한 이는 열심히 읽는다. 그들은 단 한 번밖에 읽지 못하는 것을 알기 때문이다." 책은 잘못되면 지우고 다시 쓸 수 있지만, 인생의 책은 두 번 다시 쓸 수 없다. 책은 마음에 들지 않으면 찢어버릴 수 있지만, 인생의 책은 마음에 들지 않는다고 찢어버릴 수도 없다. 한 페이지가 쌓여 책이 되듯이 하루하루 페이지를 정성껏 써야 한다고 했다. 교훈적인 명언이라고 생각한다.

세 모녀는 이심전심으로 삶을 살아가는데 남보다 더 노력하는 벌새가 되어야겠다고 생각했다. 필자는 그날 이후부터 우리 3대 모녀의 별칭을 「벌새그룹」이라 부르자고 했다. 할머니 벌새 1호, 딸은 벌새 2호, 손녀는 벌새 3호로 부르기로 했다.

중간고사, 기말고사, 시도 때도 없는 연구과제 리포트 등 전문화되는 어려움 속에 가끔 응원 메시지를 띄웠다. 손녀는 전공과목의 심화로, 컴퓨터공학이란 어려운 전공을 잘못 택했다고 한 때 후회하기도 했다.

「사랑하는 벌새 3호에게」

지금은 시험 중이라, 지난 일에 집착하여 마음과 정신을 빼앗길 여유가 없다. 이번 시험이 다음을 위해 지구력을 키워주는 지혜가 될 것이다. 좌절하지 말고 분투하여라.

창창한 학문의 바다! 풍랑도 일고, 때로는 나침반이 고장 나기도 하고…, 그때마다 수습하고, 고치고, 땜질하고, 응급처치하여 어려움을 면하듯이. '정신일도 하사불성精神—到 何事不成'이라 했다. 정성과 노력을 집중하면 반드시 길이 열릴 것이다. 경험 법칙으로 말한다면 줄리의 법칙 Jully's law이랄까. 마음속으로 간절히 바라고 원하는 일은, 언젠가는 이루어진다. 사랑하는 손녀의 건강을 빌며…, 라는 간단한 메시지를 가끔 보냈다.

반 친구가 한 번 날갯짓할 때 60번 하여 일취월장했다. 방황하던 모습은 자신감으로 바뀌었고, 기말고사 때 전공과목 시험 결과는 전 과목 우수했다. 하늘은 노력하는 자의 편이다. 그리고 진정한 수고와 진지한 노력에는 행운이 뒤따른다Fortune waits on honest toil and earnest endeavor고 하며 조용히 기쁨을 공유했다.

취미로
시나 시조 읊기

◆ 『韓國의 名時調』(1982 · 전규태 編), 『언제까지나 · 영원한 한국의 名詩』(1977 · 이
  동주 編)

　필자는 마음이 우울하거나 슬플 때, 일상에서 일들이 유난히 꼬이거
나 기분이 상했을 때 아파트 정원을 거닐며 시를 읊는다. 시를 짓는 것
은 어렵지만 명시를 애송하고 즐기기는 쉽다. 암기만 하면 언제 어느
장소고 간에 그 분위기에 어울리는 시를 읊으며 즐길 수 있다. 특히 명
산대천을 찾아갔을 때….
　참고로 시집 소개는 2~3개 외에는 도저히 더 적을 수 없다. 너무 많
다. 시인마다 거의 시집이 있다. 이를테면 윤동주부터…. 필자는 저 자
신의 졸저 시집도 따로 적지 않기로 한다. 중국 한시도 마찬가지다. 이
백 두보 등 유명한 시인마다 각자 시집이 있다.

　노래 부르기를 좋아하는 우리 국민이라, 필자의 말에 공감하는 사
람은 드물 것이다. 우리 국민은 세계에서 가장 노래를 좋아하고 춤추
기를 즐기는, 흥이 많은 국민으로 알려져 있다. TV 프로그램에 노래
자랑, 열린음악회, 가요무대, 트로트 무대, 청춘음악회, 성인 음악회

등 다양하다. 청중은 앉아서 몸을 일렁이고 손을 흔들며 함께 노래한다. 참으로 이색적인 풍경이다. 근대 노래는 한恨에 젖어있다. 강대국에 끼어있는 한반도! 잦은 외침으로 견뎌낸 인고의 역사, 오랜 38선 분단국으로 고향 부모 형제 친구를 이별하고 사는 그리움, 가난을 극복했던 아픔 등을 예술로 승화시킨 민족! 쉬운 예로 '아리랑'이나 판소리 '서편제'도 내용을 음미하면 슬프다. 그런데도 마냥 흥겹게 합창한다.

필자는 이하윤의 시 「들국화」에 '나는 이 땅의 시인을 사랑합니다. 외로우나 마음대로 피고 지는 꽃처럼, 빛과 향기 조금도 거짓 없길래, 나는 그들이 읊은 시를 사랑합니다'란 말에 공감한다. 이른 봄 진달래 꽃망울이 부풀면 이호우의 「산길」을 읊는다.

> 진달래 사태진 골에 돌돌돌 물흐르는 소리 / 제법 귀를 쫑긋 듣고 섰던 노루란 놈 / 열적게 껑충 뛰달아 봄이 깜짝 놀란다.

옛 시골집이 떠오르면 김상옥의 「사향(思鄕)」, 이미 오래전에 돌아가신 부모 형제와 유년의 들녘이 그리울 때면 황송문의 시 「그리움」을 읊는다.

> 고향이 그리운 날 밤에는 호롱에 불이라도 켜보자 / 말 못 하는 호롱인들 그리움에 얼마나 속으로 울까 / 빈 가슴에 석유를 가득 채우고 성냥불을 붙여주자 / 사무치게 피어오르는 향수의 불꽃 입에 물고 안으로 괸 울음 밖으로 울리니.

기후의 온난화로 4월 초면 아파트 정원에서 라일락이 향기를 날린다. 그러면 필자는 노천명의 「푸른 5월」과 황금찬의 「5월이 오면」을 아파트 정원을 걸으며 연거푸 읊는다. 김영랑의 「모란이 피까지는」

이란 시를 3월이면 읊어댄다. 이렇게 불러 제기니 계절도 앞당겨 달려 오는 것일까? (웃음)

요즘은 봉숭아꽃으로 손톱에 꽃물 들이는 사람은 많지 않다. 매니큐 어nail art가 대신했다. 그래도 옛날 자고 나면 열 손가락 봉선화 꽃물이 반은 손톱에 붙어있고, 반은 빠져버려 이불과 옷에 물까지 들였을 때를 떠올리며 「봉선화」를 읊는다. 노파의 손가락은 마디마다 구부러졌고 핏줄은 태백산맥보다 더 우뚝 치솟았다. 하지만 나무껍질 같은 손을 만지며 그 고운 시를 읊는다.

그러다가 후덥지근한 6월이 오면 마음은 푸른 바다를 향한다. '이것은 소리 없는 아우성, 저 푸른 해원을 향해 흔드는 영원한 노스텔지어의 손수건~' 유치환의 「깃발」과 이육사李陸史의 「청포도」 시를 날린다. 시를 읊기만 해도 더위와 스트레스가 해소되는 것 같다. 한여름에 이열치열로 땀 흘리며 삼계탕이라도 먹은 날, 여의도 한강변을 거닐며 이은상의 「가고파 (내 마음 가 있는 고향의 동무에게)」 시 10수를 연달아 읊고 나면 더위가 한강의 푸른 물결에 씻겨갔다. 비록 바다는 멀지만…. 그 물새 그 동무들 고향에 다 있는데…? 아니, 아니다. 그 동무들 반 이상은 벌써 삶의 터전을 떠났고, 유년의 들녘은 빌딩 숲으로 변했다. 코가 찡하여 문지른 후 하늘을 본다.

조석으로 시원한 바람 한 가닥이 찾아오면 아직 귀뚜리 소리도 못 들었는데 또 슬픈 마음으로 가을 시를 중얼거린다. "눈이 부시게 푸르른 날은 그리운 사람을 그리워하자~" 서정주 시인의 「푸르른 날」, 「국화 옆에서」 "한 송이의 국화꽃을 피우기 위해 봄부터 소쩍새는 그렇게 울었나보다~"하며 시인의 마음을 읽는다. 그러다가 진짜 가을이 오고 농촌 들녘의 텅 빈 광경을 보면 어김없이, 정지용의 시 「향수」로 돌아간다.

넓은 벌 동쪽 끝으로 옛이야기 지줄대는 실개천이 휘돌아나가고 / 얼룩배기 황소가 해설피 금빛 게으른 울음을 우는 곳 / 그곳이 차마 꿈엔들 잊힐리야. …

한시(漢詩)나 영시(英詩)도…

가을 하늘이 짙푸르고, 바람에 낙엽이 쓸려 휘달릴 때면 프랑스 상징파 시인 구르몽Gourmont의 「낙엽」 시는 어떻고, 중국 송나라 시인 구양수歐陽修의 「추성부(秋聲賦), 가을의 소리」는 어떠하랴. 가족 모임이나 친선모임에서 필자의 차례가 오면 노래 대신 언제나 시나 시조를 읊는다. 함께 늙어가는 부부동반 친선모임에서 송강 정철의 술 권하는 시 「장진주사」와 이백의 「장진주(將進酒)」를 연달아 읊을 때도 있다. 그렇다고 필자가 애주가는 아니다.

도연명의 「귀거래사(歸去來辭)」와 소동파의 「적벽부(赤壁賦)」도 한시와 우리말로 번갈아 읊으면 분위기 따라 흥취를 돋우기도 한다. 기쁨도 나누면 배가 되고, 슬픔도 나누면 얇아진다. 벗이 속 상하는 일로 전화를 걸어 왔다면, 넋두리를 들어준 후 푸쉬킨Pushkin의 「삶이 그대를 속일지라도」란 시를 읊어주기도 한다.

지금은 손주들이 대부분 대학생이지만 몇 년 전만 하더라도 중고등학생이었다. 초롱초롱한 눈빛을 보며 롱펠로Henry Longfellow 시인의 「인생 찬가」를 읊어주기도 했다. 특히 종장이 아름답다.

우리 이제 일어나서 일하자. 어떠한 운명도 이겨낼 정신을 가지고
끊임없이 성취하고 추구하면서, 일하고 기다리기를 함께 배우자.

책이 전해주는 이야기

초판 1쇄 인쇄일	2023년 5월 8일
초판 1쇄 발행일	2023년 5월 15일

지은이	조영자
펴낸이	한선희
편집/디자인	정구형 우정민
마케팅	정찬용 이보은
영업관리	한선희
인쇄처	으뜸사
펴낸곳	국학자료원 새미(주)
	등록일 2005 03 15 제251002005000008호
	경기도 고양시 일산동구 중앙로 1261번길 하이베라스 405호
	Tel 02)442 4623 Fax 02)6499 3082
	www.kookhak.co.kr
	kookhak2010@hanmail.net

ISBN	979-11-6797-126-5 *03370
가격	18,000원